Reihe Hanser 249
Imanuel Geiss
Das Deutsche Reich und der Erste Weltkrieg

Anknüpfend an seinen ersten Band über »Das Deutsche Reich und die Vorgeschichte des Ersten Weltkriegs« (Reihe Hanser 248) legt Imanuel Geiss hier weitere, teilweise unveröffentlichte oder bisher nur einem begrenzten Fachpublikum zugängliche Studien über Struktur und Entwicklung des Deutschen Kaiserreichs vor, in diesem Band konzentriert auf die Endphase 1914-1918, die Zeit des Ersten Weltkriegs. In zahlreichen Detailuntersuchungen – der Ereignisse, der Personen und ihrer historisch-gesellschaftlichen Bedingtheiten – wird der enge Zusammenhang zwischen militärischem (äußerem) Kriegsverlauf und politischem (innerem) Krisenverlauf herausgearbeitet, so daß der Leser schließlich vollkommen begreift, wieso die Endpunkte beider Prozesse – die militärische Kapitulation des Deutschen Reichs und die politische Revolution gegen das nur noch Krieg und Zerstörung bringende Ancien Régime – im November 1918 fast auf den Tag genau zusammenfielen. Ein historisches Lehrstück, dessen Aktualität sich noch längst nicht erschöpft hat.

Imanuel Geiss: geboren 1931 in Frankfurt am Main. Studium der Geschichte und Anglistik, Promotion bei Fritz Fischer (1959), Habilitation 1968, seit 1973 Professor für Neuere Geschichte an der Universität Bremen. Zahlreiche Veröffentlichungen zur deutschen Geschichte sowie zur Geschichte Afrikas und der Afro-Amerikaner in den USA.

Imanuel Geiss
Das Deutsche Reich und der Erste Weltkrieg

Carl Hanser Verlag

Reihe Hanser 249
ISBN 3-446-12495-0
2. Auflage 1979
Alle Rechte vorbehalten
© 1978 Carl Hanser Verlag München, Wien
Umschlag: Klaus Detjen
Gesamtherstellung: Appl, Wemding
Printed in Germany

Inhalt

Einleitung 7
1. Der Erste Weltkrieg, 1914–1918 13
2. Die Struktur der deutschen Armee 1914 und der Schlieffenplan 42
3. Joffre und Moltke 50
4. Die Kosaken kommen! Ostpreußen im August 1914 58
5. Skagerrak 1916 67
6. Deutsche Kriegsziele 1914 77
7. Deutsche Kriegsziele 1915 95
8. Der polnische Grenzstreifen 104
9. Kurt Riezler und der Erste Weltkrieg 116
10. Oppositionelle Sozialisten im Kaiserreich 1914-18 148
11. Die politische Krise ab 1916: vom Entschluß zum U-Bootkrieg bis zum Sturz Bethmann Hollwegs, Januar bis Juli 1917 155
12. Die Verschärfung der politischen Krise: vom Sturz Bethmann Hollwegs zum Frieden von Brest-Litowsk, Juli 1917 bis März 1918 165
13. Deutschland in der vorrevolutionären Agonie: Brest-Litowsk und Januarstreik 1918 174
14. Die Endkrise des Deutschen Kaiserreichs: vom »schwarzen Freitag« zum Waffenstillstandsgesuch und zur Parlamentarisierung, August bis Oktober 1918 183
15. Zusammenbruch und Revolution: Oktober/November 1918 191
16. Karl Liebknecht 203
17. Wilhelm II. 211
Literaturverzeichnis 224
Datengerüst 231
Nachweis der ersten Druckorte 243

Fritz Fischer zum 70. Geburtstag

Einleitung

Die ungeheuren Auswirkungen des Ersten Weltkriegs rechtfertigen immer wieder aufs Neue die Beschäftigung mit einem Ereignis, das direkt oder indirekt, früher oder später buchstäblich die ganze Menschheit in der einen oder anderen Weise in Mitleidenschaft zog oder veränderte. In Deutschland ist die Erregung über das »Kriegserlebnis« inzwischen abgeklungen, vom noch tieferen Eingriff des Zweiten Weltkriegs und seinen unmittelbaren Folgen überlagert. Die wissenschaftliche Behandlung des Ersten Weltkriegs konzentrierte sich, wie durchaus verständlich, zunächst auf die militärischen Aspekte, während, wenigstens in Deutschland, die politischen Probleme in der Regel nur unter dem Gesichtspunkt des Anfangs (Kriegsschuldfrage) und Endes (Revolution, »Dolchstoß«) erforscht und – politisch-ideologisch kontrovers – diskutiert wurden.

Der Forschungs- und Diskussionsbeitrag Fritz Fischers und seiner Gruppe leitete eine neue Entwicklung ein, da die deutschen Kriegs*ziele* sachlich mit militärischen Fragen (Abhängigkeit der Kriegsziele vom jeweiligen Kriegsverlauf), und politischen – innen wie außen – in Verbindung standen, ferner mit Ausbruch und Ende des Krieges. Zur Erklärung der deutschen Kriegsziele kamen automatisch Fragen der Wirtschafts- und Sozialgeschichte stärker als bisher in den Blick, die seitdem, unabhängig von der Fischer-Kontroverse und teilweise unter revolutionsgeschichtlichen Aspekten, intensiver bearbeitet wurden. Die alten Kontroversen sind beendet, haben an Schärfe verloren oder sind in das Stadium der klärenden und korrigierenden Detailforschung übergegangen.[1]

Inzwischen wurden die so erweiterten Kenntnisse in zwei handbuchartigen Werken zusammengefaßt, je eines in West[2]

1 Zur Literatur vgl. Wolfgang Schieder (Hg.): *Der Erste Weltkrieg. Ursachen, Entstehung und Kriegsziele*, NWB 32, 2. Aufl. Köln 1972, S. 492-497.
2 Peter Graf Kielmannsegg: *Deutschland und der Erste Weltkrieg*, Frankfurt/Main 1968.
3 Fritz Klein (Hg.): *Deutschland im Ersten Weltkrieg*, 3 Bde. Berlin (DDR) 1968/9.

und Ost.[3] Sie sind heute Ausgangspunkte für jede systematische wissenschaftliche Beschäftigung mit dem Thema, selbstverständlich auch der Studienband von Wolfgang Schieder[4], und der einschlägige Beitrag von Karl Dietrich Erdmann in Gebhardt[5], während andere kürzere Darstellungen bisher weniger befriedigen.[6]
Die notwendige und längst überfällige Aufarbeitung des Defizits an wirtschafts- und sozialgeschichtlichen Forschungen führt aber, zumal unter dem Druck eines meist dogmatisierten Marxismus, leicht in die Gefahr, vom traditionellen Extrem fast nur militär- und politikgeschichtlicher Betrachtung in das neue Extrem fast nur wirtschafts- und sozialgeschichtlicher Behandlung zu geraten. Die materialreiche und scharfsinnige Untersuchung über die Entwicklung der deutschen Gesellschaft im Ersten Weltkrieg aus dem Wehler-Kreis[7] markiert hier vermutlich die Grenze dessen, was auf diesem Gebiet mit Methoden der Geschichtswissenschaft noch zu leisten ist. Gerade mit ihrem hohen Abstraktionsniveau ist sie im Grunde nur noch Spezialisten zugänglich.
Zwischen den beiden Ebenen der materialreichen Groß-Handbücher und der hochabstrakten Forschungs-Analyse hat auch die theoretisch anspruchslosere Einführung in die Problematik ihre sinnvolle Funktion, wie sie sich aus der vorliegenden Bündelung einer Reihe von kleineren Arbeiten zu diesem Thema ergibt. Auch inhaltlich hält sie ungefähr die Mitte zwischen dem traditionellen und dem sich abzeichnenden neuen Extrem: Da die Geschichte eines Krieges, in diesem Fall des Ersten Weltkriegs, nicht zuletzt etwas mit militärischem Geschehen zu tun hat, werden in diesem Band sowohl im ersten Gesamtüberblick (Kap. 1) als auch in eini-

---

4 Vgl. Anm. 1.
5 Karl Dietrich Erdmann: *Die Zeit der Weltkriege*, in: Bruno Gebhardt (Hg.): *Handbuch der deutschen Geschichte*, 9. Aufl., hrsg. von Herbert Grundmann, Bd. 4, 1. Teilband, Stuttgart 1973, S. 5-144.
6 Sachlich unzulänglich und ideologisch einseitig im traditionellen Sinne ist Walther Hubatsch: *Deutschland im Weltkrieg 1914-1918*, Frankfurt/Main, Berlin 1966, zu Recht inzwischen ersetzt durch die ausführlichere und solidere Arbeit von Kielmannsegg (vgl. oben Anm. 2).
Für einen knappen Überblick im Grunde schon zu viel an Kenntnissen voraussetzend und über die Ereignisse reflektierend ist Hans Herzfeld: *Der Erste Weltkrieg*, dtv-Weltgeschichte des 20. Jahrhunderts, Bd. 1. München 1968.
7 Jürgen Kocka: *Klassengesellschaft im Krieg 1914-1918*, Göttingen 1973.

gen Detailskizzen (Kap. 2-5) militärgeschichtliche Fragen umrissen. Denn schließlich bleiben noch so grundsätzliche oder subtile politische Fragen unverständlich, wenn der Student z. B. nicht mehr den Unterschied zwischen beschränktem und uneingeschränktem U-Bootkrieg kennt, ohne den er den Eintritt der USA in den Krieg nicht verstehen kann. Entsprechend gehören zur unmittelbaren Vorgeschichte der russischen Revolution die beiden Brussilow-Offensiven der Jahre 1916 und 1917, zur unmittelbaren Voraussetzung der deutschen Revolution die Verhandlungen von Brest-Litowsk, der militärische Rückschlag der Deutschen an der Westfront vom 8. August 1918, der militärische Zusammenbruch Bulgariens, der Türkei und Österreich-Ungarns.

Das einführende Rahmenkapitel stellt daher zunächst den Ersten Weltkrieg und die Rolle des Deutschen Reichs in weitere Zusammenhänge, zeitlich wie räumlich, wobei kurze Rückblicke auf die Vorkriegszeit unvermeidlich sind. Hier ist die inhaltliche Verklammerung mit meinem Sammelband *Das Deutsche Reich und die Vorgeschichte des Ersten Weltkriegs* am stärksten, unvermeidlich aber auch in dem Kapitel »Deutsche Kriegsziele 1914« (Kap. 6) sowie in dem Aufsatz über Kurt Riezler (Kap. 9). Gleichzeitig spricht das Rahmenkapitel bereits Komplexe an, die in späteren Kapiteln näher behandelt werden, und ordnet sie in das Geschehen des Ersten Weltkriegs ein. Auf ein neuzuschreibendes Kapitel über den militärischen Kriegsverlauf wurde jedoch verzichtet, da es zu viele Wiederholungen hätte bringen müssen. Aus früheren Auftragsarbeiten für eine populär aufgemachte holländische Spezial-Zeitschrift zur Geschichte des Ersten Weltkriegs entstanden die Kapitel »Die Struktur der deutschen Armee 1914 und der Schlieffen-Plan« (Kap. 2), »Joffre und Moltke« (Kap. 3) über die Entwicklung an der Westfront bis zur Marneschlacht, jeweils aus der Perspektive der obersten Heerführer auf französischer und deutscher Seite, sowie »Die Kosaken kommen! Ostpreußen im August 1914« (Kap. 4) für die deutsche Ostfront bis zur Tannenbergschlacht. Hinzu kommt eine bisher unveröffentlichte Skizze der Skagerrakschlacht Ende Mai 1916 (Kap. 5). Hinweise auf weitere militärische Vorgänge, die für die politische Entwicklung wichtig sind (U-Bootkrieg, deutsche Westoffensive 1918, militärischer Zusammenbruch der Verbündeten Deutschlands September/Oktober 1918), wurden in die späteren, vorwiegend politisch orientierten Kapitel eingefügt.

Die ungefähre Kenntnis des militärischen Kriegsverlaufs ist somit unverzichtbare Voraussetzung zum Verständnis der politischen Entwicklung im Deutschen Reich, die heute zu Recht größeres Interesse findet als das rein militärische Geschehen. Hier lassen sich in der Zusammenstellung zwei größere Themenkomplexe unterscheiden, die sich inhaltlich gleichwohl ergänzen: zunächst eine Darstellung der deutschen Kriegsziele 1914 und 1915 (Kap. 6 und 7), konkretisiert durch einen – von der Sache her zwangsläufig auch polemischen – Beitrag zur späteren Diskussion unter deutschen Historikern über den »polnischen Grenzstreifen« (Kap. 8); danach ein Abriß der inneren Entwicklung Deutschlands bis zur Revolution im November 1918.

Die inhaltliche Verklammerung dieser beiden Themenkomplexe bildet die Analyse der Riezler-Tagebücher, jener außerordentlich reichhaltigen Quelle zur politischen Geschichte des späten Kaiserreichs, namentlich zur deutschen Kriegszielpolitik, zusammengefaßt im »Mitteleuropa«-Projekt, gipfelnd in Riezlers Idee einer deutschen »Weltherrschaft« (Kap. 9). Vielleicht noch eindrucksvoller sind die treffsicheren Prognosen Riezlers in der zweiten Hälfte des Krieges über die innere Entwicklung Deutschlands unter dem Schatten der herannahenden Niederlage bis zur Revolution. Das Riezler-Tagebuch wirkt in der Tat wie ein fortlaufender Kommentar zum Ersten Weltkrieg, nur zeitlich vorgezogen, da Riezler – als engster Vertrauter des Kanzlers im Machtzentrum des Deutschen Reichs – die Probleme und Ereignisse schon Wochen, Monate oder gar Jahre vorher kommen sah und analysierte: den Kriegsausbruch 1914, das Problem Mitteleuropa, die polnische Frage, den U-Bootkrieg und schließlich die Revolution – dazu mit einer wachsenden inneren Distanz zum Deutschen Reich und seiner Machtpolitik.

Die Kapitel 10-15 behandeln die Stationen der wachsenden inneren Krise des Deutschen Reichs in der zweiten Hälfte des Weltkriegs: von der Spaltung der SPD in eine reformerische Mehrheit und eine Minderheit oppositioneller Sozialisten über den Entschluß zum uneingeschränkten U-Bootkrieg, den Sturz des Reichskanzlers Bethmann Hollweg, den Rußland aufgezwungenen Frieden von Brest-Litowsk und den Januarstreik 1918 bis zum Waffenstillstandsgesuch und zur Parlamentarisierung des Reichs im Oktober und schließlich zur Revolution im November 1918.

Den Abschluß des Bandes bilden zwei knappe, auch die biographische Dimension berücksichtigende Charakterisierungen der beiden Männer, die gleichsam die politischen Gegenpole des kaiserlichen Deutschland verkörperten: Karl Liebknecht und Wilhelm II.

Insgesamt entsteht so zwar keine umfassende, alle wesentliche Faktoren gleichmäßig skizzierende Darstellung, wohl aber eine lockere Einführung in die Geschichte des Ersten Weltkriegs an Hand thematischer Schwerpunkte. Ein chronologisches Datengerüst, das wichtige Vorgänge außerhalb Deutschlands mit einbezieht, soll inhaltliche Ergänzung und überblicksartige Orientierung ermöglichen. Mehr als das Angebot an leichtverdaulicher Information und Hinweisen zur Weiterarbeit für den Interessierten ist nicht beabsichtigt, scheint aber, auf Grund von jüngsten Erfahrungen in der Lehre, durchaus sinnvoll und nötig.

Auch in diesem Band sind die Beiträge weitgehend unverändert geblieben, abgesehen von stilistischen Verbesserungen. Einige Kapitel wurden aus dem englischen Original frei ins Deutsche übertragen (Kap. 6, 7, 12, 14, 15). Gelegentlich wurden dort weitere Materialien neu oder ausführlicher eingefügt, Umgruppierungen vorgenommen, Überschriften zum besseren Verständnis im neuen Kontext verändert oder erweitert, Anmerkungen teils neu eingefügt, teils gestrafft. Die Kapitel 12 und 14 waren ursprünglich ein zusammenhängender Aufsatz, wurden aber zur besseren inhaltlichen und chronologischen Abfolge auseinandergenommen und durch das Kapitel über den Januarstreik 1918 formal getrennt, inhaltlich aber noch besser miteinander verknüpft. Gelegentliche polemische Töne, die heute zum Verständnis der behandelten Thematik nichts mehr beitragen, wurden z. T. gestrichen oder gedämpft.[8]

8 An dieser Stelle sei ein Stück Bereinigung älterer Polemik versucht, da die

Für die Erstellung der Reinschriften, auch für den vorausgegangenen Band, danke ich Frau Karin Bekurts und Frau Margot Budavari, für die Erstellung der Literaturverzeichnisse in beiden Bänden Herrn Edgar Wöltje, alle Bremen.

Bremen, 2.12.1977 I. G.

2. Auflage meiner Aufsatzsammlung *Studien über Geschichte und Geschichtswissenschaft*, Frankfurt/M 1975, mit dem Beitrag zur »Fischer-Kontroverse«, ohne vorherige Benachrichtigung, also ohne die versprochene Gelegenheit zur Berichtigung erfolgte:
1.) Hartmut Lehmann, Kiel, machte mich darauf aufmerksam, daß er in der Diskussion auf dem Wiener Historikerkongreß 1965 durchaus nicht im Sinne Gerhard Ritters zur Problematik der deutschen Politik im Ersten Weltkrieg sprach, sondern über Österreich-Ungarn, wie das offizielle Protokoll auch bestätigt.
2.) Wolfgang J. Mommsen legt Wert auf die Feststellung, daß die von mir in Anm. 174 a zitierte Bemerkung so nicht gefallen sei, sondern sich auf ein anderes Dokument bezogen habe. Eine Nachprüfung ist ohnehin nicht mehr möglich. Daher steht der Vf. nicht an, die Anmerkung mit dem Ausdruck des Bedauerns zurückzuziehen.
Die methodische Lehre ist klar: Der Historiker sollte sich, gerade bei kritischer Auseinandersetzung, nicht auf Erinnerungen stützen, sondern sich mit dem – in diesem Fall reichlich vorhandenen – gedruckten Material begnügen.

1. Der Erste Weltkrieg, 1914-1918

a) Der Gang der Kontroversen und der historischen Forschung

Der Erste Weltkrieg ist ein so tiefer Einschnitt in der modernen Geschichte, daß er immer wieder die Aufmerksamkeit der Nachlebenden auf sich zieht. Allerdings wandelt sich die innere Einstellung mit den historischen Veränderungen seit 1918, auch in Deutschland: Fast ein halbes Jahrhundert lang hatte unter den Deutschen, zuletzt noch lange in der Bundesrepublik, eine weitgehende Identifizierung mit dem Deutschen Reich im Ersten Weltkrieg vorgeherrscht. Namentlich die meisten deutschen Historiker hatten die These von der relativen oder gar absoluten Unschuld Deutschlands am Kriegsausbruch 1914 vertreten, gleichsam als selbstverständliche patriotische Pflicht. In der Weimarer Republik spannten sich einige deutsche Historiker in die allgemeine Kriegsschuld- und Revisionskampagne offizieller wie inoffizieller Art ein[1], machten sich aber nicht die Mühe, selbst umfassende Darstellungen zur wissenschaftlichen Untermauerung ihrer Ansichten zu schreiben. Abgesehen von zwei Monographien über die weitere Vorgeschichte des Kriegsausbruchs von 1914[2], veröffentlichte keiner der deutschen Universitätshistoriker detaillierte Darstellungen wie ihre Kollegen im westlichen Ausland.[3] Sie verließen sich stattdessen auf Übersetzungen von ausländischen Historikern, die stellvertretend für sie die deutsche Position vertei-

---

1 Vor allem Hans Delbrück, Friedrich Thimme, Paul Herre, Erich Brandenburg, Richard Fester, Hans Rothfels, Hans Herzfeld. Als knappe Skizze der deutschen Unschuldskampagne in der Weimarer Republik vgl. Imanuel Geiss: *Die Kriegsschuldfrage. Das Ende eines nationalen Tabus,* jetzt in dem Aufsatzband *Das Deutsche Reich und die Vorgeschichte des Ersten Weltkriegs.*
2 Erich Brandenburg: *Von Bismarck zum Weltkrieg,* Berlin 1924, 2. Aufl. Leipzig 1939, Neudruck der Wissenschaftlichen Buchgesellschaft, Darmstadt 1973; Hermann Oncken: *Das Deutsche Reich und die Vorgeschichte des Weltkriegs,* 2 Bde., Leipzig 1933.
3 Vor allem Pierre Renouvin: *Les origines immédiates de la guerre,* Paris 1925; Bernadotte E. Schmitt: *The Coming of the War 1914,* 2 Bde., New York/London 1930, 2. Aufl. 1966.

digten[4], und auf einen vom Auswärtigen Amt diskret finanzierten nichtakademischen Außenseiter, der mit Hilfe geschulter Ghost-writer die einzige wenigstens in Umfang und Details vergleichbare Darstellung schrieb.[5] Obwohl von intellektuell dürftiger Qualität und deutschnationaler Gesinnung, wurde das Buch noch nach 1945 bundesdeutschen Geschichtsstudenten zum Studium empfohlen.[6] Dagegen sorgte das Auswärtige Amt sogar unter dem Vernunftrepublikaner Gustav Stresemann dafür, daß das Gutachten des Rechtshistorikers Hermann Kantorowicz für den Untersuchungsausschuß des Deutschen Reichstags über die Ursachen des Zusammenbruchs 1918 unterdrückt wurde, so daß es erst vor einigen Jahren aus dem Nachlaß des in der Emigration 1940 verstorbenen Kantorowicz veröffentlicht werden konnte.[7]

Auch in der Bundesrepublik galt zunächst als allgemeiner Konsensus die berühmte These von Lloyd George: »Wir sind alle hineingeschlittert.« Deshalb wurden auch die Ergebnisse des italienischen Publizisten Luigi Albertini, der im Zweiten Weltkrieg den starken Anteil Deutschlands am Ausbruch des Ersten Weltkriegs herausgearbeitet hatte[8], von der bundesdeutschen Geschichtsschreibung entweder ignoriert oder mit heftiger Polemik verdrängt.[9] Die übrige Forschung verlief zunächst in konventionellen Bahnen militärisch-politischer Geschichtsschreibung, während die DDR-Forschung auch dort, wo sie tatsächlich neues Quellenmaterial zu Tage förderte[10], so gut wie unbeachtet blieb.

---

4 So Harry E. Barnes: *Die Entstehung des Weltkrieges. Eine Einführung in das deutsche Kriegsschuldproblem,* Stuttgart/Berlin/Leipzig 1928; Sidney B. Fay: *Der Ursprung des Weltkrieges,* 2 Bde., Berlin 1930.

5 Alfred v. Wegerer: *Der Ausbruch des Weltkrieges 1914,* 2 Bde., Hamburg 1939.

6 Vgl. Hans Herzfeld: *Die moderne Welt 1789-1945,* 3. erg. Aufl. Braunschweig 1960, II. Teil: »Weltmächte und Weltkriege«, S. 107.

7 Hermann Kantorowicz: *Gutachten zur Kriegsschuldfrage 1914,* aus dem Nachlaß hrsg. und eingeleitet von I. Geiss, mit einem Geleitwort von Gustav W. Heinemann, Frankfurt/M. 1967.

8 Luigi Albertini: *Le origini della guerra del 1914,* 3 Bde., Mailand 1942/43; engl. Ausgabe: *The Origins of the War of 1914,* 3 Bde., London/New York/Toronto 1952/57, 2. Aufl. 1966.

9 Zur Polemik Gerhard Ritters gegen Albertini vgl. G. Ritter: *Staatskunst und Kriegshandwerk. Das Problem des »Militarismus« in Deutschland,* 4 Bde., München 1954/68, Bd. II, S. 382-384, Anm. 17, 25, 28, 32.

10 Eine repräsentative und wissenschaftlich fundierte Zusammenfassung der

Eine Wende in der bundesdeutschen Geschichtsschreibung über den Ersten Weltkrieg begann erst 1961 mit den bahnbrechenden Forschungen von Fritz Fischer[11], wirkungsvoll ergänzt durch methodisch unterschiedliche, aber in der Wirkung ähnliche Arbeiten jüngerer, meist sozialwissenschaftlich orientierter Historiker.[12] Ausgangspunkt für Fritz Fischer waren zunächst die deutschen Kriegsziele im Ersten Weltkrieg, während sich eine kritische Überprüfung der deutschen Position in der Julikrise 1914, die zum Kriegsausbruch geführt hatte, eher als logische Konsequenz der neuen Forschungsergebnisse über die Kriegsziele ergab: Wenn, wie sich aus den zum größten Teil erstmals erschlossenen Quellen aufdrängte, die deutsche Reichsleitung 1914-1918 faktisch einen Eroberungskrieg führte, dessen wahren Charakter sie lediglich aus taktischen Gründen nach außen zu verschleiern suchte, so stellte sich auch die Frage nach dem Verteidigungskrieg neu, in den das Deutsche Reich 1914 angeblich nur gezwungen eingetreten war. Nach einer ersten Skizze der neuen Ergebnisse[13] erschien eine breite dokumentarische Untermauerung.[14]

Es folgte, wie vorausgesehen, ein empörter Aufschrei von zahlreichen älteren Historikern und politischen Publizisten in der sogenannten Fischer-Kontroverse, unterstützt von massiven, wenn auch nur indirekten Eingriffen der damali-

---

einschlägigen Forschungen in der DDR findet sich bei Fritz Klein (Hg.): *Deutschland im Ersten Weltkrieg*, 3 Bde., Berlin (DDR) 1968/69 (inzwischen wurde der Wert dieses Sammelwerks auch in der Bundesrepublik entsprechend gewürdigt).

11 Fritz Fischer: *Griff nach der Weltmacht. Die Kriegszielpolitik des kaiserlichen Deutschland 1914-1918*, Düsseldorf 1961, 3. Aufl. 1964, verkürzte Ausgabe (2. Aufl.) 1977; seitdem in englischer, französischer, italienischer und japanischer Sprache erschienen.

12 Hier ist vor allem Hans-Ulrich Wehler und der ganze Kreis jüngerer Historiker zu nennen, der sich um ihn gruppiert hat, besonders (aber nicht nur) in Bielefeld.

13 F. Fischer: *Griff nach der Weltmacht*, 2. Kapitel: »Deutschland und der Ausbruch des Weltkrieges«, S. 59-108 (46-86).

14 I. Geiss (Hg.): *Julikrise und Kriegsausbruch 1914*, Eine Dokumentensammlung, 2 Bde., Hannover 1963/64; 2. Aufl. des 1. Bandes Bonn 1976; ders. (Hg.): *Juli 1914. Die europäische Krise und der Ausbruch des Ersten Weltkrieges*, dtv 293, München 1964; engl. Ausgabe London/New York 1967/68.

gen Bundesregierung unter Führung der CDU/CSU.[15] Mit der Zeit setzten sich jedoch die neuen Argumente weitgehend durch, namentlich unter der nachrückenden Historiker-Generation der Bundesrepublik. Gleichsam den Abschluß dieser Entwicklung bildete, sicher unbeabsichtigt und auch nicht konzediert, die Veröffentlichung der Kriegstagebücher von Kurt Riezler, der als engster Gehilfe des Reichskanzlers Bethmann Hollweg vor und im Ersten Weltkrieg lange unmittelbaren Einblick in die politischen Entscheidungen an zentraler Stelle hatte, ja an ihrer Vorbereitung und propagandistischen Umsetzung beteiligt war.[16] Besonders aussagekräftig sind Riezlers Tagebücher für den Kernpunkt der Fischer-Thesen: Die deutschen Kriegsziele liefen in ihrer Gesamtheit auf die Errichtung einer deutschen Hegemonie über Europa hinaus, verschleiert und abgesichert durch ein deutsches »Mitteleuropa«. Riezler sprach in diesem Zusammenhang sogar von deutscher »Weltherrschaft« als letztem Ziel wenigstens seiner eigenen Konzeption, die er durch den Kanzler durchzusetzen versuchte.[17]

Nach Überwindung der traditionellen reichspatriotischen Apologetik durch ein Stück nationalkritischer Geschichtsforschung im eigenen Land läßt sich in der Bundesrepublik endlich auch über den Ersten Weltkrieg sprechen – nüchtern und ruhig wie über einen abgeschlossenen Gegenstand unserer Geschichte, der keine neuen Komplexe mehr zu erzeugen braucht. Gleichwohl ist zum besseren Verständnis des Zusammenhangs ein historischer Überblick notwendig – Vorgeschichte, Ausbruch, militärischer wie politischer Verlauf, Ende und Ergebnisse.

---

15 Zur Literatur vgl. meinen Band *Das Deutsche Reich und die Vorgeschichte des Ersten Weltkriegs*, Kap. 9, Anm. 12-17.
16 Kurt Riezler: Tagebücher, Aufsätze, Dokumente. Eingeleitet und herausgegeben von Karl Dietrich Erdmann. Göttingen 1972. Mehr dazu unten Kap. 9.
17 K. Riezler: *Tagebücher,* vor allem die Eintragungen von 11. 10., 22. 11., 13. 12. 1914; vgl. auch unten Kap. 9, S. 137-139

b) Historische Voraussetzungen und allgemeine Rahmenbedingungen

Als wichtigste Voraussetzungen des Ersten Weltkriegs sind zu nennen: Das Zeitalter des Imperialismus als generelle Rahmenbedingung der Weltpolitik vor 1914; das Deutsche Reich, seine innere Struktur und äußere Politik[18]; seine Verbündeten, vor allem Österreich-Ungarn und das Osmanische Reich; die Triple Entente (Frankreich, Rußland, England); die nationaldemokratische bis nationalrevolutionäre Unabhängigkeitsbewegung der Südslawen, die sich im 19. Jahrhundert gegen das Osmanische Reich richtete und seit dem frühen 20. Jahrhundert vornehmlich gegen Österreich-Ungarn.[19] Alle diese Faktoren wirkten in einem komplizierten Prozeß aufeinander ein und bestimmten Vorgeschichte, Auslösung, Verlauf und Ergebnisse des Ersten Weltkriegs.

Imperialismus

Das imperialistische System war seit der Periode der europäischen Entdeckungen und Expansion gegen Ende des 15. Jahrhunderts in mehreren Etappen entstanden: Mittel- und Südamerika im 16., Nordamerika und Indonesien im 17., Indien im 18., Afrika und die meisten bis dahin unabhängig gebliebenen Teile Südostasiens, vor allem Burma und Indochina, im 19. Jahrhundert.[20] Anfangs dienten die ersten Übersee-Besitzungen dem Handel vornehmlich mit Gewürzen, später dem Sklavenhandel[21] und der Produktion von

---

18 Die modernste Analyse gibt jetzt H.-U. Wehler: *Das Deutsche Kaiserreich 1871-1918*, Göttingen 1973; allerdings setzt Wehler im Grunde schon die Kenntnis der wichtigsten Fakten und Zusammenhänge voraus.

19 Hierzu am ausführlichsten, leider nicht in deutscher Sprache, Dimitrije Djordjević: *Révolutions nationales des peuples balkaniques 1804-1914*, Belgrad 1965; eine Übersetzung ins Deutsche wäre dringend erwünscht; ähnlich auch, für die Darstellung gleichsam von der anderen, der türkischen Seite her, M. S. Anderson: *The Eastern Question*, London 1966.

20 Zur ersten Orientierung David K. Fieldhouse: *Die Kolonialreiche seit dem 18. Jahrhundert*, Fischer-Weltgeschichte Bd. 29, Frankfurt/M. 1965; ferner Rudolf v. Albertini (Hg.): *Moderne Kolonialgeschichte*, Neue Wissenschaftliche Bibliothek (NWB) Bd. 39, Köln 1970; H.-U. Wehler (Hg.): *Imperialismus*, NWB 37, Köln 1970, beide jeweils mit umfangreichen Bibliographien; jetzt auch I. Geiss: *Die Stellung des modernen Imperialismus*, in: J. Radkau/I. Geiss (Hg.): *Imperialismus im 20. Jahrhundert*, München 1976, S. 19-41.

21 Als jüngste umfassende Darstellung des transatlantischen Sklavenhandels

»Kolonialwaren« in Plantagen der Neuen Welt, die auf der Arbeit aus Afrika eingeführter Sklaven beruhten, schließlich der Ansiedlung weißer Kolonisten. Mit der Industrialisierung seit der zweiten Hälfte des 18. Jahrhunderts, ausgehend von England, stieg das britische Empire zum bedeutendsten und stilprägenden Kolonialreich auf. Kolonien sollten fortan, neben der Aufnahme überschüssiger Bevölkerung in »weißen« Siedlungsgebieten (Kanada, Australien, Neuseeland, Südafrika, Algerien, Tunesien), besonders der Sicherung von Rohstoffen und von Absatzmärkten dienen, um die weitere Expansion der Industrialisierung in den europäischen Nationalstaaten abzusichern.

Um 1900 erreichte das imperialistische Weltsystem seinen Höhepunkt.[22] Sein Kern war das Britische Weltreich, dessen Zentrum in Indien lag, ergänzt durch die Kolonialreiche anderer europäischer Mächte (Frankreich, Deutschland, Belgien, Niederlande, Spanien, Portugal, Italien) und der USA, die 1898 Kuba und die Philippinen von Spanien erobert hatten. Hinzu kam Japan mit imperialistischen Ambitionen gegenüber Korea, China und Sibirien, ferner das zaristische Rußland, das in Zentral- und Ostasien Gebiete erobert hatte, die in der Funktion Kolonien gleichkamen. Eine Sonderstellung nahm das Osmanische Reich ein: Während es auf dem Balkan noch Teile Südosteuropas beherrschte, wurden seine arabischen Randgebiete in Nordafrika und im Nahen Osten selbst Objekte imperialistischer Großmachtpolitik, während sich die Großmächte schon auf die Aufteilung des gesamten Türkischen Reichs einstellten.

Im letzten Viertel des 19. Jahrhunderts, als sich das imperialistische System durch die Unterwerfung fast ganz Afrikas und des kontinentalen Südostasiens vollendete (Indochina, Burma, Malaya), bewirkte die imperialistische Expansion zunächst die Ableitung von außenpolitischen Spannungen in Europa nach Übersee und ihre weitgehende Neutralisierung. Mit Abschluß dieses Prozesses entstanden aus der kolonial-

---

vgl. Philip D. Curtin: *The Atlantic Slave Trade. A Census,* Madison, Milwaukee/London 1969, 2. Aufl. 1970; vgl. auch Michael Craton: *Sinews of Empire. A short History of British Slavery,* London 1974.

22 Zur Orientierung Wolfgang J. Mommsen: *Das Zeitalter des Imperialismus,* Fischer-Weltgeschichte, Bd. 28, Frankfurt/M. 1969.

politischen Rivalität ernsthafte Spannungen, die in kriegerische Konflikte zwischen den imperialistischen Mächten einzumünden drohten: 1898 zwischen England und Frankreich über die Kontrolle des Nils im Sudan (Faschoda-Krise), zwischen Deutschland und den USA wegen der Philippinen, 1899 zwischen England und Deutschland über Samoa. Es zeichnete sich somit bereits ein Kampf um die Neuaufteilung der Kolonialbeute zwischen den imperialistischen Großmächten ab, deren Objekte vor allem die älteren und schwächeren Kolonialreiche waren (Portugal, Spanien), die Osmanische Türkei und, als letztes scheinbar noch offenes Feld für imperialistische Expansion, China.

Deutsche »Weltpolitik« und Bündnissysteme
Das folgenreichste Revisionsbegehren stellte die deutsche »Weltpolitik« ab 1897/98 dar, nach der Phase der Kolonialerwerbungen vor allem in Afrika 1884/85 gleichsam die deutsche Version des Imperialismus. Hauptziele waren die Schaffung eines deutschen »Mittelafrika«, unter ganzem oder teilweisem Gewinn des Belgisch-Kongo und der portugiesischen Kolonien Angola und Mozambique, ferner die ökonomische Durchdringung und politische Beherrschung des Osmanischen Reichs, das damals noch bis kurz vor den Suezkanal und zum Persischen Golf reichte. Der gleichzeitige Bau einer mächtigen deutschen Schlachtflotte richtete sich vor allem gegen die britische Vorherrschaft auf See und bedrohte das inzwischen erreichte Gleichgewicht im imperialistischen System.[23] Zur Abwehr der deutschen Ansprüche schlossen sich die drei übrigen stärksten Groß- oder Weltmächte gegen Deutschland und den von ihm angeführten Dreibund zusammen. Zum russisch-französischen Zweibund von 1892/94, der aus innereuropäischen Motiven entstanden war, gesellte sich England durch die Entente Cordiale mit Frankreich (1904) und sein weltpolitisches Arrangement mit Rußland (1907). Alle drei Mächte zusammen bildeten eine eigene Gegen-Koalition zum Dreibund, die sogenannte Triple Entente. Die systeminternen Widersprüche des Imperialismus kamen schließlich 1914 im Ersten Welt-

23 Vgl. Volker Berghahn: *Der Tirpitz-Plan. Genesis und Verfall einer innenpolitischen Krisenstrategie unter Wilhelm II.*, Düsseldorf 1971.

krieg zur Entladung. Den zündenden Funken liefert das Attentat von Sarajevo, das jedoch nur als die schärfste Zuspitzung des säkularen Konflikts zwischen den aufstrebenden Nationalbewegungen auf dem Balkan und den dynastischen Imperien Türkei und Österreich-Ungarn zu verstehen ist.

Südslawische Nationalbewegung und Österreich-Ungarn
Die südslawische National- und Emanzipationsbewegung nahm ihren Ausgangspunkt primär von Serbien, sekundär von Montenegro, zunächst gegen die Fremdherrschaft der Osmanischen Türkei.[24] Seit dem serbischen Aufstand von 1804, der 1817 zur Autonomie Serbiens geführt hatte, lösten sich im Laufe des 19. Jahrhunderts eine Reihe von jungen Nationalstaaten aus dem Osmanischen Reichsverband, zunächst meist nur als autonome Gebiete, später auch als vollunabhängige Staaten – Serbien, Griechenland, Rumänien, Bulgarien. 1912 war die Türkei mit dem 1. Balkankrieg fast völlig aus Europa verdrängt. Seitdem richtete sich die Dynamik der südslawischen Befreiungsbewegung, wie schon zu Beginn des 19. Jahrhunderts vorauszusehen war, gegen Österreich-Ungarn mit den nördlichen und westlichen von Südslawen bewohnten Territorien – Slowenien, Kroatien, Dalmatien. 1878 hatte Österreich-Ungarn Bosnien und die Herzegovina okkupiert, 1908 förmlich annektiert – als Ausgleich für die machtpolitische Einbuße, die es 1866 durch den Verlust Italiens erlitten hatte. Damit schwächte sich die Doppelmonarchie jedoch nur weiter, denn die beiden Provinzen, deren großer Aufstand von 1875 zur großen Orientkrise von 1875/78 geführt hatte, ließen sich nicht von der gesamtsüdslawischen Bewegung isolieren, die zu Beginn des 20. Jahrhunderts auch auf Kroatien übergriff. Die Attentäter von Sarajevo gehörten zu einer radikalen Gruppierung namens »Jung-Bosnien«, die in ihrer Verzweiflung über die Reformunfähigkeit Österreich-Ungarns zum schärfsten Mittel griffen, um ihren Protest zu artikulieren – zum politischen Mord.[25]

24 Vgl. oben Anm. 19.
25 Vgl. Vladimir Dedjier: *The Road to Sarajevo*, London 1967; dagegen jetzt Friedrich Würthle: *Die Spur führt nach Belgrad. Die Hintergründe des Dramas von Sarajevo 1914*, Wien 1975.

Das Deutsche Reich war an Österreich-Ungarn gefesselt, weil es sonst keinen zuverlässigen Bündnispartner mehr hatte[26], denn Italien tendierte in seinen Sympathien ohnehin stärker zur südslawischen Nationalbewegung und verließ auch tatsächlich 1915 den Dreibund. Die deutsche Festlegung auf Österreich-Ungarn entsprach jedoch einer inneren Logik, weil beide Großmächte Ähnlichkeiten in ihrer Struktur aufwiesen und aufeinander angewiesen waren, wenn sie, gemäß ihren gesellschaftlichen Grundlagen und wirtschaftlichen Interessen, Außenpolitik treiben wollten. Auf diese Verwandtschaft hatte 1879 auch Bismarck zurecht hingewiesen, als er Kaiser Wilhelm I. vom Zweibund mit Österreich-Ungarn überzeugte: Beide Mächte betrachteten sich als Fortsetzung des alten Heiligen Römischen Reiches Deutscher Nation, wenn auch in unterschiedlichen Formen.[27] Beide beruhten als dynastische Monarchien auf der Gegnerschaft zu den modernen Prinzipien der Demokratie, der Volkssouveränität und des nationalen Selbstbestimmungsrechts. Beide Kaiserreiche hatten daher mehr (Österreich-Ungarn) oder weniger (Deutschland) starke nationale Minderheiten, die gegen ihren Willen zu Österreich-Ungarn bzw. Deutschland gehörten. Eine Gewährung des nationalen Selbstbestimmungsrechts der Völker hätte die Donaumonarchie in ihrer Existenz als Großmacht bedroht, sofern es ihr nicht gelang, die politischen Bewegungen ihrer nationalen Minderheiten durch eine echte Föderalisierung und Demokratisierung zu integrieren. Dazu waren aber die Magyaren, mit denen die Österreicher im sogenannten Ausgleich von 1867 die Macht hatten teilen müssen, schon gar nicht bereit.[28]

26 Als eher diplomatiegeschichtliche Analyse vgl. Fritz Fellner: *Der Dreibund. Europäische Diplomatie vor dem Ersten Weltkrieg,* München 1960.
27 Hierfür sind noch immer Bismarcks Memoranden an Kaiser Wilhelm I. aus dem Spätsommer 1879, um den zögernden Kaiser von der Richtigkeit des Zweibunds mit Österreich-Ungarn zu überzeugen, eindrucksvolle Zeugnisse; vgl. *Die Große Politik der Europäischen Mächte, 1871-1914,* 39 Bde., hrsg. von Johannes Lepsius, Felix Mendelsohn-Bartholdy und Friedrich Thimme, Berlin 1922/27, Nr. 447, 455, 458, 461.
28 Deshalb nahm Luigi Albertini (vgl. oben Anm. 8) den Ausgleich von 1867 und die Umwandlung des Kaiserstaats Österreich zur Doppelmonarchie Österreich-Ungarn als Ausgangspunkt seiner großen Arbeit über den Ausbruch des Ersten Weltkriegs.

Die ungarische Herrenschicht fand Unterstützung im Deutschen Reich, wo vor allem Preußen schwerwiegende Rückwirkungen auf die eigenen nationalen Minderheiten an den Reichsgrenzen befürchtete, vor allem auf die Franzosen in Elsaß-Lothringen, die Dänen in Nordschleswig und die Polen in Posen, Westpreußen und Oberschlesien. Diese Überlegungen fanden in zwei bemerkenswerten Dokumenten ihren Niederschlag: im Tagebuch Kurt Riezlers und im offiziellen Weißbuch der deutschen Regierung zur Rechtfertigung jener deutschen Politik, die zum Kriegsausbruch Anfang August 1914 geführt hatte. Riezler schrieb am 23. Juli 1914 zur russischen Politik auf dem Balkan und der Möglichkeit, mit Rußland zu einem Arrangement zu kommen: »Österreich selbst müssen wir halten. Greift Rußland an die Südslawen, so sind wir verloren.«[29] Im Weißbuch, vorgelegt am 4. August 1914, heißt es, vom selben Riezler konzipiert, über die Gründe, warum Deutschland Österreich-Ungarn gegen Serbien nicht zurückhielt:

»*Wir konnten dies um so weniger tun, als auch unsere Interessen durch die andauernde serbische Wühlarbeit auf das empfindlichste bedroht waren. Wenn es den Serben mit Rußlands und Frankreichs Hilfe noch länger gestattet geblieben wäre, den Bestand der Nachbarmonarchie zu gefährden, so würde dies den allmählichen Zusammenbruch Österreichs und eine Unterwerfung des gesamten Slawentums unter russischem Szepter zur Folge haben, wodurch die Stellung der germanischen Rasse in Mitteleuropa unhaltbar würde.*«[30]

Das Deutsche Reich unterstützte daher bedingungslos die Magyaren, die alle Ansätze auch nur zu einer Föderalisierung Österreich-Ungarns beharrlich ablehnten, weil sie ihre eigene Machtposition sonst bedroht sahen. So wirkte sich die innere Gesellschafts- und Machtstruktur des preußisch-deutschen Reichs auf die Außenpolitik in diesem wichtigen Punkt aus – weitere Verhärtung der Donaumonarchie zur vollständigen Reformunfähigkeit, die ihrerseits den gewaltsamen Konflikt mit der südslawischen Bewegung so gut wie

---

29 K. Riezler: *Tagebücher*, S. 189, vgl. auch unten Kap. 9.
30 Zum größten Teil neuabgedruckt bei I. Geiss: *Julikrise 1914*, Bd. II, Nr. 1089, S. 638f.

unvermeidlich machte, wie er mit und nach dem Attentat von Sarajevo ausbrach.

Die innere Struktur des Deutschen Reichs
Aber auch innere Spannungen, nach außen als dynamische Weltpolitik abgeleitet, drängten das Deutsche Reich 1914 zum Krieg. Es hatte nicht vermocht, die enormen Spannungen gesellschaftlicher und politischer Art, die mit der relativ raschen Industrialisierung entstanden, konstruktiv und friedlich umzusetzen. Hegemonialmacht des im Jahr 1871 nach drei »Einigungskriegen« gegründeten Deutschen Reiches war Preußen. Es war bei weitem der größte und mächtigste Bundesstaat, sein König war zugleich deutscher Kaiser, sein Ministerpräsident (fast immer) deutscher Reichskanzler. Den Sachverhalt hat auch die offizielle Staatssymbolik mit dem Reichswappen unübertroffen dargestellt: Im Herzen des Reichsadlers sitzt der preußische Adler. Preußen war zwar seit 1815 zur bedeutendsten Industrie- und Wirtschaftsmacht in Deutschland, nach 1871 sogar auf dem Kontinent aufgestiegen. Aber seine traditionell herrschende Klasse, die ostelbischen Junker, saß noch immer auf ihren Rittergütern von schwindender volkswirtschaftlicher Bedeutung. Die Aristokratie klammerte sich an ihre politische und militärische Schlüsselstellung in Preußen und im Reich, während das Wirtschaftsbürgertum, ökonomisch schon längst dominierend, politisch noch untergeordnet blieb. Das Bürgertum stellte zwar den wirtschaftlichen Motor des Reichs, konnte aber erst in den letzten Vorkriegsjahren und im Kriege selbst einen zunehmenden Einfluß auf die Ziele der deutschen Außenpolitik gewinnen.
Ausgeschlossen vom Glanz des Deutschen Reichs blieb dagegen die Industriearbeiterschaft. Schlechte Wohnverhältnisse, Frauen- und Kinderarbeit erzeugten soziale Spannungen. Mit zunehmender Industrialisierung wuchs auch die Arbeiterschaft, ebenso die Stärke ihrer wirtschaftlichen und politischen Vertretung, der Gewerkschaften und der SPD. Das Programm der Sozialdemokratie – Demokratisierung des Wahlrechts auch in den Bundesstaaten, vor allem in Preußen, Parlamentarisierung des Reichs und Vergesellschaftung der Schlüsselindustrien – hätte, selbst friedlich-parlamenta-

risch verwirklicht, die Privilegien und Machtpositionen sowohl der traditionellen agrarischen als auch der modernen industriellen Führungsschicht in Preußen-Deutschland bedroht. Daher schlossen sich beide in einem mehr oder minder lockeren Bündnis gegen die Sozialdemokratie zusammen, wenn auch sekundäre Spannungen zwischen Agrariern und Industriellen, Aristokratie und Bürgertum fortbestanden und das Bündnis immer wieder schwächten. Während das Proletariat und die SPD pauschal als »Reichsfeinde« verdächtigt und bekämpft wurden, begann ein Flügel der SPD in der Zeit der relativen Liberalisierung nach Bismarcks Sturz 1890 und in der großen Konjunkturphase etwa ab 1896 die bestehende Ordnung soweit zu akzeptieren, daß er sich zunehmend innerlich mit ihr identifizierte, unter Beibehaltung der äußerlichen Oppositionshaltung. Trotzdem blieben die Grundwidersprüche im Deutschen Reich weiter bestehen: Auf der einen Seite war das Deutsche Reich die modernste Wirtschafts- und Industriemacht des Kontinents, zuletzt in wichtigen Leitsektoren (Chemie, Elektroindustrie, Stahl) sogar England, dem Mutterland der industriellen Revolution, überlegen, andererseits blieb die gesellschaftliche und politische Macht seiner antiquierten agrarischen Herrenschicht ungebrochen.

Deutsche Außenpolitik 1871-1914
Zur Stabilisierung des eigenen Herrschaftssystems lenkte daher die preußisch-deutsche herrschende Klasse die inneren Spannungen nach außen und setzte sie in eine dynamische Außenpolitik um.[31] Diesen Mechanismus hatte bereits Bismarck zur Vergrößerung Preußens 1864/66 und zur Schaffung des neuen Deutschen Reichs 1870/71 erfolgreich angewandt. Nach der Reichsgründung betrieb er zunächst die außenpolitische Konsolidierung der vorangegangenen Gewinne und Machtzunahmen für Deutschland im wesentlichen auf dem europäischen Kontinent.[32] Auch sein Nachfol-

---

31 Als neueren Überblick, vorerst nur in englischer Sprache, vgl. I. Geiss: *German Foreign Policy 1871-1914,* London 1976.
32 Ebenda, Kapitel 3, 4, 6; eine vorzügliche dokumentarische Behandlung, zusammen mit der Innenpolitik, bei Michael Stürmer (Hg.): *Bismarck und die preußisch-deutsche Politik 1871-1890,* dtv 692, München 1970.

ger Caprivi (1890-1894) lenkte die außenpolitischen Energien des Reichs noch ganz auf den Kontinent, auf Mitteleuropa. Aber die immer weitergehende Industrialisierung mit ihrer Suche nach gesicherten Rohstoffen und Absatzmärkten beseitigte dann bald alle verbliebene Zurückhaltung: Der Beginn einer langhaltenden Hochkonjunktur 1895/96 fiel ungefähr mit der Aufnahme und Proklamierung der deutschen »Weltpolitik« zusammen. Innenpolitisches Ziel war es, von den mit der Industrialisierung und der innenpolitischen Erstarrung entstandenen sozialen Spannungen durch eine spektakuläre – natürlich erfolgreich gedachte – Außenpolitik abzulenken.

Mit der deutschen Frontstellung gegen Frankreich, dem das junge Reich zudem Elsaß-Lothringen abgenommen hatte, war eine Grundkonstante der diplomatischen Konstellation in Europa bereits vorgegeben: Frankreich würde versuchen, die ihm vom Deutschen Reich auferlegte außenpolitische Isolierung zu durchbrechen und gegenüber Deutschland tunlichst umzustülpen, d. h. seinerseits Deutschland zu isolieren. Nach dem Zweibund Deutschlands mit Österreich-Ungarn bot sich als Partner dafür nur noch Rußland an. Als Deutschland, noch unter Bismarck, durch das sogenannte Lombardverbot 1887 Rußland die Möglichkeit nahm, auf dem deutschen Finanzmarkt Anleihen aufzunehmen, die es für sein ehrgeiziges Industrialisierungsprogramm benötigte[33], sprang Frankreich ein. Seitdem war das zaristische Rußland vollends bereit für das Bündnis mit dem republikanischen Frankreich. Das Bündnis kam 1892/94 zustande. Durch die beiden bilateralen Arrangements Englands mit Frankreich (1904) und mit Rußland (1907) erhielt die Triple Entente zugleich eine weltpolitische Dimension, da sie über Europa hinauswies: Die deutsche »Weltpolitik« war nunmehr auch auf globaler Ebene isoliert, in Europa zurückgeworfen auf Österreich-Ungarn und auf das Osmanische Reich, das in seiner inneren Struktur noch antiquierter war als die Donaumonarchie.

33 Dazu im Detail H.-U. Wehler: *Bismarcks Imperialismus und späte Rußlandpolitik unter dem Primat der Innenpolitik*, in: M. Stürmer (Hg.): *Das kaiserliche Deutschland. Politik und Gesellschaft 1870-1918*, Düsseldorf 1970, S. 235-264.

Dreimal testete das Deutsche Reich vor 1914 die Stärke dieses die deutsche Weltpolitik eindämmenden Bündnissystems, je zweimal nach Westen, einmal nach Osten, mit unterschiedlichem Erfolg: Die erste Marokkokrise von 1905/06 sollte die gerade abgeschlossene Verständigung zwischen England und Frankreich durch massiven Druck gegen Frankreich wieder sprengen, festigte aber nur die Entente Cordiale.

1908 hatte Österreich-Ungarn die 1878 nur okkupierten osmanischen Provinzen Bosnien und Herzegovina annektiert, damit aber auch den Protest Serbiens provoziert. Das Eingreifen Deutschlands im März 1909 in die Bosnische Annexionskrise zwang zwar das durch den russisch-japanischen Krieg 1904/05 und die erste russische Revolution 1905 geschwächte Rußland und das von ihm gestützte Serbien zum Rückzug vor der zumindest indirekten deutschen Kriegsdrohung. Aber es wurde auch deutlich, daß Deutschland die gleiche Pressionstaktik gegen ein inzwischen wieder militärisch erstarktes Rußland ein zweites Mal nicht würde anwenden können.

In der zweiten Marokkokrise 1911 ging das Deutsche Reich gegen Frankreich bereits bis hart an den Rand des Krieges, wich aber angesichts der eindeutigen Warnung Englands noch einmal zurück.[34] Als sich im 1. Balkankrieg Ende 1912 mit dem Zusammenbruch der Türkei gegen die siegreichen Balkanstaaten indirekt auch eine außenpolitische Niederlage Österreich-Ungarns abzeichnete, beschloß die Reichsführung in einer Konferenz unter Vorsitz des Kaisers am 8. Dezember 1912 faktisch die Austragung des als unvermeidlich angesehenen großen Konflikts bei der nächsten Gelegenheit. Aus rüstungstechnischen Sachzwängen der Marine ergab sich als Termin, von dem an der Krieg herbeigeführt werden mochte, Ende Juni 1914, wenn die Erweiterung des Kaiser-Wilhelm-Kanals zur Aufnahme von Schlachtschiffen abgeschlossen sein würde. Inzwischen erfolgte die militärische, psychologische und diplomatische Kriegsvorbereitung.[35]

---

34 Zur deutschen Außenpolitik von der 2. Marokkokrise bis zum Kriegsausbruch 1914 vgl. F. Fischer: *Krieg der Illusionen. Die deutsche Politik von 1911 bis 1914,* Düsseldorf 1969.
35 Hierzu in Einzelheiten ebenda, Kapitel 9, »Der vertagte Krieg«, S. 231-

Die Nachricht vom Attentat in Sarajevo erreichte Kaiser Wilhelm II. in Kiel noch bei den Eröffnungsfeiern des erweiterten Kanals. Nach anfänglichem Zögern wagte die Reichsleitung in der Julikrise 1914 dann doch den »Sprung ins Dunkle« (Bethmann Hollweg)[36] – die Provozierung des Kontinentalkriegs: Berlin gab der verbündeten Donaumonarchie freie Hand gegen Serbien und drängte sie förmlich dazu, ihren Rang als Großmacht durch eine rasche militärische Aktion zu beweisen. Deutschland hoffte lediglich, den Krieg noch lokalisieren zu können, d. h. die militärische Niederwerfung Serbiens sicherzustellen, obwohl Berlin von den übrigen Großmächten, besonders von England, deutlich darauf aufmerksam gemacht worden war, daß die Lokalisierungspolitik bestenfalls illusionär war. So entwickelte sich der Erste Weltkrieg innerhalb von einer Woche aus dem von Deutschland angestrebten Balkankrieg (28. Juli) über den mit Gelassenheit, vielleicht sogar mit Wohlwollen gesehenen Kontinentalkrieg (deutsche Kriegserklärungen an Rußland und Frankreich am 1. bzw. 3. August) bis zu dem auch für Deutschland unwillkommenen Weltkrieg (Kriegserklärung Englands an Deutschland am 4. August). Vor allem in Deutschland schienen sich bei Kriegsausbruch die inneren Spannungen in Begeisterung über die durch den Krieg zunächst äußerlich hergestellte nationale Einheitsfront aufzulösen.

c) Der militärische Kriegsverlauf 1914-1918

Auf dem Kontinent bis August 1916
Für den Kriegsfall sahen die Feldzugspläne aller Großmächte die Offensive gegen den jeweiligen Gegner vor – Frankreich, verstärkt durch ein britisches Expeditionskorps, gegen Deutschland; Deutschland erst gegen Frankreich, anschließend gegen Rußland; Österreich-Ungarn gegen Serbien und Rußland. Aber nur im deutschen Mobil- und Auf-

---

288; vgl. auch Kap. 5 in meinem Band *Das Deutsche Reich und die Vorgeschichte des ersten Weltkriegs*, S. 119f.
36 So K. Riezler, die Ansichten des Kanzlers zusammenfassend, in seinem Tagebuch am 14.7.1914 (K. Riezler: *Tagebücher*, S. 185; vgl. unten Kap. 9).

marschplan war die sofortige, überfallartige Eröffnung der Kriegshandlungen bereits vorgesehen: Der berühmte Schlieffen-Plan, entworfen im Jahr 1905, als Rußland militärisch gen Westen auf Jahre gelähmt war, sollte den Zweifrontenkrieg durch eine Blitzoffensive gegen Frankreich eröffnen. Da die französische Festungslinie in Lothringen zu stark war, plante Schlieffen eine Umfassung Frankreichs durch Belgien und Holland.[37] Sein Nachfolger im Generalstab, Generaloberst von Moltke, ließ den Durchmarsch durch Holland fallen, setzte dafür aber die sofortige und »blitzartige« Eroberung der Festung Lüttich ins Kalkül. Schon am 4. Tag nach der Mobilmachung mußte der Vormarsch auf Lüttich beginnen. Der Plan gelang, mit nur geringfügiger Verzögerung. Die Forts von Lüttich wurden durch die berühmteste Geheimwaffe Deutschlands zu Beginn des Kriegs zerstört, durch den 42 cm-Krupp-Mörser »Dicke Bertha«.

Der Schlieffen-Plan sah für den »Blitzkrieg« gegen Frankreich nur eine Frist von sechs Wochen vor. Anschließend sollte das Westheer nach Osten geworfen werden, wo die deutsche und österreich-ungarische Armee Rußland in weiteren sechs Wochen niederwerfen sollte. Am Ende der ersten sechs Wochen scheiterte die deutsche Westoffensive jedoch an der Marne, so daß die deutschen Armeen den Rückzug antreten mußten. Nach dem vergeblichen Versuch, die Front der Alliierten im Norden zu umfassen, erstarrte der Krieg zum Stellungskrieg. Offensiven der Alliierten wie der Deutschen blieben bis Sommer 1918 früher oder später stecken, nach geringen oder nur sehr begrenzten Geländegewinnen: Verdun und Somme (1916), Flandern (1917) wurden zu Synonymen für mörderische Material-und Abnutzungsschlachten.

Im August 1914 waren auch die Offensiven Österreich-Ungarns gegen Serbien und Rußland zusammengebrochen. Die Russen trieben die Österreicher zunächst bis auf den Kamm der Karpathen zurück, ohne den entscheidenden Durchbruch nach Ungarn erzielen zu können. Ebenso scheiterte 1914 die russische Zangenoffensive mit zwei Armeen

---

37 Vgl. das folgende Kapitel.

gegen Ostpreußen.[38] Dort war die 8. deutsche Armee zwischen den von Osten und Süden anrückenden russischen Armeen in gewagten Manövern hin und her rochiert und schlug unter Hindenburg/Ludendorff zunächst die Südarmee Sasonow bei Tannenberg, dann die Ostarmee Rennenkampf an den Masurischen Seen. Aus dem spektakulären Doppelsieg innerhalb weniger Wochen entstand der nachgerade legendäre Feldherrnruhm Hindenburgs und Ludendorffs, der in der zweiten Hälfte des Krieges auch politisch wirksam wurde.

1915 gelang den Mittelmächten die Eroberung Polens, Litauens und Kurlands, ohne jedoch Rußland entscheidend zu schlagen. Erst danach, im Oktober 1915, überwältigten zahlenmäßig überlegene Truppen Deutschlands, Österreich-Ungarns und Bulgariens das völlig isolierte Serbien, erst 1916 auch Montenegro. Der begehrte Landweg nach Konstantinopel war für das Deutsche Reich somit frei. Die Türkei war schon Ende 1914 auf seiten der Mittelmächte in den Krieg eingetreten und blockierte, auch gegen eine kombinierte See- und Landungsoffensive Englands auf der Halbinsel Gallipoli, die Verbindung zu Rußland über das Mittelmeer und das Schwarze Meer. 1915 schloß sich zudem Italien dem Krieg gegen Österreich-Ungarn, 1916 auch gegen Deutschland an.

Der August 1916 brachte den Höhepunkt der militärischen Krise für Deutschland: Scheitern der deutschen Verdun-Offensive, britisch-französische Offensive an der Somme, erfolgreiche Offensive der Russen unter Brussilow gegen die Armee Österreich-Ungarns, Eintritt Rumäniens in den Krieg gegen die Mittelmächte. Rumänien wurde jedoch nach Stabilisierung der Lage in Ost und West von deutschen und österreich-ungarischen Truppen geschlagen und fast völlig besetzt. Ende August 1916 wurden Hindenburg und Ludendorff zur Obersten Heeresleitung berufen, um den Krieg für das Deutsche Reich doch noch zu gewinnen.

Der Krieg zur See und in Übersee
Für den Krieg auf den Meeren und in den Kolonien lagen die

---

38 Vgl. unten Kap. 4.

Vorteile von vornherein überwältigend auf seiten der traditionellen See-, Welt- und Kolonialmacht England, zumal sie im Bündnis mit Frankreich und Japan war, seit 1917 auch mit den USA. Die deutschen Überseekreuzer verschwanden schon 1914 früher oder später von den Weltmeeren – »Goeben« und »Breslau« flüchteten aus dem Mittelmeer nach Konstantinopel und bildeten fortan unter osmanischer Flagge den Kern der türkischen Flotte gegen die russische Schwarzmeerflotte. Das Ostasiengeschwader unter Admiral v. Spee wurde nach einem ersten erfolgreichen Seegefecht bei Coronel (1.11.1914) von überlegenen britischen Seestreitkräften bei den Falklandinseln vernichtet (8.12.1914). Zuvor schon wurde der Kreuzer »Emden« nach einem Kaperkrieg im Pazifik und Indischen Ozean versenkt (9.11.).
Ähnlich wurden die deutschen Kolonien früher oder später von alliierten Truppen besetzt, mit oder ohne vorausgegangene Kämpfe – Togo, Tsingtau, Neu-Guinea (1914), Deutsch-Südwestafrika (1915), Kamerun (1916), Deutsch-Ostafrika (1917/18).
Die deutsche Flotte hatte zwar in der Ostsee gegenüber der unterlegenen russischen Flotte die Vorherrschaft, mußte aber in der Nordsee gleich zu Beginn des Krieges bei Helgoland eine demütigende Niederlage leichter Seestreitkräfte gegen das britische Schlachtkreuzergeschwader hinnehmen (28.8.1914).
Mit Kriegsbeginn fiel eine weitreichende Vorentscheidung auf See gegen Deutschland: England verhängte keineswegs, wie die Deutschen seit Bau ihrer Schlachtflotte gehofft hatten, die sogenannte engere Blockade über die deutschen Nordseehäfen, mithin im Bereich der deutschen Schlachtflotte, sondern die weitere oder Fernblockade: Kanal und Nordsee zwischen Schottland und Norwegen wurden für die deutsche Schiffahrt gesperrt. Die deutsche Schlachtflotte konnte mit ihrem nur bis nach England reichenden Aktionsradius weder die Fernblockade brechen noch, wie sich bei dem für die Deutschen verlustreichen Seegefecht an der Doggerbank (24.1.1915) erwies, Teile der britischen Home Fleet unter günstigen Bedingungen stellen und vernichten. Deshalb eröffnete Deutschland schon im Februar 1915, damals noch mit unzureichenden Mitteln, den »uneinge-

schränkten« U-Bootkrieg. Im Unterschied zum eingeschränkten U-Bootkrieg nach den Regeln des Völker- und Seekriegsrechts sah der uneingeschränkte U-Bootkrieg die warnungslose Torpedierung von kriegführenden *und* neutralen Handelsschiffen in zum Seekriegsgebiet erklärten Gewässern rund um England vor. Die Folge war, nach der Versenkung der »Lusitania« durch ein deutsches U-Boot (7.5.1915), der diplomatische Konflikt mit den USA, der jederzeit zu deren Kriegseintritt führen konnte. Im September 1915 stellte Deutschland unter dem Druck des drohenden Kriegs mit den USA den uneingeschränkten U-Bootkrieg zwar um England wieder ein, setzte ihn aber im Mittelmeer fort. Anschließend drängte die Marineleitung auf Verstärkung der – nicht minder völkerrechtswidrigen – Bombardierung von London durch deutsche Zeppeline.[39]
Ende Mai 1916 führten verstärkte deutsche Versuche, Teile der britischen Home Fleet durch die gesamte deutsche Hochseeflotte zu vernichten, zur Skagerrakschlacht. In der deutschen Tradition gilt diese Schlacht als deutscher Seesieg über die britische Flotte, weil sich die britischen Verluste an Schiffen und Mannschaften zu den deutschen ungefähr wie 2:1 verhielten. In Wirklichkeit war die deutsche Hochseeflotte aber in eine äußerst ungünstige Position geraten, und ihr drohte die sichere Vernichtung durch die überlegene Home Fleet, wenn sie die Schlacht nicht rechtzeitig abgebrochen und sich durch Flucht gerettet hätte. Nur aufgrund falscher Berechnung des deutschen Rückzug-Kurses verlor die Home Fleet am nächsten Tag den Kontakt zur deutschen Hochseeflotte.[40]
Auch strategisch lief der Ausgang der Skagerrakschlacht auf eine deutsche Niederlage hinaus: Die deutsche Hochseeflotte blieb endgültig auf die Nordsee verbannt. Die erwiesene Unmöglichkeit, die britische Flotte in offener Seeschlacht zu besiegen, gab schließlich am 9. Januar 1917 den Ausschlag dafür, ab 1. Februar 1917 den uneingeschränkten U-Bootkrieg auch wieder um England zu eröffnen, im vollen

---

39 Nach der Haager Landkriegsordnung von 1907 war die Bombardierung offener Städte und die Kriegführung gegen die nicht direkt am Krieg beteiligte Zivilbevölkerung verboten.
40 Vgl. unten Kap. 5.

Bewußtsein des Risikos, daß nunmehr auch die USA gegen Deutschland in den Krieg eintreten würden. Doch der Admiralstab versicherte, daß die U-Boote innerhalb von sechs Monaten England in die Knie zwingen würden, bevor die USA militärisch eingreifen könnten. Außerdem könnte kein amerikanischer Truppentransporter den Atlantik überqueren, weil ihn deutsche U-Boote vorher versenken würden.

Die Folgen des uneingeschränkten deutschen U-Bootkrieges traten sofort ein: Kriegserklärung der USA an Deutschland im April 1917. Im Frühjahr 1918 erschienen die ersten amerikanischen Einheiten auf dem westlichen Kriegsschauplatz. Im November 1918 standen in Frankreich zwei Millionen amerikanische Soldaten – und das alles war nur ein Anfang. Der amerikanische Einsatz hätte sich an der Westfront spätestens im Frühjahr 1919 entscheidend ausgewirkt, wenn die deutsche Front überhaupt so lange gehalten hätte.

Der Krieg auf dem Kontinent Ende 1916 bis Ende 1918
Die Stabilisierung der militärischen Lage für die Mittelmächte nach der Krise vom August 1916, zuletzt ausgedrückt in der Eroberung von Bukarest (6. 12. 1916), gab den Mittelmächten Raum für drei bedeutende politische Initiativen: Proklamation des Königreichs Polen (5. 11.) und Friedensangebot (12. 12.) nach außen, Vaterländisches Hilfsdienstgesetz (5. 12.) nach innen. Die beiden nach außen gerichteten Initiativen scheiterten, die nach innen hatte zwar kurzfristig den gewünschten Erfolg, aber mit unerwünschten längerfristigen Nachwirkungen: Die Proklamation des Königreichs Polen durch die Mittelmächte führte keineswegs zur erhofften Aufstellung einer polnischen Freiwilligenarmee gegen Rußland und verschärfte nur, durch die Konfrontation mit Pilsudski, die inneren Spannungen im besetzten Kongreß-Polen. Das Friedensangebot der Mittelmächte wurde von der Entente abgelehnt, ebnete aber in Deutschland psychologisch den Weg zur Verschärfung des Krieges – nach außen durch den einen Monat später beschlossenen uneingeschränkten U-Bootkrieg, nach innen durch das Vaterländische Hilfsdienstgesetz. Dieses verpflichtete alle verfügbaren Arbeitskräfte für die deutsche Rüstungsindustrie,

gewährte aber auch erstmals den Gewerkschaften staatliche Anerkennung.
Militärisch gerieten die Mittelmächte 1917 im Westen durch die Flandernschlacht, im Osten durch die 2. Brussilow-Offensive unter schweren Druck. Die Brussilow-Offensive war die letzte große militärische Kraftanstrengung Rußlands, das bereits das zaristische Regime gestürzt hatte und nun unter liberal-demokratischen Vorzeichen (Regierung Kerenski) weiter im Krieg blieb; doch die endgültige militärische Niederlage verschärfte, wie üblich, die Polarisierung im Innern und führte, nach einem gescheiterten Aufstand der Bolschewiki in Petrograd (16./18. Juli) von links und einem gescheiterten Putsch des royalistischen Generals Kornilow von rechts, zur erfolgreichen Oktoberrevolution der Bolschewiki (6./7. November). Der anschließende Waffenstillstand mit Rußland (15. 12.) und der Friedensschluß von Brest-Litowsk (3. 3. 1918) machten für Deutschland den Rücken im Osten frei zu einer letzten großen militärischen Kraftanstrengung im Westen, bevor die Amerikaner entscheidend eingriffen: Deutsche Offensiven im Westen ab 21. März 1918 hatten zunächst begrenzten Erfolg, blieben aber früher oder später stecken. Die letzte (15. 7.) scheiterte bereits drei Tage später an der französischen Gegenoffensive (18. 7.), gefolgt von der britischen (8. 8.).
Anschließend wurden die Fronten der Mittelmächte vom Südosten her aufgerollt: Mitte September 1918 wurden die bulgarische Süd-Front von Saloniki aus, die deutsch-türkische Front in Palästina bei Megiddo durchbrochen. Der militärische und politische Zusammenbruch Bulgariens und des Osmanischen Reichs folgten unmittelbar. Wenige Tage später, Anfang Oktober, schlossen sich militärischer Zusammenbruch und politische Auflösung Österreich-Ungarns an, so daß die Grenzen des Deutschen Reichs im Südosten und Süden, nach Böhmen und Tirol, offenstanden. Das deutsche Waffenstillstandsangebot an die USA kam dem verzweifelten Versuch gleich, den Krieg einigermaßen glimpflich zu beenden, bevor auch das Deutsche Reich militärisch total zusammenbrechen würde. Trotzdem kam im strategisch mattgesetzten Deutschland die Parole vom »Dolchstoß« in den Rücken einer angeblich unbesiegten deutschen Armee

auf und konnte die Gemüter verwirren, weil Anfang November 1918 tatsächlich deutsche Truppen, vor allem im Osten, noch weit vor den Reichsgrenzen standen. In Wirklichkeit hingen sie freilich sowohl strategisch als auch politisch längst in der Luft. Der Waffenstillstand kam nur dem völligen Zusammenbruch auch der deutschen Westfront zuvor, zumal sich die Westarmee seit dem 8. August 1918, dem »Schwarzen Tag« der deutschen Armee, ständig in der Defensive und auf dem Rückzug befand und beim Waffenstillstand am 11. November 1918 schon fast aus Belgien und Frankreich hinausgedrängt war.

d) Innenpolitische Rückwirkungen und Folgen des Krieges

Ein so weltweiter und tiefgreifender Konflikt wie der Erste Weltkrieg hatte auch einschneidende politische Rückwirkungen, international wie in den kriegführenden Ländern, ja auch in neutral gebliebenen Ländern.

Mittelmächte
In Deutschland stellte die Augustbegeisterung bei Kriegsausbruch zunächst scheinbar eine solide innenpolitische Einheitsfront her, namentlich mit Bewilligung der Kriegskredite durch die SPD. Je länger der Krieg dauerte und je weniger erfolgreich er verlief, desto deutlicher zeichnete sich aber eine innere Polarisierung ab: Aristokratie und Mehrheit des Bürgertums waren anfänglich kriegsbegeistert und setzten auf die Mehrung des Reichs durch den Krieg, während die vom Krieg besonders hart betroffene Arbeiterschaft eher skeptisch war und sich teils nur vorübergehend von den Ereignissen mitreißen ließ, teils resignierend beugte.
Die wachsenden Differenzen über Sinn und Zweck des Krieges schlugen sich zunächst vor allem in der SPD nieder, die mit dem Einschwenken auf die amtliche Burgfriedenspolitik das größte politische Opfer gebracht hatte.[41] Ungefähr den innerparteilichen Konfliktlinien aus der Vorkriegszeit fol-

---

41 Vgl. unten Kap. 10.

gend zerfiel die SPD in drei Gruppen: die Mehrheitssozialdemokratie (MSPD) unter Friedrich Ebert und Philipp Scheidemann, die bis zum Kriegsende die Billigung der Kriegskredite beibehielt und deshalb in einen sich verschärfenden Konflikt mit einer wachsenden innerparteilichen Opposition geriet; die gemäßigten Oppositionellen, die sich Ostern 1917 als Unabhängige Sozialdemokratische Partei Deutschlands (USPD) konstituierten; schließlich ganz links, von vornherein unter Bedingungen der Illegalität operierend, der schon 1916 gegründete Spartakusbund unter Karl Liebknecht und Rosa Luxemburg, der jedoch bis zur Gründung der KPD um die Jahreswende 1918/19 formal zur USPD gehörte.

Der Ausweitung des Parteienspektrums nach links durch USPD und Spartakusbund entsprach eine Ausweitung nach rechts durch Gründung der Deutschen Vaterlandspartei unter Großadmiral v. Tirpitz und Wolfgang Kapp, dem späteren Anführer des Kapp-Putsches von 1920. Die Vaterlandspartei kam einer Zusammenfassung der meisten chauvinistischen und antisemitischen Elemente aus den Rechts- und Mittelparteien gleich und war damit die wichtigste Vorstufe zur NSDAP.

Die Polarisierung nach links und rechts entzündete sich zunächst an der Debatte um die deutschen Kriegsziele, d. h. um den Charakter des Weltkriegs aus deutscher Sicht, weitete sich aber im Laufe des Kriegs auf sozial- und klassenpolitische Bereiche aus. Als die angesammelten inneren Spannungen nach der militärischen Niederlage im November 1918 ausbrachen, war in Deutschland eine revolutionäre Situation herangereift, die jedoch von vornherein unter dem Schatten der ideologischen Beeinflussung durch die russische Oktoberrevolution aus dem Osten und der drohenden militärischen Intervention durch die siegreichen Alliierten aus dem Westen stand, sollte sich, ähnlich wie in Rußland, eine proletarische Revolution wirklich durchsetzen. Der Sturz der Monarchie und die anschließenden inneren Wirren waren nur die normale Reaktion auf die militärische Niederlage und die jahrzehntelange Verschleppung fundamentaler Strukturreformen im preußisch-deutschen Kaiserreich.[42]

42 Vgl. unten Kap. 13-15.

In Österreich-Ungarn war ohnehin die innenpolitische Basis für einen großen Krieg noch schwächer: Die slawischen Nationalitäten, die zusammen rund die Hälfte der Donaumonarchie ausmachten, waren von vornherein gegen einen Krieg, den die deutsche Propaganda zum »Kampf des Germanentums gegen das Slawentum« hochstilisiert hatte. Mangelnde Kriegsbegeisterung, listiger passiver Widerstand à la Schwejk und, soweit möglich, massenhaftes Überlaufen, meist zu den Russen, zeichneten bereits im Krieg den Gang der künftigen Entwicklung nach der Niederlage vor: Auflösung der Donaumonarchie in ihre nationalen Bestandteile, die allerdings nach Kriegsende als neue oder um Teile des früheren Österreich-Ungarn erweiterte Nationalstaaten (Tschechoslowakei, Polen, Jugoslawien, Rumänien) durch den Einschluß von mehr oder weniger großen Nationalitäten oder durch tiefgreifende Differenzen zwischen den neuen Landesteilen, die sich aus jahrhundertelanger unterschiedlicher Entwicklung ergeben hatten (Jugoslawien), die Problematik der untergegangenen Donaumonarchie vervielfacht im Kleinen fortsetzten.

Ähnliches gilt für die Entwicklung des Osmanischen Reichs, das noch antiquierter als Österreich-Ungarn konstruiert war. Auch hier konnte sich die politische Führung in ihren Kriegsanstrengungen nur auf einen Teil der Bevölkerung verlassen, auf das türkische Reichsvolk. Das schreckliche Massaker der Türken an den Armeniern (1915) und der arabische Aufstand gegen das Osmanische Reich (1916), politisch unterstützt durch die Mission des britischen Obersten Lawrence (»of Arabia«) 1917, verwiesen bereits auf die spätere Auflösung des Osmanischen Reichs nach der Niederlage von 1918, die mit dem Völkerbundsmandat über Palästina und der Balfour-Deklaration (1917) den Konflikt zwischen jüdisch-zionistischen Siedlern und Arabern freisetzte und zugleich verschärfte.

Die Alliierten und Assoziierten
Komplizierter war die politische Entwicklung im Krieg und in der Nachkriegszeit bei den späteren Siegermächten: Der Zusammenhang zwischen militärischer Niederlage und politischem Umsturz wirkte sich bei den Angehörigen der ur-

sprünglichen Kriegsallianz verständlicherweise nur in Rußland unmittelbar aus. Aber auch die übrigen Staaten der gegen Deutschland und die Mittelmächte gerichteten Allianz, deren Staatsform im Prinzip unverändert geblieben war, erlebten in militärischen Krisen mittelbar auch politische Krisen, deren Auswirkungen nur der spätere Endsieg noch einmal kurzfristig überdeckte. Darüber hinaus litten alle, die USA vielleicht ausgenommen, in der Nachkriegszeit schwer an den normalen Folgen großer Kriege – Inflation, generelle Schwächung der Wirtschaft, Zunahme und Verschärfung innerer Konflikte.

Die deutsch-türkische Sperrung der Meerengen hatte im Krieg das zaristische Rußland von Lieferungen aus dem Westen abgeschnitten, so daß es – strategisch isoliert und unter dem Druck der militärischen Niederlagen sowie der angestauten politischen und sozialen Strukturprobleme – in zwei revolutionären Schüben zusammenbrach, mit der Februarrevolution im März, mit der Oktoberrevolution im November 1917.[43]

Rasche Beendigung des Krieges und die Lösung der Bodenfrage gaben den Ausschlag für den Sieg der Bolschewiki unter Lenin in einem Land, dessen Industrialisierung gerade erst in einigen Schwerpunkten eingesetzt hatte – Moskau, Petersburg, Donezbecken, Ural. Erst die Gegenoffensive antikommunistischer, konterrevolutionärer (»weißer«) Kräfte zum Sturz der revolutionären (»roten«) Regierung im Sommer 1918 eröffnete den blutigen russischen Bürgerkrieg, unterstützt von Interventionstruppen der Alliierten (England, Frankreich, Rumänien, USA, Japan), die zunächst nur verhindern wollten, daß Deutschland die inneren Wirren Rußlands zur weiteren Expansion ausnützte. Nach Kriegsende setzten sie jedoch die Intervention fort, nun klar gegen das revolutionäre Regime gerichtet, während Polen Weißrußland und die Ukraine erobern wollte (1919/20).

In England wurde im Mai 1915 das bisherige liberale Kabinett Asquith durch ein Allparteienkabinett abgelöst, in das

---

43 Die Unterschiede zwischen Bezeichnung und tatsächlichem Datum ergeben sich aus der Tatsache, daß das zaristische Rußland den alten Julianischen Kalender noch beibehalten hatte, so daß es 1917 um 13 Tage gegenüber der Datierung nach dem sonst üblichen Gregorianischen Kalender zurücklag.

erstmals die Labour Party einen Minister entsandte. Ende 1916 kam es über der Frage nach der besten Art, den Krieg zu organisieren, zum Rücktritt des Premierministers Asquith, an dessen Stelle der energischere Lloyd George trat. Aus dieser Kontroverse entwickelte sich der Zerfall der Liberalen Partei, der nach dem Ersten Weltkrieg zu ihrer raschen Verdrängung durch die Labour Party beitrug. Die Spannungen um die irische Frage, die England im Sommer 1914 an den Rand des Bürgerkriegs um Ulster getrieben hatten, wurden zu Kriegsbeginn noch einmal zurückgestellt, schlugen aber mitten im Krieg, politisch und durch Waffenlieferungen diskret von Deutschland unterstützt, im Dubliner Osteraufstand 1916 gewaltsam durch. Trotz Niederschlagung des irischen Aufstands brachen die Konflikte nach Kriegsende wieder auf und mündeten in einen unerklärten anglo-irischen Krieg, der erst mit der Teilung Irlands in den Freistaat Eire und das bei England verbliebene Ulster endete (1921). Ansonsten blieb das britische Empire äußerlich zwar intakt, entwickelte aber zunehmend zentrifugale Kräfte in den »weißen Dominions«, vor allem in Südafrika, und in Indien, dessen aufkommende Nationalbewegung ihrerseits schon auf den keimenden Nationalismus in den britischen Afrika-Kolonien ausstrahlte.

Frankreich erlebte nach militärischen Rückschlägen nicht weniger als fünf Regierungswechsel: Viviani – Briand (zweimal) – Ribot – Painlevé – Clemenceau. Die Zerstörungen in seinen Ostgebieten und die schweren Blutverluste trafen das Land besonders hart. Das Trauma des Ersten Weltkriegs, symbolhaft verdichtet vor allem im Namen Verdun, verschärfte die Polarisierung nach rechts und links, wie sich mit der Bildung einer relativ starken kommunistischen Partei nach Kriegsende (1920) zeigte, während die Dritte Republik formal unverändert weiterbestand und erst zu Beginn des Zweiten Weltkriegs (1940) unterging.

In Italien war dem Kriegseintritt gegen die Mittelmächte 1915/16 eine heftige Debatte zwischen Interventionisten und Neutralisten vorausgegangen, die ihre historische Nachwirkung erst nach Kriegsende zeigte: Zu den leidenschaftlichsten Befürwortern des Kriegseintritts gegen die Mittelmächte gehörte Mussolini, der in der Interventions-

Debatte seine Verwandlung vom führenden Sozialisten zum Begründer und Führer des italienischen Faschismus vorbereitete. Die üblichen Nachkriegskrisen spitzten sich in Italien, auch unter dem Eindruck von Enttäuschungen über als ungenügend empfundene Territorialgewinne an der Adria, zu jener Polarisierung zwischen extremen Linken und extremen Rechten zu, aus der Mussolini mit seinem Faschismus als Sieger hervorging (1922).

Für Serbien bedeutete die vollständige Eroberung durch deutsche, österreich-ungarische und bulgarische Truppen im Herbst 1915 eine schwere Krise, die 1917 im Geheimprozeß gegen den früheren Geheimdienstchef Oberst Dmitrijević (gen. Apis) in Saloniki und in seiner anschließenden Erschießung ihren Ausdruck fand. Nach dem Zusammenbruch Österreich-Ungarns überdeckte die Bildung Jugoslawiens zunächst die traditionellen Spannungen zwischen den stärker griechisch-orthodoxen und den lateinisch-katholischen Regionen, gab ihnen aber neue Nahrung durch die groß-serbische Lösung, die vor allem zu Lasten der Kroaten ging. So mündete der ursprünglich auch demokratisch gemeinte nationale Zusammenschluß der Südslawen in die für die Balkanländer der Zwischenkriegszeit so typische Königsdiktatur (1929).

Die USA und Japan waren zu weit entfernt vom Kriegsgeschehen und wurden als Siegermächte innenpolitisch nur wenig in Mitleidenschaft gezogen. Beide waren zudem die eigentlichen ökonomischen Gewinner des Krieges. Ihre politischen Systeme hatten sich durch die Teilhabe am Sieg vordergründig bewährt und funktionierten daher zunächst ungestört weiter.

In den USA bewirkte allerdings die Beteiligung von Afro-Amerikanern an den großen Kämpfen der Westfront 1918 das Anwachsen eines neuen Selbstbewußtseins und damit Protests der Schwarzen gegen Rassendiskriminierung und Ausbeutung, woraus unmittelbar nach Kriegsende neue Konflikte entstanden, als Auftakt zu entsprechenden Entwicklungen nach dem Zweiten Weltkrieg.

Japan setzte mitten im Weltkrieg seine Expansionsversuche nach China fort, wodurch es dort eine neue Phase des nationalen Widerstands provozierte, die nach Kriegsende in die

Bewegung des 4. Mai 1919 einmündete, als Auftakt zum späteren nationalen Befreiungskrieg gegen Japan und zum Sieg der kommunistischen Revolution nach dem Zweiten Weltkrieg. Unter den damals aktiven Studenten der Universität Peking war bereits Mao Tse-tung.

Allgemeine Auswirkungen

Da der Erste Weltkrieg eine Reihe von älteren regionalen Konflikten gleichsam in sich aufgesogen hatte (Griechen gegen Türken, Bulgarien gegen Griechenland, Serbien und Rumänien, Polen gegen Rußland, Türken gegen Armenier, Engländer gegen Iren, Juden gegen Araber in Palästina, Buren gegen Engländer in Südafrika, Japan gegen China), konnte es nicht ausbleiben, daß nach Kriegsende eine Fülle von Konflikten in der einen oder anderen Form weiterschwelten oder nun offen ausbrachen: der griechisch-türkische Krieg (1920/22), der anglo-irische Krieg (1919/21), fortgesetzt im inneririschen Bürgerkrieg (1921/22), der Konflikt zwischen Italien und Jugoslawien um Fiume und Triest (1920), die Konflikte zwischen Polen und Deutschland um Oberschlesien (1919/21), Polens Konflikte mit Litauen um Wilna (1920) und mit Rußland (1919/21),Kämpfe zwischen Armeniern und Türken, Konflikte zwischen Juden und Arabern in Palästina ab 1919, die fortgesetzten Versuche Japans, China zu unterwerfen. Viele dieser Konflikte wurden in der Zwischenkriegszeit teils verdrängt, teils zugespitzt (so vor allem der zwischen China und Japan bis zum offenen Krieg) und lebten in oder nach dem Zweiten Weltkrieg in mehr oder minder verschärfter Form wieder auf.
Allgemein lassen sich die welthistorischen Auswirkungen des Ersten Weltkriegs so zusammenfassen: erste äußere Schwächung des imperialistischen Systems, innere Polarisierung durch Erweiterung des politischen Spektrums nach links zum Kommunismus und nach rechts zum Faschismus, wodurch die systeminternen Spannungen in Europa nur weiter anstiegen. Der Konflikt zwischen Kommunismus und Faschismus, staatlich organisiert in der Sowjetunion und im Dritten Reich, führte letztlich zum Zweiten Weltkrieg. Seine

Folge war eine zweite Schwächung des imperialistischen Systems, die schließlich wenige Jahrzehnte nach 1945 der alten Kolonialherrschaft ein Ende setzte.

2. Die Struktur der deutschen Armee 1914 und der Schlieffenplan

Im Sommer 1914 war das Deutsche Reich die bedeutendste Militärmacht der Welt zu Lande, dazu noch verstärkt durch eine moderne und leistungsfähige Seeflotte. Die deutschen Landstreitkräfte, ausgerüstet von einem mächtigen Industriestaat, waren technisch auf höchstem Niveau; zudem stand hinter ihnen die Tradition der preußischen Armee, die seit einem Jahrhundert – seit 1813/14 – nur siegreiche Kriege erlebt hatte. Das Vertrauen in die Schlagkraft der Armee war fast unbegrenzt: Wenn schon die Diplomatie versagte, die Armee würde nicht versagen. Auf sie wenigstens war Verlaß.
Insbesondere gründete sich die deutsche Zuversicht auf den fast legendären Ruf des preußischen »Großen Generalstabs«, wie er offiziell hieß. Formal gab es keinen »deutschen« Generalstab: Wie in manchen anderen Sektoren der eigenartigen Struktur des Deutschen Kaiserreichs übernahm Preußen auch hier gleichsam stellvertretend nationale Funktionen. Zwar gab es neben dem preußischen Kriegsministerium entsprechende Ministerien auch in den größeren Bundesländern (Bayern, Württemberg, Sachsen), aber nur Bayern hatte der Form nach einen eigenen Generalstab, der freilich bei Kriegsbeginn sofort dem preußischen unterstellt wurde. Daher dienten im preußischen Generalstab nicht nur Offiziere der preußischen Armee, sondern auch solche aus anderen Bundesländern, z. B. Wilhelm Groener aus Württemberg. Diese Struktur ist zu berücksichtigen, wenn im folgenden abgekürzt – und formal nicht ganz korrekt – nur vom »deutschen« Generalstab die Rede ist, denn der preußische Generalstab war der Sache und Funktion nach zugleich der deutsche Generalstab.
An seiner Spitze standen der Generalstabschef und sein Stellvertreter, der Generalquartiermeister. Von den verschiedenen Abteilungen war, neben der Operationsabteilung, der die strategische Planung unterstand, von besonderer, meist übersehener Bedeutung die Eisenbahnabteilung,

denn sie mußte im Mobilmachungsfall die besondere Stärke der deutschen Armee ausspielen – Schnelligkeit des Aufmarschs durch Präzision in der Handhabung der Eisenbahn als strategisches Instrument. Dazu mußten, in enger Zusammenarbeit mit den zivilen Verwaltungen, die Mobilmachungspläne stets sorgfältig mit den Plänen und Kapazitäten der Reichsbahn abgestimmt werden.

Im Kriegsfall bildete der Generalstab die Oberste Heeresleitung, der alle deutschen Truppenkontingente unterstanden, auch die bayrischen. Die Struktur des Generalstabs wiederholte sich im Kleinen auf den unteren Ebenen der Befehlshierarchie bis hinunter zur Divisionsebene: Generalstabsoffiziere bildeten dort – bei den einzelnen Armeen, Armeekorps und Divisionen – die eigentlichen Befehlskader, während den offiziellen Armeebefehlshabern zumeist nur eher repräsentative Funktion zukam. Diese duale Struktur ergab sich aus einer grundsätzlichen Schwäche des Deutschen Reichs und somit auch seiner Armee: aus dem Übergewicht des aristokratisch-monarchischen Elements gerade in der Besetzung der höchsten Befehlshaberstellen. Militärische Kompetenz und hohe Position in der Hierarchie der deutschen Militärmonarchie waren nicht immer identisch, zumal bei der damals in Deutschland vorherrschenden Betonung der Seniorität. Söhne regierender Dynastien als Armeeoberbefehlshaber (Deutscher Kronprinz Wilhelm, Bayrischer Kronprinz Rupprecht, Herzog Albrecht von Württemberg) und ältere Generale (bald nach Kriegsausbruch vor allem Hindenburg) waren zuweilen nicht mehr als Titular-Befehlshaber, während die eigentliche Entscheidung bei ihrem jeweiligen Armee-Stabschef und dessen jüngeren Mitarbeitern aus dem Generalstab lag. Das System konnte nur funktionieren, solange die Stabschefs auf der unteren Ebene tatsächlich den Anordnungen oder Empfehlungen des zentralen Generalstabs, also der Obersten Heeresleitung (OHL), Folge leisteten. Schwierigkeiten und Reibungen mußten entstehen, sobald die Titular-Oberbefehlshaber aus persönlichen oder dynastischen Motiven eigenen Ehrgeiz entwickelten und ihre Auffassungen gegen die untergebenen Stabsoffiziere durchsetzten.

Eine weitere Schwäche des deutschen Systems ergab sich aus

der relativen Selbständigkeit der Befehlshaber. Anweisungen der Zentrale hatten oft eher den Charakter von Empfehlungen als von strikten Befehlen, so daß eigenständiges Handeln, gelegentlich im Widerspruch zu den militärischen Intentionen der Obersten Heeresleitung, durchaus nicht unüblich war. Die Einheitlichkeit des militärischen Handelns war somit in Deutschland viel stärker in Frage gestellt, als es das gängige Bild von der zentralisierten und straff geführten Militärmonarchie vermuten läßt.

Die preußisch-deutsche Armee war in vielen Punkten lediglich eine ins Militärische gewendete Widerspiegelung der sozialen und politischen Struktur des Deutschen Reichs: Sie beruhte auf der allgemeinen Wehrpflicht, war also, wie nach außen gern betont wurde, ein »Volksheer«. In Wirklichkeit kam das Offizierskorps nur aus dem Adel und dem Teil des Bürgertums, der sich ihm als der noch herrschenden Klasse angepaßt hatte. Repräsentant für den Typ des bürgerlichen Offiziers, der fachliche Effizienz mit reaktionärer politischer Gesinnung verband, wurde Ludendorff. Zumindest in den preußischen Garderegimentern war es immer noch möglich, das Offizierskorps faktisch dem Adel als Monopol zu erhalten. Zur Verschleierung dieser Tatsache mußte nur in jedem Regiment ein Offizier bürgerlicher Herkunft sein, der sogenannte »Konzessionsschulze«, wie er ironisch im Volksmund hieß.[1]

Die sozialen Veränderungen im späten 19. Jahrhundert, namentlich der Übergang vom Agrar- zum Industriestaat, hatten für die preußisch-deutsche Armee schwerwiegende Konsequenzen: Ursprünglich war sie als Instrument der sich auf landbesitzenden Adel stützenden Krone konzipiert, mit vom Adel sozial und politisch völlig abhängigen Bauernsöhnen als Massenbasis. Die mit der Industrialisierung fortschreitende Urbanisierung brachte jedoch in den untersten Rängen eine neue soziale Zusammensetzung der Armee mit sich:

---

1 Allgemein dazu Manfred Messerschmidt: *Die Armee in Staat und Gesellschaft – Die Bismarckzeit;* Wilhelm Deist: *Die Armee in Staat und Gesellschaft 1890-1914,* beide in: M. Stürmer (Hg.): *Das kaiserliche Deutschland,* S. 89-118 und 312-339; vgl. auch G. Ritter: *Staatskunst und Kriegshandwerk,* II; jetzt auch ausführlicher und umfassend Bernd–Felix Schulte: *Die deutsche Armee 1900-1914. Zwischen Beharren und Verändern,* Düsseldorf 1977.

Wehrdienstpflichtige und Unteroffiziere kamen nun immer mehr aus den urbanisierten und industrialisierten Bereichen der deutschen Gesellschaft, mithin aus – für die traditionell agrarisch-aristokratische herrschende Klasse – politisch unzuverlässigen Schichten. Die Angst vor »sozialdemokratisch verseuchten« Soldaten und Unteroffizieren war daher rund 20 Jahre lang, von den frühen 1890er Jahren bis 1912, ein wirkungsvoller Faktor, um die Ausweitung der Armee proportional zum Bevölkerungsanstieg zu bremsen.[2] Möglichst selektiv gehandhabte Wehrpflicht, tunlichst unter Zurückstellung von Wehrpflichtigen aus der Arbeiterschaft, gekoppelt mit einer gezielten Indoktrinierung im monarchistischen Sinne, sollte die soziale Homogenität der Armee und die politische Zuverlässigkeit im Sinne der Krone einigermaßen garantieren. Erst die Krise der deutschen »Weltpolitik« 1911/12 überspielte dieses klassenpolitische Kalkül, bezeichnenderweise unter Führung von Ludendorff, der als Chef der Aufmarschabteilung im Generalstab 1912 auf die Bewilligung von drei zusätzlichen Armeekorps drängte, von denen 1913 tatsächlich zwei bewilligt wurden.

So war 1914 die deutsche Armee numerisch längst nicht so stark, wie sie theoretisch hätte sein können und entsprechend dem Schlieffenplan hätte sein müssen – aber nicht aus Friedensliebe oder aus mangelnder Sorgfalt, sondern aus Angst der herrschenden Klasse vor den politischen Konsequenzen einer wirklich umfassend durchgeführten Wehrpflicht in einer inzwischen überwiegend industrialisierten und urbanisierten Gesellschaft.

Eine weitere innere Schwäche der preußisch-deutschen Armee stellten die Soldaten und Unteroffiziere aus den nichtdeutschen Grenzprovinzen dar, namentlich Polen aus Posen, Westpreußen und Oberschlesien sowie Franzosen aus Elsaß-Lothringen. Während des Kriegs erwies sich ihre Desertionsrate als so hoch, daß ab 1915 polnische Soldaten tunlichst nur noch an der Westfront, elsaß-lothringische nur noch an der Ostfront eingesetzt wurden.

Doch trotz all diesen strukturellen Schwächen, die sich erst im Laufe des Krieges enthüllten, als die Siege ausblieben,

---

2 Ausführlicher dazu Volker Berghahn: *Der Tirpitz-Plan*, S. 249-271; W. Deist: ebenda, S. 326-334.

bot die preußisch-deutsche Armee im Sommer 1914 nach außen das Bild imponierender Stärke. Die deutschen Streitkräfte gliederten sich in drei sogenannte Linien – aktive Armee, Reserveeinheiten und Landwehr. Die aktive Armee bestand im wesentlichen aus den Wehrpflichtigen der gerade eingezogenen Jahrgänge. Die Reservekorps setzten sich aus Einheiten zusammen, die bei Mobilmachung mit schon früher gedienten, aber noch kriegsverwendungsfähigen Soldaten aufgefüllt wurden. Die Landwehr schließlich bestand aus älteren Soldaten und diente im wesentlichen nur zur Bewachung in der Heimat und hinter den Linien. Eine besondere Überraschung war, daß der deutsche Generalstab die Reservekorps nicht, wie in anderen Armeen üblich, zunächst hinter der ersten Linie zurückhielt, sondern sie von vornherein in die Front eingliederte, so daß sich die Zahl der verfügbaren Kampfeinheiten vergrößerte.
Die Masse des deutschen Feldheeres bildete, ähnlich wie bei den Armeen anderer Mächte zu jener Zeit, noch immer die Infantrie, gegliedert in Regimentern, Brigaden und Divisionen. Ihre Grundbewaffnung bestand aus dem 1908 eingeführten Karabiner, der 1915 modifiziert wurde (woraus sich die im 2. Weltkrieg geläufige durch Hellmut Kirsts weltberühmten Roman und gleichnamigen Film auch heute noch immer bekannte Bezeichnung »08/15« erklärt). Wenige Jahre vor Kriegsausbruch waren den Infanterieregimentern erste Maschinengewehrkompanien zugeteilt worden. Eine Besonderheit der deutschen Armee waren in der ersten Phase des Bewegungskriegs, vor allem an der Westfront, die Radfahrerkompanien, die vor allem der Nahaufklärung dienten, ohne jedoch ausschlaggebende Bedeutung zu erlangen. Das gleiche gilt für die ersten Abteilungen von Heeresflugzeugen: Zunächst zur strategischen Fernaufklärung gedacht, dienten sie später auch zur Artilleriebeobachtung im Stellungskrieg. Die traditionelle Waffe zur Nahaufklärung, die Kavallerie, verlor zumindest im Westen so gut wie völlig ihre frühere Bedeutung. Sie spielte im Westen anfangs vor allem eine Rolle als strategischer Schleier in der Offensivphase, ferner zur Verschleierung ernsthafter Lücken in der mit der Marneschlacht eröffneten Rückzugsphase, die in den Stellungskrieg einmündete. Die deutsche Feldartillerie galt

als mäßig und der französischen unterlegen. Als große Anfangsüberraschung stellte sich jedoch der 42 cm Krupp-Mörser heraus, der 1914 mit durchschlagender Wirkung gegen belgische und französische Festungen, 1915 auch im Osten eingesetzt wurde. Die »Dicke Bertha«, so genannt nach Bertha Krupp, ermöglichte zwar rasche Erfolge der deutschen Armee gegen Festungen, konnte aber keine strategischen Entscheidungen erzwingen.

1914 lag dem deutschen Aufmarsch und den strategischen Absichten der sogenannte *Schlieffenplan* zugrunde.[3] Graf Schlieffen, der Vorgänger des seit 1906 amtierenden deutschen Generalstabschefs Graf Moltke, hatte ihn 1905 in einer weltpolitischen Situation konzipiert, die einer Ausnahmesituation gleichkam: Rußland war damals durch die äußere Niederlage gegen Japan und die folgende Revolution militärisch so gründlich geschwächt, daß es auf Jahre hinaus als Großmacht faktisch ausschied. Daher sollten nach Schlieffens Plan zunächst sieben deutsche Armeen mit voller Wucht im Westen vorgehen, während im Osten nur eine Armee, zusammen mit dem Feldheer des verbündeten Österreich-Ungarn, hinhaltenden Widerstand leisten sollte. Für die Westoffensive war vorgesehen, die starke französische Festungslinie in Lothringen nördlich zu umgehen, womit immerhin die Verletzung der Neutralität von drei Staaten – davon zwei mit international garantierter Neutralität – von vornherein »eingeplant« wurde: von Luxemburg, Belgien und den Niederlanden. Innerhalb von sechs Wochen sollte alsdann der Sieg über Frankreich errungen werden, anschließend, nach Überführung der deutschen Armeen an die Ostfront, der Sieg über Rußland in der gleichen Zeit.
Ganz abgesehen von moralisch-völkerrechtlichen Bedenken, die in den eingeweihten militärischen und politischen Führungskreisen offenbar nie aufkamen, beruhte das angeblich unfehlbare Siegesrezept Schlieffens auf einer Reihe von politischen und militärischen Fehlkalkulationen:
1. Die Verletzung der belgischen, gar noch der niederländischen Neutralität mußte unfehlbar England in den Krieg gegen Deutschland bringen.

3 Vgl. G. Ritter: *Der Schlieffenplan. Kritik eines Mythos,* München 1956.

2. Rußland würde sich von seinem Tiefpunkt 1905 früher oder später wieder erholen, so daß die Strategie einer deutschen »Dampfwalze« erst im Westen, anschließend im Osten einem doppelten Vabanquespiel gleichkam, denn Rußland war 1914 viel stärker als unmittelbar nach 1905, und die deutsche Westoffensive konnte steckenbleiben, was ja tatsächlich auch an der Marne geschah.
3. Um die politischen Konsequenzen des vorgesehenen dreifachen Neutralitätsbruchs ein wenig zu verringern, beschloß Schlieffens Nachfolger, zumindest die Niederlande aus dem deutschen Offensivbereich herauszunehmen. Dadurch mußte sich nun der rechte Schwenkungsflügel im südlichen Belgien durch unübersichtliche Natur- und Industrielandschaften hindurchquälen.
4. Weder 1905 noch 1914 verfügte die deutsche Armee über die für den Schlieffenplan erforderliche numerische Stärke. Der Plan war also auf seinem ureigensten Gebiet – militärischer und strategischer Planung – hoffnungslos unrealistisch.

Die Aussparung der Niederlande erforderte, als Ausgleich für die so reduzierte Entfaltungsmöglichkeit des deutschen rechten Flügels, die rasche Einnahme der Sperrfestung Lüttich. Sie sollte schon am 4. Mobilmachungstag durch den Vormarsch von sechs sofort kriegsbereiten Infantriebrigaden aus dem Raum Aachen-Eupen-Malmedy eingeleitet werden. Damit erhielt die deutsche Mobilmachung – im Gegensatz zu der aller übrigen Mächte – ein Moment von Starre und sofortiger Aggressivität. Eine weitere wichtige Modifizierung, die Schlieffens Nachfolger Moltke eingeführt hatte, war die relative Schwächung des rechten Schwenkungsflügels zugunsten einer stärkeren Defensive in Elsaß-Lothringen. Sicherlich wollte Moltke seinem Kaiser das Eindringen der Franzosen in die »Reichslande« nicht nur aus Prestigegründen ersparen, war doch ein vergleichbares Eindringen der Russen nach Ostpreußen durchaus einkalkuliert. Schwerer wogen vermutlich die politischen Konsequenzen, denn die Elsaß-Lothringer waren für das Deutsche Reich keineswegs politisch zuverlässig und hätten eine siegreich eindringende französische Armee womöglich sogar mit Jubel empfangen.

Anfang August 1914 marschierte das deutsche Westheer in

einer Stärke von rund 1,6 Millionen Mann planmäßig auf, gegliedert in sieben Armeen und vier Kavalleriekorps, die der OHL unmittelbar unterstanden.[4] Diese Streitkräfte waren untergliedert in 23 aktive Armeekorps, 11 Reservekorps, 10 Kavalleriedivisionen und 17,5 Landwehr-Brigaden, insgesamt 950 Bataillone, 498 Eskadrons, 744 Feld- und 129 schwere Batterien. Obwohl der Schwenkungsflügel gegenüber dem Schlieffen-Originalplan geschwächt war, umfaßte er mit drei Armeen (11 Armeekorps, 5 Reservekorps, 6 Landwehr-Brigaden) und 760 000 Mann immer noch rund die Hälfte der deutschen Westarmee; hinzukamen drei der vier Kavalleriekorps. Die Bedeutung des rechten Flügels läßt sich allein daran ablesen, daß die 1. Armee, die den weitesten Bogen quer durch Belgien zu schlagen hatte, mit 320 000 Mann fast dreimal so stark war wie die 7. Armee mit 125 000 Mann, und die 2. Armee war mit 260 000 Mann immer noch mehr als doppelt so stark. Die fünf Armeen, die mit von Norden nach Süden abnehmenden Offensivzielen betraut worden waren, zählten gegenüber den beiden Armeen mit primär defensiven Aufgaben (6. Armee bei Metz, 7. Armee bei Straßburg) 1 140 000 gegen 345 000 Mann, also mehr als dreimal so viel.

Außerdem standen in Schleswig-Holstein noch ein Reservekorps und vier Landwehrbrigaden; dazu in Ostpreußen die 8. Armee mit rund 200 000 Mann sowie ein weiteres Landwehr-Korps in Schlesien. Dazwischen klaffte eine riesige Lücke in Posen und Westpreußen mit einer ebenfalls politisch unzuverlässigen, überwiegend nicht-deutschen Bevölkerung. Trotzdem entschied sich die OHL für das Risiko des »Blitzkriegs« im Westen, in der Hoffnung, im Osten die Front gegen die langsamer mobilmachenden Russen solange halten zu können, bis die siegreiche Westarmee zum zweiten Blitzkrieg, nun gegen Rußland, ansetzen würde.

---

4 Die folgenden Zahlen nach dem offiziellen Werk des Generalstabs: *Der Weltkrieg 1914 bis 1918, bearbeitet im Reichsarchiv,* 14 Bde., Berlin 1925-44, Bd. I: *Die Grenzschlachten im Westen,* S. 69.

3. Joffre und Moltke

Das große Ringen an der Westfront von Mitte August bis Anfang September 1914, vom Beginn der deutschen Offensive durch Belgien und Luxemburg bis zum Ausgang der Marneschlacht, spiegelt sich noch einmal in der Konfrontation der beiden Heerführer auf westlicher bzw. deutscher Seite – Joffre und Moltke. Ihre Erfolge und Mißerfolge lassen sich wiederum nur aus dem Zusammenwirken von persönlichen und gesellschaftlichen Faktoren auf beiden Seiten erklären, so daß ein Versuch, die Bilanz ihrer rein militärischen Leistung zu ziehen, schon fast zur sozialgeschichtlichen Analyse der beiden einander konfrontierten Systeme wird.[1]

Beide Oberbefehlshaber waren im August 1914 ungefähr gleich alt: Joffre 62, Moltke 66 Jahre. Der Franzose stammte aus ganz unmilitärischen Verhältnissen – sein Vater war Kaufmann – und erfreute sich auch im Alter noch einer körperlichen Robustheit und ungebrochenen Gesundheit. Eine eiserne Nervenstärke ließ ihn auch in der ärgsten Hektik nicht die wertvollste Eigenschaft des Menschen verlieren – die Kunst, gut zu schlafen und somit immer wieder frisch zu sein. Es gab ältere und fähigere Generale der französischen Armee, die bei Kriegsausbruch den Oberbefehl hätten übernehmen können – Gallieni, Lanrezac. Joffre repräsentierte eher den robusten Durchschnitt, er war kein militärisches oder intellektuelles Genie, das sich über seine Umgebung kühn erhoben hätte, aber in sich ruhend und seiner tatsächlichen Fähigkeiten wohlbewußt. Er blieb angewiesen auf den Rat und die Information seiner Umgebung und entschied dann doch schließlich allein – hartnäckig an der Entscheidung festhaltend, im Guten wie im Schlechten.

Ganz anders Moltke: Als Neffe des berühmten preußischen Generalfeldmarschalls aus holsteinischer (d. h. bis 1864 dänischer) Familie stammend, wuchs er in seinen militärischen

---

1 Barbara W. Tuchman: *August 1914*, Stuttgart o. J.; Corelli Barnett: *The Swordbearers. Studies in Supreme Command in the First World War*, London 1962.

Beruf geradezu organisch hinein. Der Name seines berühmten Onkels ebnete ihm die Karriere bis an die Spitze des preußischen Generalstabs im Jahr 1906. Hier stand er nicht nur in der indirekten Nachfolge des älteren Moltke, des Siegers von Königgrätz und Sedan, sondern auch in der direkten Nachfolge seines unmittelbaren Vorgängers, des nicht minder legendären Graf Schlieffen. Dessen Plan, der berühmte Schlieffenplan, verbürgte angeblich den unfehlbaren deutschen Sieg im Zweifrontenkrieg, sofern er nur Punkt für Punkt durchgeführt würde.

In seinem persönlichen Charakter erfüllte Moltke keineswegs die Klischeevorstellung vom obersten Anführer des preußischen Militarismus: Er hatte vielseitige geistige und künstlerische Interessen und war von einer zartbesaiteten Sensibilität. Auch war er klug genug zu erkennen, daß er nur Opfer eines kaum verschleierten Namensfetischismus war, als ihn der Kaiser zum Generalstabschef ernannte: Moltke = Moltke. Ein Moltke als siegreicher Feldherr hatte den Aufstieg Deutschlands zur europäischen Kontinentalmacht ermöglicht, also müßte ein weiterer Moltke es fertigbringen, das Deutsche Reich auf den Schlachtfeldern zu behaupten und damit zugleich in den Rang einer Weltmacht heben. Doch der jüngere Moltke wußte, daß die Bürde der Erwartungen und historischen Erinnerungen zu schwer für ihn war, und er hatte sich intellektuell redlich mit entsprechenden Argumenten gegen die Ernennung zum Generalstabschef gesträubt. Vergebens: Die kollektiven Mechanismen des preußischen Gehorsams gegenüber »Kaiser und Reich« siegten eben doch über die bessere Einsicht des Individuums in die Grenzen der eigenen Fähigkeiten. Was blieb, war der nagende Zweifel im Herzen des deutschen Oberbefehlshabers zu Beginn des Ersten Weltkriegs – der Zweifel an seiner Berufung zum Feldherrn. Der Mangel an Zuversicht in die eigenen Fähigkeiten neutralisierte allen militärischen common sense, den Moltke im Verlauf der Kämpfe immer wieder bewies. Hinzukamen mangelnde Gesundheit – chronische Herzschwäche – und eine verheerende Nervosität, die alle anderen Mängel noch potenzierte.

So war Moltke von vornherein dem Auf und Ab der eigenen Stimmungen preisgegeben, wie es sich mit dem Auf und Ab der militärischen Situation einstellte: Bei der Abreise ins Große Hauptquartier nach Koblenz zeigte er am 16. August eine »fabelhaft zuversichtliche Stimmung«, wie der Chef des Marinekabinettes, Admiral von Müller, in sein Tagebuch notierte.[2] Am Vorabend der Marneschlacht, als sich das deutsche Hauptquartier schon kurz vor dem endgültigen Triumph wähnte, war Moltke als einziger pessimistisch: »Wenn sich Millionenheere gegenüberstehen, dann hat der Sieger Gefangene. Wo sind unsere Gefangenen?« Als er die Marneschlacht abbrechen ließ, brach auch er selber psychisch zusammen und stierte nur noch mit leerem Blick auf die Generalstabskarten. Der Namensfetisch hatte versagt, wie es der Betroffene selbst von vornherein gewußt und vorausgesagt hatte.

Zusätzlich zu seinem gravierenden Mangel an Gesundheit und gesundem Selbstvertrauen hingen dem armen Moltke im August 1914 noch drei weitere Mühlsteine um den Hals: der Plan, die Ostfront und der Kaiser. Selbstverständlich hatte sich auch Joffre mit vergleichbaren Lasten herumzuschlagen – mit *seinem* Plan, mit den Engländern unter Sir John French und mit der eigenen Regierung. Aber das war alles fast nichts im Vergleich zu den Belastungen, mit denen es Moltke zu tun hatte.

Der französische Feldzugsplan – der sogenannte Plan 17, weil er die 17. Variante des ursprünglichen Offensivplans gegen Deutschland darstellte – war weitgehend Joffres eigenes Werk. Er war nicht unumstritten: Gegen die Offensive um jeden Preis hatten realistischere Generale wie etwa Michel noch 1911 eine defensive Strategie gegen die erwartete deutsche Offensive durch Belgien angeregt. Vergebens, und Michel war daraufhin sogar sofort als designierter Oberbefehlshaber abgesetzt worden – so stark war der Mythos des »élan« und der Offensive. Mochte der »Plan 17« im August 1914 auch gleich zweimal scheitern – in den französischen Offensiven gegen das Elsaß und in den Ardennen – so war er doch wenigstens im wesentlichen Joffres eigener Plan. Der Fehlschlag beeinträchtigte keineswegs Joffres Selbstbe-

---

2 Walter Görlitz (Hg.): *Regierte der Kaiser?* Kriegstagebücher, Aufzeichnungen und Briefe des Chefs des Marine-Kabinetts Admiral Georg Alexander von Müller 1914-1918, Göttingen/Berlin/Frankfurt 1959, S. 48.

wußtsein. Die Zeit für die Offensive war eben noch nicht gekommen. Also mußte man warten, bis sie gekommen war – das war alles.

Joffre brauchte sich außerdem nur um *eine* Front zu kümmern. Er hatte keine zweite Front, wie Moltke im Osten.[3] An der Westfront war er zwar nicht allein mit den Deutschen – da waren die Belgier, nach dem Fall Lüttichs vorläufig abgedrängt nach Antwerpen. Und da war vor allem das Britische Expeditionskorps unter French – ein höchst schwieriger und unzuverlässiger Partner. Nachdem French der ursprüngliche Angriffsschneid bei Mons und auf dem Rückzug aus Belgien bis vor die Tore von Paris vergangen war, wollte er am liebsten seine kleine Berufsarmee aus dem sich abzeichnenden Debakel wieder herausziehen und für England retten. Aber French war wenigstens in der Nähe und ließ mit sich reden, und im entscheidenden Augenblick vor der Marneschlacht zeigte er sich sogar dem leidenschaftlichen Appell an die Ehre Englands als Bündnispartner zugänglich – das Britische Expeditionskorps würde also, wenn auch zögernd und langsam, in die berühmte Lücke zwischen der 1. und 2. deutschen Armee hineinstoßen.

Auch mit der französischen Regierung gab es schließlich unvermeidliche Reibungen, aber die Regierung saß in Paris und mischte sich in die Kriegführung erst ein, als die Hauptstadt selbst bedroht war. Sonst ließ die politische Führung der militärischen großen Spielraum.

Auf der deutschen Seite dagegen ließen sich sowohl der Kaiser mit seinem Kriegsgefolge als auch der Reichskanzler mit seinem Stab im Großen Hauptquartier nieder, erst in Koblenz, dann in Luxemburg. Sie mischten sich zwar nicht direkt in die Kriegführung ein, prägten jedoch die Atmosphäre im militärischen Hauptquartier – nervöses Warten auf den großen Erfolg. So war der Feldherr Moltke stets mit der Anwesenheit seines siegeslüsternen »Obersten Kriegsherrn« belastet, der noch nervöser und schwankender in seinen Stimmungen war als er selbst. Zweifellos war es dem sensiblen Aristokraten zuwider, wie der Kaiser bei Tisch zu bramarbasieren pflegte, sich an Greuelgeschichten mit vielen

---

3 Vgl. unten Kap. 4.

Toten und Verwundeten zu ergötzen pflegte – »Der Kaiser watete geradezu in Blut«, notierte sich Admiral von Müller.[4] Über die ersten schlechten Nachrichten aus Ostpreußen war der Kaiser zwar tief deprimiert, doch wenige Tage später strahlte er wieder über Erfolgsmeldungen aus dem Westen. Es kann Moltkes Stimmung kaum gehoben haben, daß seine Umgebung im Großen Hauptquartier, kaum in Koblenz eingetroffen, das Bärenfell verteilte, bevor der Bär noch erlegt war. Die Spekulationen um die deutschen Kriegsziele blühten und schlugen sich auf dem Höhepunkt der Marneschlacht, am 9. September 1914, in dem bekannten September-Programm Bethmann Hollwegs nieder.[5]
Moltke mußte sich schließlich, anders als sein Gegenüber Joffre, auch um die Ostfront kümmern, wo die russische Dampfwalze in Galizien und Ostpreußen der deutschen in Belgien und Nordfrankreich zuvorkommen wollte. So veranlaßten ihn die schlechten Meldungen aus Ostpreußen nach der Schlacht bei Allenstein, zwei Armeekorps aus dem rechten Schwenkungsflügel nach Osten abzuziehen, obwohl mit der siegreichen Schlacht bei Tannenberg die Gefahr für die 8. Armee rasch beseitigt war und die neuen militärischen Führer im Osten, Hindenburg und Ludendorff, die Entsatztruppen gar nicht mehr brauchten. Tatsächlich fehlten die beiden Armeekorps für die Entscheidung an der Marne.
Schließlich der Schlieffenplan. Wie der Name schon sagte, war er nicht Moltkes Plan. Er hatte ihn von seinem als genial geltenden Vorgänger übernommen. Im Generalstab war der Schlieffenplan längst zum angeblich unfehlbaren Siegesrezept hochstilisiert worden. Jeder Schritt Moltkes wurde am ursprünglichen Plan gemessen. Moltke war nicht frei, er war der Gefangene seines toten Vorgängers. Er war sich der großen Risiken des Schlieffenplans wohl bewußt und hatte auch schon versucht, das Risiko der Neutralitätsverletzungen dadurch zu mildern, daß er Holland aus dem deutschen Auf-

---

4 v. Müller, Kriegstagebücher, ebenda, S. 53: »Während der Bahnfahrt watete der Kaiser – wie schon öfters in der letzten Zeit – geradezu in Blut: ›Zwei Meter hohe Leichenhaufen – ein Unteroffizier hat mit 45 Patronen 27 Franzosen umgelegt‹ u.a.m. – Entsetzlich! Moltke, der neben ihm saß, litt Qualen.«
5 Vgl. unten Kap. 6.

marschgebiet herausnahm, was zum Ausgleich die blitzartige Einnahme Lüttichs erforderte. Nach Kriegsbeginn mag ihn der Gedanke an die Verletzung der Neutralität Belgiens und Luxemburgs und an die tausendfachen Leiden der betroffenen Zivilbevölkerung in den beiden Ländern tatsächlich als moralische Skrupel geplagt haben. Die Unsicherheit über die eigene Sache muß seine Zweifel an dem ihm aufgezwungenen Plan nur noch vergrößert haben, und beides zusammen gab seiner tiefen Unsicherheit in doppelter Hinsicht Substanz, moralisch und militärisch. In den entscheidenden Tagen vor und während der Marneschlacht, als er im Großen Hauptquartier keine Seele fand, der er seine Zweifel und Ängste hätte anvertrauen können, machte der unglückliche Feldherr wider Willen sich Luft in Briefen an seine Frau. Die Last der Verantwortung für Dinge, an denen er so tief beteiligt war, lag offenbar drückend auf seiner Seele.

Die genannten Faktoren, persönliche wie institutionelle, erklären somit hinlänglich das unterschiedliche Verhalten der beiden Heerführer auf französischer und auf deutscher Seite Ende August/Anfang September 1914: Joffre, gestützt auf seine ihm ergebenen Mitarbeiter, lenkte von seinem Hauptquartier Vitry-le-François, dann von Bar-sur-Aube, die französischen Armeen in ungebrochenem Selbstbewußtsein, auch als sein Plan 17 gleich zweimal gescheitert war. Im Chaos der Niederlage und des Rückzugs bewahrte er sich eine stoische Ruhe und brachte sogar die Kaltblütigkeit auf, einen Teil seiner eigenen strategischen Fehler durch reihenweise Entlassung von Generalen zu kompensieren. Sein letztes Opfer war der Befehlshaber der 5. französischen Armee, Lanrezac, der mit seinen Warnungen vor einer massiven Offensive des deutschen rechten Flügels nur allzu Recht gehabt hatte. Obwohl Joffre alle Vorteile wahrnahm, die sich daraus ergaben, daß seine Armee im eigenen Land kämpfte, namentlich ein intaktes Telephonnetz zu den verschiedenen Armeehauptquartieren, fuhr er im Auto immer wieder zu seinen Armeebefehlshabern und weiter nach vorn, so daß er einen genauen Einblick in die tatsächliche Lage auf der eigenen Seite hatte und zugleich durch sein Auftauchen immer wieder Mut und Zuversicht ausstrahlen konnte. Ohne seine persönliche Überredung wäre vielleicht French nicht zur psychologisch wie strategisch entscheidenden Beteiligung an der Marneschlacht gewonnen worden.

Für Moltke dagegen wurde Schlieffens Traum vom modernen Alexander, der weit hinter der Front von seinem bequemen Bürosessel aus mit Hilfe von Telephon, Funk und Generalstabskarten Feldzüge und Schlachten lenkt, zur bitteren Farce: Während die deutschen Armeen nach vorn stürmten, ließen sie hinter sich einen Feldherrn, der umso schlechter über die tatsächliche Lage orientiert war, je weiter sie in Feindesland vordrangen. Selbst als das Große Hauptquartier von Koblenz nach Luxemburg vorverlegt wurde, war es noch viel zu weit von dem Ort entfernt, wo die tatsächliche Entscheidung fiel – am rechten deutschen Flügel. Da die Deutschen in Feindesland standen, fiel der Vorteil eines normal funktionierenden Telephonnetzes weg; Feldtelephone waren nur ein kümmerlicher Ersatz, und die Verbindungen wurden häufig genug durch Sabotageakte einer belgischen oder französischen Zivilbevölkerung gestört, die erbittert war vor allem über die unnötigen Grausamkeiten der deutschen Eroberer – Geiselerschießungen en masse, Anzünden von Dörfern und Städten usw. So rächte sich die schlechte Sache der Deutschen an ihnen selbst – zunächst in Form von gestörtem Nachschub und unsicherer Kommunikation in Feindesland.

Bei seinem schlechten Gesundheitszustand war Moltke auch nicht in der Lage, den Nachteil dadurch wettzumachen, daß er etwa selbst im Auto zu seinen Armeeführern fuhr. Vielleicht wagte er es auch nicht, sich aus seinem Hauptquartier allzu lange zu entfernen, aus Angst vor den Entwicklungen im Osten. Das noch kümmerliche Funkwesen bot keine Aushilfe. So war der deutsche Feldherr in seinem Großen Hauptquartier fast blind und konnte seine Entscheidungen nur auf Grund von bruchstückhaften, oft verspätet eintreffenden Meldungen fällen. Infolgedessen verstärkte sich eine Tendenz, die schon vorher in der deutschen Armeestruktur angelegt war: die deutschen Armeeführer erhielten noch größeren Spielraum als ursprünglich vorgesehen. Moltke versuchte, wenigstens ein Minimum an Koordination auf dem entscheidenden rechten Flügel zu erreichen, indem er die 1. und 3. Armee der 2. Armee unter Bülow unterstellte.

Da die drei Armeehauptquartiere jedoch auch untereinander keine Absprache fertigbrachten, brach der Versuch Ende August zusammen, und die drei Armeen des deutschen Schwenkungsflügel marschierten so gut wie unkoordiniert jede für sich an die Marne und in die strategische Niederlage. So entstand, u. a. aus Mangel an Koordination, die berühmte Lücke zwischen der 1. und 2. deutschen Armee zu Beginn der Marneschlacht, und in der Verwirrung gab es keinen eingespielten oder gar institutionalisierten Konsultationsapparat, der es ermöglicht hätte, Alternativen zum Abbruch der Schlacht und damit zum strategischen Rückzug zu entwickeln. Nach der Marneschlacht trat Moltke ab, physisch wie psychisch ein gebrochener Mann, während Joffre weiter amtierte und nach dem Krieg noch seine Version von den kriegerischen Ereignissen veröffentlichen konnte.[6]

---

6 Joseph Joffre: *Mémoires du Maréchal Joffre (1910-1917)*, 4 Bde., Paris 1932.

4. Die Kosaken kommen!
Ostpreußen im August 1914

Die Kriegssituation im Osten wurde durch die Beteiligung von höchst unterschiedlichen Mächten bestimmt: Abgesehen von dem kleinen Serbien, das sich isoliert einer österreich-ungarischen Übermacht gegenübersah, stand das große, aber noch weitgehend unterentwickelte Rußland, das seinerseits von seinen industrialisierten Verbündeten im Westen isoliert war, gegen Österreich-Ungarn und Deutschland. Beide waren schon erheblich stärker modernisiert als Rußland, konnten aber jeweils nur einen Teil ihrer Streitkräfte gegen es aufstellen. Die russische Armee hatte sich noch nicht völlig von der Niederlage gegen Japan 1904/05 und von der ersten russischen Revolution 1905/07 erholt, und die strategischen Bahnen in Polen waren noch nicht fertiggestellt. Die russische Mobilmachung vollzog sich daher langsamer als die deutsche und die österreichische, das Kommunikationsnetz innerhalb der russischen Armee war im Kriegsfall erst recht unvollständig und lückenhaft. Außerdem waren zumindest die deutschen Militärs dank erfolgreicher Spionage in Friedenszeiten über die russischen Operationspläne bestens informiert. Zu Beginn des Krieges funkten die Russen schließlich in Verzweiflung über ihre unzulänglichen Fernverbindungen im Klartext oder nur dürftig verschlüsselt, so daß die deutsche Führung im Osten alle Funksprüche abfangen und sofort übersetzen lassen konnte.[1]

Der russische Kriegsplan sah eine Offensive gegen Österreich-Ungarn durch Galizien zur Entlastung Serbiens vor, ferner eine Offensive gegen Deutschland zur Entlastung Frankreichs. Für die Offensive gegen Deutschland standen zunächst zwei Armeen zur Verfügung, die beide auf Ostpreußen angesetzt waren, die 1. Armee unter Rennenkampf von Nordosten aus Litauen, die 2. Armee unter Samsonow

---

[1] Hierfür und zum Folgenden vgl. Barbara Tuchman: *August 1914*, Stuttgart o.J., Kap. 15, »Die Kosaken kommen!«, S. 318-370; für dieses Detail S. 326; allgemein vgl.: *Der Weltkrieg 1914-1918*. Bearbeitet im Reichsarchiv, 13 Bde., Berlin 1925-42, Bd. 2: *Die Befreiung Ostpreußens*, Berlin 1925.

vom Süden aus Polen. Auf französisches Drängen wurde, unter Schwächung der 1. Armee, eine weitere russische Armee (die 10. Armee) gebildet, die gleichzeitig die Offensive gegen Westpreußen und Posen versuchen sollte. Damit komplizierte sich aber nur die ohnehin schon schwierige Aufgabe der Koordination zwischen drei russischen Armeen, die in drei verschiedene Richtungen offensiv vorgehen sollten. Außerdem mußte sich die russische »Dampfwalze« gegen Deutschland auf Ersuchen des französischen Verbündeten einige Tage früher als vorgesehen und in noch nicht ganz mobilisiertem Zustand in Bewegung setzen, weil die Franzosen ihrerseits Angst vor der deutschen Dampfwalze hatten.

Gemäß dem Schlieffenplan stand im Osten nur eine deutsche Armee, die 8. unter General v. Prittwitz, obwohl Rußland längst nicht mehr, wie 1905, als der Schlieffenplan konzipiert worden war, militärisch als quantité négligeable gelten konnte. Andererseits hatte die 8. Armee den Vorteil der inneren Linie und war in ihrer Kampfkraft jeder der beiden in Ostpreußen angreifenden russischen Armeen überlegen, selbst wenn man nur die in Ostpreußen konzentrierte Hauptmasse der 8. Armee berücksichtigte – 4 Korps, 1 Reserve- und 1 Kavalleriedivision, ferner drei Landwehrbrigaden. Hinzukamen Festungstruppen in Königsberg, sowie in Schlesien das Korps Woyrsch, bestehend aus Landwehrformationen, und weitere Festungs- und Grenzsicherungstruppen in Posen, Westpreußen und Schlesien. Operative Aufgabe der 8. Armee war hinhaltende Verteidigung gegen die erwartete russische Offensive, unter Ausnützung der natürlichen Hindernisse in Ostpreußen, vor allem der Masurischen Seenplatte. Die Armee sollte stets den operativen Zusammenhalt wahren und sich notfalls hinter die stark befestigte Weichsellinie zurückziehen, also Ostpreußen vor den Russen räumen.

Der letzte Teil der Anweisung war zwar militärisch-technisch richtig, übersah jedoch den enormen psychologischen Druck, dem sich die Führung der 8. Armee bei einer russischen Offensive ausgesetzt sah – Räumung deutschen Territoriums, zumal noch vor einem verachteten (slawischen) Feind. Tatsächlich wirkte sich der emotionale Faktor im August 1914 nicht nur auf die deutsche Kriegspropaganda aus, sondern auch auf die deutsche Kriegsführung in Ostpreußen selbst. – »Die Kosaken kommen!« wurde zum panischen Schreckensschrei, der Bilder von raubenden, sengenden, mordenden Horden heraufbeschwor, vor denen die deutsche Zivilbevölkerung fliehen mußte. Tatsächlich sah die Realität jedoch etwas anders aus, wie so oft in der Geschichte. Sie blieb, wie so oft in der Geschichte, aus politischen und propagandistischen Gründen sorgsam verborgen.[2]

Während die Armeen auf beiden Seiten noch aufmarschierten, ergriffen die deutschen Grenzsicherungstruppen von Schlesien aus die Initiative und besetzten polnische Grenzbezirke, soweit sie ohne großen Widerstand vorstoßen konnten. Am 6. August nahmen sie die mittelgroße Grenzstadt Kalisch ein. Dabei kam es zur Zerstörung von Teilen der Stadt durch deutsche Truppen, weil angeblich aus Häusern auf die deutschen Soldaten geschossen worden war.[3] Die Zerstörung von Kalisch machte einen tiefen Eindruck auf die Polen und vernichtete gleich zu Beginn des Krieges weitgehend die Sympathien für die Mittelmächte, soweit sie im

---

2 Vgl. unten S. 62-64.
3 Der Zwischenfall von Kalisch ist m. W. bisher noch nicht gebührend behandelt worden, daher vorläufig nur Werner Conze: *Polnische Nation und deutsche Politik im 1. Weltkrieg,* Köln/Graz 1958, S. 58, Anm. 34; dazu auch Graf Bogdan Hutten-Czapski: *60 Jahre Gesellschaft und Politik,* 2 Bde., Berlin 1936, II, S. 155f.: »Am 14. (d. h. August 1914, lt. Meldung der »Vossischen Zeitung« aber schon am 6. 8., *I. G.*) trat ein Ereignis ein, das auf die Stellung des Polentums zum Reiche verhängnisvoll wirken mußte: die bekannte Bombardierung und Inbrandsetzung von Kalisch durch deutsche Truppen. Die Russen hatten bei ihrem Abzug aus Kalisch die Zuchthäusler in Zivilanzüge gesteckt und laufen lassen mit dem Auftrage, gegen die zu erwartenden Deutschen zu schießen. Als dies geschah, ließ der deutsche Anführer Kalisch bombardieren und in Brand setzen, obwohl nachweislich kein einziger Einwohner sich an dem Anschlag beteiligt hatte. ... Die Behandlung von Kalisch hatte ferner zur Folge, daß Tausende von wohlhabenden Polen ihre Wohnstätte verließen und mit ihrem Vermögen nach Rußland flüchteten.«
Vgl. auch ebenda, S. 215ff. über seine Beobachtungen und Bemerkungen 1915: »Ich machte Herrn von Bethmann Hollweg darauf aufmerksam, daß in Warschau unter allen Umständen eine Wiederholung der Vorfälle von Kalisch vermieden werden müßte.« (S. 215) »Von Posen begab ich mich nach Kalisch, dem Sitz der deutschen ›Verwaltung links der Weichsel‹. ... Die von dem Bombardement des August 1914 zerstörten Teile dieser einst reichen und blühenden Stadt waren noch nicht wiederaufgebaut worden.« (S. 217f.)

Ansatz vorhanden gewesen sein mochten.[4] Zugleich machten die Deutschen damit selbst ihre großangelegte Propaganda- und Flugblattaktion zunichte, mit der sie für eine polnische Erhebung gegen Rußland werben wollten.

Außerhalb Polens wurden die Ereignisse von Kalisch jedoch durch die deutsche Invasion Belgiens mit der Zerstörung Löwens und die folgenden noch dramatischeren Ereignisse völlig verdunkelt. Die Aufmerksamkeit der Historiker konzentrierte sich ganz auf die Marneschlacht im Westen sowie die großen Schlachten in Galizien und Ostpreußen im Osten.

Der Kriegsverlauf ergab sich in Ostpreußen aus den eingangs genannten militärischen Faktoren – mangelnde Koordinierung und Kommunikation bei den Russen, bessere Fernsprech- und Eisenbahnverbindungen sowie Vorteil der inneren Linie bei den Deutschen – und zugleich aus geographischen Bedingungen mit schwerwiegenden militärischen Konsequenzen: Die 1. russische Armee unter Rennenkampf hatte auf eigenem und feindlichem Boden zunächst leichteres Gelände vor sich und konnte sich rascher bewegen als die 2. Armee unter Samsonow. So tauchte die 1. Armee vier Tage früher in Ostpreußen auf als die 2. Armee, obwohl sich beide gleichzeitig am 17. August aus ihren Aufmarschräumen in Bewegung gesetzt hatten. Aus dieser Diskrepanz von einigen Tagen, verstärkt durch mangelnde Kommunikation und vermutlich auch Ressentiments aus dem russisch-japanischen Krieg zwischen Samsonow und Rennenkampf, entfalteten sich die Bedingungen, die zur Katastrophe der russischen Armeen führten. Denn die 8. deutsche Armee hatte nur eine Chance, sich in Ostpreußen zu behaupten, wenn es ihr gelang, die beiden russischen Armeen nacheinander anzugreifen und nach Möglichkeit einzeln zu schlagen. Genau das gelang ihr tatsächlich in der Abfolge der Schlachten von

---

4 Hutten-Czapski in einem Bericht an den deutschen Generalgouverneur in Warschau, General v. Beseler, Ende August 1915, über die Ursachen für die nationaldemokratische, deutschfeindliche Stimmung in Polen: »Die Zerstörung von Kalisch zu Beginn des Krieges trug wesentlich dazu bei, die deutschfeindliche Gesinnung in Kongreßpolen zu verschärfen«, ebenda, S. 239; vgl. auch Adolf Eichler: *Deutschtum im Schatten des Ostens. Ein Lebensbericht,* Dresden 1942, S. 136.

Gumbinnen, Tannenberg und an den Masurischen Seen vom 20. August bis zum 14. September 1914.
Andererseits entwickelten sich innerhalb der deutschen militärischen Führung Spannungen und Auseinandersetzungen über die beste Art, Ostpreußen zu verteidigen. Während der Armeeoberbefehlshaber v. Prittwitz den Auftrag an seine Armee streng defensiv interpretierte, plädierte der Befehlshaber des I. Armeekorps, General v. François, für eine offensive Interpretation des Verteidigungsauftrags: Sein Armeekorps stand schon in Friedenszeiten in Ostpreußen und setzte sich daher aus Einheimischen zusammen. François sträubte sich gegen die kampflose Preisgabe von Gebieten vor der aus Osten heranrückenden 1. russischen Armee unter Rennenkampf und lieferte den Russen – ohne Befehl von der Armeeführung – gleich am ersten Tag der russischen Offensive, am 17. August, ein erstes Gefecht bei Stallupönen, nur wenige Kilometer westlich der Grenze. Doch auf Befehl von Prittwitz mußte er das Gefecht abbrechen.
Nun erst konnte das von der deutschen Propaganda in düsteren Farben gemalte Schreckbild der Flucht vor den russischen Horden Realität werden. Tatsächlich flüchtete auch, wie noch in fast allen größeren Kriegen des 20. Jahrhunderts, ein erheblicher Teil der deutschen Zivilbevölkerung. Aber der zweite Teil des Propagandagemäldes stimmt nicht: Die russischen Truppen in Ostpreußen verhielten sich im Sommer 1914 insgesamt ordentlich und gemäß dem Völker- und Kriegsrecht. Zu diesem Ergebnis kam Mitte September 1914 eine Kommission des deutschen Reichsamts des Innern, die nach Abzug der russischen Truppen aus Ostpreußen einen ersten Zwischenbericht über die angerichteten Schäden für den internen Amtsgebrauch erstellte. Der bayrische Gesandte in Berlin, Graf Lerchenfeld, berichtete darüber nach München:
»*Erfreulicherweise hat die nach Ostpreußen gesandte Untersuchungskommission festgestellt, daß die Schilderungen von russischen Grausamkeiten und die gemeldete Verwüstung des Landes auf Unwahrheit beruhen. Die russischen Truppen sollen sich überall den Einwohnern gegenüber korrekt benommen haben. Wenn einzelne Städte und Dörfer niedergebrannt worden sind, so geschah dies fast ausnahmslos während des*

Kampfes durch Artilleriefeuer. In einzelnen Fällen auch, weil deutsche Patrouillen aus den Häusern schossen[5] *und die Russen annahmen, daß die Einwohner an dem Schießen beteiligt gewesen seien. Allerdings haben einzelne russische Truppenteile die Vorräte auf den Feldern und bei Wohnstädten verbrannt und sind so auch Dörfer und einzelne Schlösser in Feuer aufgegangen.«*[6]

Ähnlich berichtete der württembergische Gesandte am 14.9.1914 nach Stuttgart:

»Die Nachrichten über Zerstörungen und Verwüstungen in Ostpreußen sowie über russische Greueltaten daselbst haben sich glücklicherweise als stark übertrieben herausgestellt. So hat auch die amtliche Kommission mitgeteilt, daß sie keinen Fall von Verstümmelung durch Abhacken der Hände usw.hat finden können. Auch ist der angerichtete Schaden voraussichtlich bei Weitem nicht so groß wie anfänglich angenommen, immerhin ist er aber natürlich recht erheblich.«[7]

Die Angaben des bayrischen und württembergischen Gesandten über den amtlichen Bericht der Kommission des Reichsamt des Innern finden Bestätigung und Ergänzung durch deutsche Verwaltungsbeamte, die beim Einmarsch der russischen Truppen auf ihren Posten geblieben waren und später über ihre Erlebnisse berichteten. So berichtete der Bürgermeister von Neidenburg in einem für die Kriegspropaganda aufgemachten Büchlein ganz sachlich über »Zucht und Ordnung« unter den Russen: »Der Kommandant Dowatur war ehrlich bemüht, die russischen Truppen in Zucht und Ordnung zu halten. . . . Während der siebentägigen Russenwirtschaft wurde etwa ein halbes Dutzend Russen wegen Plünderns erschossen und ebenso viele mit der Knute (nicht

---

5 Tatsächlich gibt es Fotos aus dem August 1914, die 1964 zum 50. Jubiläum des Kriegsausbruchs in deutschen Illustrierten gezeigt wurden, auf denen deutsche Soldaten in ostpreußischen Häusern zu sehen sind, wie sie auf russische Truppen schießen.
6 Lerchenfeld an Ministerpräsident Hertling, 14.9.1914, in: *Briefwechsel Hertling-Lerchenfeld 1912-1917.* Die dienstliche Privatkorrespondenz zwischen dem bayerischen Ministerpräsidenten Georg Graf von Hertling und dem bayerischen Gesandten in Berlin Hugo Graf von und zu Lerchenfeld, hrsg. und eingeleitet von Ernst Deuerlein, 2 Teile, Boppard 1973, I, S. 341f.
7 Varnbüler an Weizsäcker, 14.9.1914, Geheimes Staatsarchiv Stuttgart, E 74 I/42 B II 9, Gesandtschaft Berlin.

unter 50 Hiebe) körperlich gezüchtigt.«[8] Die Züchtigungen fanden zudem, wie der deutsche Bürgermeister genüßlich ausmalte, vor der deutschen Bevölkerung statt.

Dem amtlichen, selbstverständlich nie veröffentlichten Erfahrungsbericht des Landrats von Labiau an den Oberpräsidenten von Ostpreußen über die Zeit der russischen Besatzung ist zu entnehmen, daß ein erheblicher Teil der Plünderungen, die später aus propagandistischen Gründen den russischen Truppen zugeschrieben wurden, in Wirklichkeit auf Konto eines Teils der zurückgebliebenen deutschen Zivilbevölkerung ging. Der Landrat bemerkt dazu bitter, der größte Teil seiner Tätigkeit unter russischer Besetzung habe darin bestanden, Plünderungen durch deutsche Zivilisten zu verhindern.[9] Ein späterer Bericht des Landrats von Marggrabowa stellt fest, daß der zurückgebliebenen Zivilbevölkerung durch Truppen aller Art, durch russische *und* deutsche, »auch das letzte genommen wurde«.[10]

Die Vorstellung von den Deutschen unter russischer Knute mobilisierte jedoch bei General v. Prittwitz hinreichend Energien, um die Hauptmacht seiner 8. Armee gegen die Armee Rennenkampf zu führen. Am 20. August kam es zur Schlacht bei Gumbinnen. Als Rückhalt hatte Prittwitz die gut vorbereitete sogenannte Angerapp-Stellung: Am äußersten linken Flügel stand das I. Korps unter dem tatendurstigen François, in der Mitte General v. Mackensen mit dem XVII. Korps, am rechten Flügel das I. Reservearmeekorps unter General v. Below. Das XX. Korps stand zur Sicherung gegen die erwartete Narew-Armee unter Samsonow im Süden. Die eintägige Schlacht von Gumbinnen endete mit deutschen Erfolgen an den Flanken, aber mit einer schweren Niederlage im Zentrum, weshalb sich die 8. Armee hinter die Angerapp-Linie zurückzog, allerdings ohne daß ihr die

---

8 A. Kuhn: *Die Schreckenstage von Neidenburg in Ostpreußen. Kriegserinnerungen aus dem Jahre 1914,* Minden i. Westf. 1915, S. 37.
9 Staatliches Archivlager Göttingen, Rep. 2. Oberpräsident Ostpreußen. Landrat von Labiau an Oberpräsidenten.
10 Ebenda, Landrat von Marggrabowa an Oberpräsidenten. –
Der ganze Komplex Russen in Ostpreußen 1914 wäre einer eingehenden Untersuchung wert; hier konnten nur einige in anderem Zusammenhang gefundene Materialien erwähnt werden, die eine ausführlichere und systematischere Bearbeitung nahelegen.

Armee Rennenkampf folgte. Die russischen Verluste auf den beiden Flügeln waren so schwer, daß Rennenkampf und sein Stab sich zeitweise schon geschlagen gegeben hatten. Angesichts der Mängel im russischen Nachschubwesen – Folge des überhasteten Vormarschs auf Drängen der Franzosen – wollte sich Rennenkampf nicht dem erhöhten Risiko aussetzen, in unübersichtlichem Feindesland ohne Reorganisierung und Erholung seiner Truppen weiter vorzudringen.

Rennenkampfs Zögern – aus seiner Situation nur allzu verständlich – ermöglichte jedoch das Gelingen eines gewagten Manövers auf deutscher Seite, das für die beiden russischen Armeen in Ostpreußen tödliche Folgen haben sollte: des deutschen Aufmarschs zur Tannenbergschlacht. Im deutschen Armeehauptquartier trafen am 20. August abends die Meldungen über den ungünstigen Schlachtverlauf bei Gumbinnen ungefähr gleichzeitig mit ersten Nachrichten ein, daß die 2. russische Armee unter Samsonow begann, die deutsch-russische Grenze von Süden her zu überschreiten. Prittwitz befürchtete, in die Zange der beiden von Osten und Süden angreifenden russischen Armeen zu geraten, wenn er länger bei Gumbinnen stehenblieb. Vernichtung, Aufspaltung oder Abdrängung der 8. Armee in den Bereich der Festung Königsberg wäre die Folge gewesen. Prittwitz resignierte daher und entschied sich für den Rückzug der gesamten 8. Armee hinter die Weichsel. In diesem Sinne telephonierte er noch am Abend des 20. August mit der Obersten Heeresleitung in Koblenz und forderte in einem zweiten Telephongespräch massive Verstärkungen zur Rettung der 8. Armee an – selbst bei einem Rückzug hinter die Weichsellinie. Generalstabschef Moltke war entsetzt und beschloß am 21. August die Abberufung von Prittwitz und seines Generalstabschefs, Graf Waldersee.

Inzwischen hatte es sich Prittwitz aber schon wieder anders überlegt: Sein Erster Generalstabsoffizier, Oberstleutnant Max Hoffmann, unterstützt von Generalmajor Grünert, hatte ihm klargemacht, daß ein Rückzug hinter die Weichsel kampflos gar nicht mehr möglich war, weil der linke Flügel der 2. russischen Armee bereits einen kürzeren Weg zur Weichsel hatte als die gesamte 8. deutsche Armee. Statt

Rückzug schlug Hoffmann daher Loslösung von der 1. Armee im Osten und Angriff auf die 2. Armee im Süden vor. Unter Ausnützung des voll zur Verfügung stehenden deutschen Eisenbahn- und Kommunikationsnetzes wollte er also in einer riskanten Rochade die Front der 8. Armee innerhalb weniger Tage um 90° von Osten nach Süden drehen. Das Manöver bewirkte mit einem Minimum an Truppenverschiebungen ein Maximum an strategischem Effekt: Für die Schwenkung der 8. Armee in ihrer Hauptmasse von Osten nach Süden reichte es aus, das I. Korps (François), verstärkt um die 3. Reservedivision, mit der Eisenbahn vom linken Flügel (in der Frontstellung nach Osten) zum rechten Flügel (in der neuen Frontstellung nach Süden) zu transportieren, so daß es jetzt westlich vom bisherigen Observierungskorps (XX. Korps) stand, das seinerseits soweit zusammenrückte, daß sein bisheriger rechter Flügel zum Zentrum des XX. Korps wurde. XVII. Armeekorps und I. Reservekorps marschierten zu Fuß nach Westen und fügten sich so in die neue Front ein. Gegen Rennenkampf blieb nur ein dünner Kavallerieschleier, den er jederzeit hätte durchstoßen können, erst recht nachdem am 26. August die Tannenbergschlacht begann.

So waren die von Hoffmann erdachten und von Prittwitz durchgeführten Dispositionen zwar ein Vabanquespiel, das sich nur auf die Hoffnung stützte, Rennenkampf werde nicht oder erst zu spät marschieren. Aber sie bildeten die Grundlage für den ersten überwältigenden Sieg, den die Deutschen im Ersten Weltkrieg erringen konnten – Tannenberg. Da Prittwitz in der Aufregung des 20. August es jedoch versäumt hatte, der Obersten Heeresleitung in Koblenz seine Sinnesänderung gegenüber der ursprünglichen Absicht, die 8. Armee hinter die Weichsel zurückzunehmen, tatsächlich mitzuteilen, verschwand er als Opfer der eigenen Unfähigkeit und wurde durch jenes Tandem ersetzt, das in Deutschland und in der Welt regelrecht zum Mythos werden sollte: Hindenburg und Ludendorff. Als sie am 23. August in Ostpreußen eintrafen, brauchten sie Hoffmans Anordnungen nur noch zu übernehmen und zu bestätigen.

5. Skagerrak 1916

Die Skagerrakschlacht vom 31. Mai 1916, westlich von Dänemark (daher der englische Name: »Battle of Jutland«), war die einzige größere Seeschlacht im Ersten Weltkrieg, zugleich auch die größte Seeschlacht zwischen einer deutschen und einer englischen Flotte. Sie wurde allerdings nicht durchgekämpft, sondern vorzeitig abgebrochen. Nur weil zu diesem Zeitpunkt die englischen Verluste an Schiffen und Mannschaften höher waren als die deutschen, gilt Skagerrak in der deutschen Tradition bisher meistens als deutscher Seesieg.[1] Bei näherem Zusehen ergibt sich jedoch ein etwas anderes Bild.

Die Skagerrakschlacht war ein Produkt deutschen Weltmachtstrebens, für das der Bau einer mächtigen Schlachtflotte ab 1898 eines der wichtigsten Instrumente war. Offiziell fungierte die deutsche Schlachtflotte »nur« zum Schutz des deutschen Überseehandels. Ihre wahre Funktion wurde zudem hinter dem unschuldigen Begriff der »Risikoflotte« verschleiert: Im Rahmen der deutschen »Weltpolitik« sollte die deutsche Schlachtflotte England zur Freundschaft mit Deutschland zwingen, oder wenigstens zur Neutralität in dem als unvermeidlich geltenden Kontinentalkrieg, denn sie sollte so stark werden, daß ein Waffengang mit ihr selbst für England zum »Risiko« würde. Inoffiziell war jedoch das wahre Ziel von vornherein und unmißverständlich festgelegt: die Herausforderung Englands, früher oder später.[2] Als Antwort auf den deutschen Schlachtflottenbau baute England jedoch ab 1905 seine eigene Schlachtflotte immer mehr aus. Britische Anregungen zu einer Rüstungsvereinbarung scheiterten 1909/12 am deutschen Widerstand. Immer größere, schnellere Schiffe mit stärkerem Panzer und schwereren Geschützen auf beiden Seiten waren das Ergebnis dieses Wettrüstens zur See, zuletzt sogar die Umstellung der briti-

---

1 Die erste realistische Skizze in der deutschen Literatur findet sich, soweit ich sehe, erst bei P. Kielmannsegg: *Deutschland und der Erste Weltkrieg*, S. 375-79.
2 Vgl. v. V. Berghahn: *Der Tirpitz-Plan*, S. 173-201.

schen Schlachtflotte (auf Drängen Winston Churchills) von der Kohle- zur rauchschwächeren Ölfeuerung – mit Hilfe des gerade erst entdeckten persischen Erdöls.

Deutschland versuchte im Schlachtflottenbau mitzuhalten, blieb aber in wichtigen Punkten hinter dem englischen Flottenbau zurück, quantitativ wie qualitativ. In der Skagerrakschlacht war die deutsche Schlachtflotte daher der britischen in einigen wesentlichen Punkten unterlegen – an Zahl und Geschwindigkeit der großen Schiffe, an Zahl, Kaliber und Reichweite der schweren Schiffsgeschütze. Vorteile auf deutscher Seite waren dagegen: stärkere Belastbarkeit der Großkampfschiffe durch schwere Treffer, größere Treffsicherheit der schweren Artillerie, vor allem durch rasch aufeinanderfolgende Salven, und größere Manövrierfähigkeit im gesamten Flottenverband. Vor allem war der britischen Flotte die »Gefechtkehrtwendung« unbekannt, durch die mitten im Gefecht innerhalb weniger Minuten jedes Schiff – und damit die gesamte Flotte – eine Kehrtwendung um 180° vollziehen konnte.

Das Seegefecht an der Doggerbank vom 24. Januar 1915 nimmt sich wie eine Probe für Skagerrak aus. Es entwickelte sich aus einem deutschen Vorstoß, brachte allerdings den Deutschen schwerere Verluste bei als den Briten. Die Spitze des deutschen Angriffs bildeten die schnellen Schlachtkreuzer unter Admiral Hipper, während das Gros der Flotte mit den langsameren, aber stärker gepanzerten Schlachtschiffen und den älteren Linienschiffen die eigentliche Schlacht schlagen sollte. Die Deutschen hatten den Vorteil der Initiative, die Briten den Vorteil, daß sie nach Untergang des deutschen leichten Kreuzers »Magdeburg« in der Ostsee am 27. August 1914 das deutsche Codesystem kannten und die deutschen Funksprüche rasch entziffern konnten.

Die Skagerrakschlacht kam, als abgebrochene Seeschlacht, in einer Weise zustande, die von keiner Seite so beabsichtigt war.[3] Als die deutsche Hochseeflotte am 31. Mai 1916 früh

---

3 Die folgende Skizze vor allem nach A. J. Marder: *From the Dreadnought to Scapa Flow,* 5 Bde., London 1961 ff., III: *Jutland and After, May 1916-December 1916,* London 1916; dazu die Memoiren von Scheer, Jellicoe und Churchill, die für das Verständnis des tatsächlichen Schlachtverlaufs unentbehrlich sind.

in die Nordsee auslief, hoffte Admiral v. Scheer, der Chef der deutschen Hochseeflotte, durch das vorausgeschickte Schlachtkreuzergeschwader unter Admiral v. Hipper das britische Schlachtkreuzergeschwader und einen Teil der britischen Home Fleet stellen und vernichten zu können. Umgekehrt hoffte Admiral Jellicoe, der Befehlshaber der Grand Fleet, mit den deutschen Schlachtkreuzern auch die deutsche Hochseeflotte zu schlagen. Beides mißlang. Auf beiden Seiten trugen die schnelleren Schlachtkreuzer die Hauptlast des Kampfes, während die schweren Schlacht- und Linienschiffe nur jeweils für kurze Zeit eingriffen.

Am 31. Mai gegen 15.30 Uhr sichteten die beiden Schlachtkreuzergeschwader erstmals einander: Fünf deutsche Schlachtkreuzer (»Von der Tann«, »Moltke«, »Seydlitz«, »Derfflinger« und »Lützow«) standen gegen sechs britische (»Indefatigable«, »New Zealand«, »Tiger«, »Queen Mary«, »Princess Royal« und »Lion«) unter Admiral Beatty. Zu Beattys Verband gehörte ferner, weiter zurückliegend, ein Geschwader von vier schnellen Schlachtschiffen der »Queen Elizabeth«-Klasse mit ihren 38 cm-Geschützen, während die deutschen Schiffe nur über Geschütze vom Kaliber 21 cm, 28 cm und 30,5 cm verfügten; außerdem waren die britischen Schiffe schneller als die deutschen. Andererseits waren die deutschen Schiffe besser gepanzert und hatten besseres Zielgerät.

Wie bei dem Seegefecht auf der Doggerbank 1915 drehte Admiral Hipper sofort bei, als er die britischen Schlachtkreuzer ausmachte und zog sich zunächst auf die noch außer Sichtweite herandampfende eigene Hochseeflotte zurück. Beatty dagegen nahm sofort Kurs auf die deutschen Schiffe, aber hastig und ohne seine vier zusätzlichen Schlachtschiffe rechtzeitig und klar genug zu informieren. Sie fielen daher zurück und konnten erst viel später in die sich entfaltende Schlacht eingreifen. Beatty hatte die Sonne im Rücken, war also für die deutschen Schlachtkreuzer gut zu sehen. Hipper wurde sich darüber im klaren, daß er mit seinen 30,5, 28 und 21 cm-Geschützen den Briten mit ihren 30,5 und 34 cm-Geschützen (ganz zu schweigen vom 38 cm Kaliber der anfangs noch weit entfernten vier »Elizabeth«-Schlachtschiffen) an Reichweite unterlegen war. Deshalb entschloß er sich, in günstiger Gefechtsformation die englischen Schlachtkreuzer in voller Entfaltung aus möglichst geringer Distanz anzugreifen, hielt also Kurs auf sie. Dagegen zögerte Beatty mit der Feuereröffnung aus größerer Distanz, so daß die Deutschen um 15.48 Uhr mit einer geschlossenen Salve von allen fünf Kreuzern gleichzeitig die Schlacht eröffnen konnten. Schon nach wenigen Minuten wurden »Lion« und »Tiger« schwer getroffen, war die Distanz auf knapp elf km vermindert, so daß nun sogar die deutsche Mittelartillerie in das Gefecht eingreifen konnte. In den nächsten Minuten wurde außer den bereits angeschlagenen britischen Schlachtkreuzern auch die »Princess Royal« getroffen. Dagegen war das Feuer der Briten anfangs ungenau, so daß außer »Seydlitz« zunächst kein deutsches Schiff schwerere Treffer erlitt. Beatty ließ daher von den Deutschen wegsteuern, um die Entfernung wieder zu vergrößern, so daß wenigstens die deutsche Mittelartillerie schwieg. Während sich die Distanz so vergrößerte, vernichtete um 16.05 Uhr »Von der Tann« mit zwei Salven die »Indefatigable«. Etwa zur gleichen Zeit erschienen Beattys vier Schlachtschiffe auf dem Plan und griffen aus großer Distanz mit ihren 38 cm-Geschützen sehr wirkungsvoll ein, so daß die deutschen Schlachtkreuzer diesmal schwere Treffer einstecken mußten. Trotzdem gelang es »Seydlitz« und »Derfflinger«, um 16.26 Uhr die »Queen Mary« durch zwei Salven zu vernichten. Beatty, in dessen Flagschiff »Lion« ebenfalls ein schwerer Brand unter Deck wütete, soll daraufhin zu seiner Umgebung gesagt haben: »Heute scheint etwas nicht zu stimmen mit unseren verdammten Schiffen.« Tatsächlich waren in etwas mehr als einer halben Stunde, trotz quantitativer wie qualitativer Überlegenheit, zwei britische Schlachtkreuzer untergegangen und drei weitere schwer angeschlagen.

Um 16.27 Uhr brach Hipper den ungleich werdenden Kampf ab, da nun, nach Eintreffen der vier schnellen und schweren Schlachtschiffe der »Elizabeth«-Klasse, die numerische Überlegenheit der Briten (8:5) trotz deutschen Teilerfolgen immer drückender wurde. Sieben Minuten später tauchte die deutsche Hochseeflotte zur Entlastung der eigenen Schlachtkreuzer auf. Nun war es an Beatty, sich nach Norden zurückzuziehen, um die deutsche Schlachtflotte, wie geplant, in den Rachen der britischen Grand Fleet zu locken. Durch mangelnde Koordination gerieten Beattys vier Schlachtschiffe bei den notwendigen Manövern jedoch in den Schußbereich der führenden deutschen Schlachtschiffe und mußten schwere Treffer einstecken, vor allem »Warspite«. Nachdem sie schließlich in günstigere Schußposition gelangt waren, landeten die britischen Schlachtschiffe ihrerseits schwere Treffer, sogar bei den Schlachtschiffen des deutschen Gros. »Von der Tann« hielt sich nur noch mühsam in der Gefechtsformation, obwohl alle schweren Geschütztürme ausgefallen waren.

Gegen 18 Uhr erschien die Grand Fleet auf dem weiten Schlachtfeld, zunächst noch in Marschformation mit Kurs nach Süden. Erst um 18.15 Uhr wußte Jellicoe genaueres über Anwesenheit und Kurs der deutschen Hochseeflotte. Innerhalb kurzer Zeit mußte er – zudem auf Grund unvollständiger Standortangaben – über die eigene Schlachtformation entscheiden, die den Ausschlag für den Ausgang der Schlacht geben konnte. Jellicoe wählte die vorsichtigere und realistischere Lösung: Sie vergrößerte zwar die Entfernung zur herannahenden deutschen Schlachtflotte und verringerte damit die Chance zu ihrer Umfassung und Vernichtung, ermöglichte dafür aber die Durchführung des komplizierten Manövers außerhalb der Reichweite der deutschen Geschütze, mithin ungestört und ohne Verluste.

Der eigentliche Kampf der beiden Schlachtflotten begann als Gefecht mit verkehrten Fronten: Durch Beattys und Hippers anfänglichen Elan und die anschließenden Schiffsbewegungen war die deutsche Hochseeflotte immer weiter nach Nordwesten gezogen worden und sah sich nun plötzlich durch die von Norden nach Süden fahrende Home Fleet von ihrer Heimatbasis abgeschnitten. Die Deutschen standen jetzt im Westen mit der untergehenden Sonne im Rücken, während die Briten im Osten diesmal die Küste hinter sich hatten, dazu den Vorteil, im Dunst für die Deutschen fast unsichtbar zu bleiben. Die deutsche Schlachtflotte dagegen hob sich klar vom Himmel ab. Gegenüber dem vorausgegangenen Gefecht der Schlachtkreuzer war die Situation nun also genau umgekehrt: Für den Hauptabschnitt der Schlacht hatten die Briten die bessere Sicht, während die Deutschen fast nichts sehen konnten. Jellicoes Taktik und der Kurs der deutschen Schlachtflotte ermöglichten ihm dazu etwas, wovon alle Admirale träumten – das *»Crossing the T«*. Bei dieser Konstellation richtet die eine Flotte ihre gesamte Breitseite auf die vorderen Schiffe des in Kiellinie herannahenden Gegners, der praktisch nur mit den vorderen Geschützen der führenden Schiffe schießen kann. Von diesem Augenblick an war der Vorteil für Jellicoes Schlachtflotte überwältigend groß.

Doch vor dem Zusammenprall der beiden Schlachtflotten in dieser für die Deutschen denkbar ungünstigsten Position kam es zu einem Zwischenfall, der dazu beitrug, das optische Verhältnis im Endresultat für die Deutschen noch etwas aufzubessern: Ungefähr eine halbe Stunde zuvor hatte eine Gruppe von drei britischen Schlachtschiffen unter Admiral Hood, überraschend vom Kattegat kommend, in die Schlacht eingegriffen, Hippers Leichte Kreuzer in die Flucht geschlagen und den Kreuzer »Wiesbaden« zusammengeschossen. Die »Wiesbaden« trieb nun hilflos zwischen den herannahenden Schlachtflotten. Die britischen Admirale schickten zwei alte und langsame Kreuzer vor, die jetzt die »Wiesbaden« vollends versenken sollten. Bevor sie jedoch dazu kamen, wurden sie ihrerseits eine leichte Beute der vorderen deutschen Schlachtschiffe. Um 18.20 Uhr sank die »Defence«, und die »Warrior« wurde schwer angeschlagen. Nur das Schlachtschiff »Warspite« von Beattys 5. Schlachtgeschwader rettete die »Warrior« – aber recht unfreiwillig. Da ihr Ruder ausgefallen war, trieb die »Warspite« hilflos in einem weiten Kreis um die »Warrior« herum, zog das Feuer der deutschen Schlachtschiffe auf sich und wurde kampfunfähig geschossen.

Nach diesem Vorgeplänkel eröffnete die Grand Fleet um 18.24 Uhr das Feuer auf die deutsche Schlachtflotte. Zu seiner großen Überraschung mußte Scheer erkennen, daß er schnurstracks in eine tödliche Falle hineinlief, ohne jedoch schon die Gesamtstärke der britischen Flotte zu kennen. Ihm war genau das passiert, was die deutsche Seekriegsleitung stets zu vermeiden getrachtet hatte: ein Zusammenstoß mit der *gesamten* Home Fleet. Die deutsche Hochseeflotte fuhr in Marschlinie – ein Großkampfschiff hinter dem anderen –

genau auf die versammelte Home Fleet zu, die einen flachen Halbkreis bildete. Zehn Minuten lang wurden die vorderen deutschen Schlachtschiffe, vor allem »König«, aber auch die deutschen Schlachtkreuzer, von gezielten Breitseiten der gesamten britischen Schlachtflotte eingedeckt. Dagegen waren die Deutschen so gut wie blind und konnten bloß das Aufzucken des britischen Geschützfeuers am Horizont erkennen. Nur als sich um 18.31 Uhr der Dunst an einer Stelle vorübergehend lichtete und in kaum mehr als acht km Entfernung die Sicht auf das Schlachtschiff »Invincible« unter Admiral Hood freigab, vernichteten die beiden selbst schon schwer angeschlagenen Schlachtkreuzer »Lützow« und »Derfflinger« die »Invincible« – und zwar innerhalb weniger Minuten.

Aber dieser unerwartete Trostpreis half Scheer nicht aus seiner schwierigen Lage, mit seinen 16 Schlachtschiffen und sechs älteren Linienschiffen gegen nunmehr insgesamt 30 britische Schlachtschiffe in doppelt aussichtsloser Position kämpfen zu müssen: Wie auf dem Präsentierteller der stärksten Schlachtflotte der Welt ausgesetzt, ohne selbst gezielt zurückschießen zu können, dazu noch von der heimatlichen Basis abgedrängt. Andererseits läßt die rasche Vernichtung der »Invincible« ahnen, wie die Schlacht bei ausgeglichenen Sichtverhältnissen hätte ausgehen können. In dieser verzweifelten Situation vollzog Scheer das der britischen Flotte unbekannte Manöver »Gefechtskehrtwendung Steuerbord«. Durch sofortiges und schlagartiges Abdrehen um 180 Grad verschwand die gesamte deutsche Flotte, zur Verblüffung der Briten wie von Geisterhand weggezaubert – allerdings nach Westen, also weg von der eigenen Heimatbasis. Den Geistereffekt verstärkte zudem die Anwendung von Tarnnebel, der in solchen Massen für die Briten ebenfalls neu war.

Die deutsche Schlachtflotte brach also die Schlacht ab, um der drohenden und unter gegebenen Verhältnissen sicheren Vernichtung zu entgehen. Doch nur zwanzig Minuten später, um 19 Uhr, tauchte sie zur Verblüffung der Briten wieder auf und lief erneut in derselben ungünstigen Position mit Ostkurs in den geöffneten Rachen der Grand Fleet hinein. Als Grund gab Scheer später an, er habe die immer noch nicht versenkte »Wiesbaden« retten wollen. Vermutlich war er aber vom bisherigen Verlauf der Schlacht unbefriedigt und hoffte auf ein besseres Gesamtergebnis, oder er wollte einfach den Durchbruch nach Hause versuchen – mitten durch eine feindliche Flotte, deren Gesamtstärke er immer noch nicht kannte. Diesmal gelang Jellicoe das »Crossing the T« noch perfekter: Seine Schlachtschiffe deckten mit schweren Breitseiten die vorderen deutschen Schlachtschiffe ein, und das deutsche Feuer war noch ungenauer als beim ersten Zusammenstoß; nur eine einzige deutsche Granate traf ein Schlachtschiff des britischen Gros.

Scheers Entscheidung kam diesmal noch schneller: Um 19.12 Uhr hatte die Grand Fleet zum zweiten Mal das Feuer auf die völlig blinde deutsche Flotte eröffnet, und bereits um 19.13 Uhr, nur eine Minute später, gab Scheer den berühmten Befehl: »Gefechtskehrtwendung! Schlachtkreuzer, Torpedoboote, ran an den Feind!« Wiederum vollzog die deutsche Schlachtflotte ihre Wendung um 180 Grad, während die kaum noch einsatzfähigen Schlachtkreuzer Hippers und die deutschen Torpedoboote die intakte Grand Fleet angriffen, um das Feuer auf sich zu ziehen und so den Rückzug der eigenen Hochseeflotte zu decken. Gleichzeitig starteten elf Torpedoboote ihren legendär gewordenen Angriff: Zwar gelangte keiner der abgefeuerten Torpedos ins Ziel, aber um den deutschen Torpedos auszuweichen, drehten die britischen Schlachtschiffe um 45 Grad ab, so daß die deutsche Schlachtflotte zusätzliche Erleichterung fand. Dafür wurden die deutschen Schlachtkreuzer auf ihrem Opfergang fast alle endgültig kampfunfähig geschossen. Sie blieben aber noch schwimmfähig und konnten – bis auf die »Lützow«, die später aufgegeben und von den Deutschen selbst versenkt wurde – in den Heimathafen zurückkehren. Die deutsche Schlachtflotte war – für den Augenblick – ein zweites Mal gerettet. Ein drittes, eher zufälliges Zusammentreffen der britischen Schlachtkreuzer und der älteren deutschen Linienschiffe um 20.25 Uhr blieb kurze Episode.

Für den Rückzug boten sich Scheer drei Möglichkeiten, um hinter deutschen Minenfeldern vor der Küste Zuflucht zu finden: die Fahrt zur Ems, nach Helgoland oder zum Horns Reef nördlich von Amrun. Scheer entschied sich für die letztere. Jellicoe dachte an die beiden anderen und erkannte zu spät, daß er sich mit seinem Kurs immer mehr von der deutschen Flotte entfernte. Dennoch mußten die Deutschen in jedem Fall auf ihrem südöstlichen Kurs die britische Grand Fleet durchbrechen. Scheer war dazu entschlossen, und er hatte Glück, da der Durchbruch in der kurzen Nacht mitten durch die schwächeren Schlußlichter der Grand Fleet erfolgte. Die deutsche Flotte hatte zudem den Vorteil, daß sie besser für Nachtgefechte ausgebildet und ausgerüstet war, u. a. mit besseren Scheinwerfern. In dem konfusen Nachtgefecht gab es auf beiden Seiten nochmals Verluste – auf deutscher Seite gingen das ältere Linienschiff »Pommern« und ein leichter Kreuzer verloren, auf britischer Seite der ältere Kreuzer »Black Prince«, der sich in die deutschen Linien verirrt hatte und aus nächster Nähe innerhalb von Minuten vernichtet wurde. Morgens um 3.30 Uhr hatte die deutsche Hochseeflotte den Durchbruch durch die Grand Fleet vollendet. Als es hell wurde an diesem 1. Juni, war die Wiederaufnahme der Schlacht unmöglich geworden, weil der Kurs beider Flotten zu sehr auseinandergelaufen war.

In Deutschland galt die Skagerrakschlacht, wie gesagt, bisher überwiegend als deutscher Erfolg.[4] Vergleicht man die Stärke der beiden Flotten und das Verhältnis der beiderseitigen Verluste, so läßt sich in der Tat ein deutscher Sieg errechnen: Die Deutschen versenkten 111 980 t Schiffsraum, die Briten nur 62 233 t (die am Ende von den Deutschen selbst versenkte »Lützow« mit eingerechnet). Die Briten verloren 6945 Mann, die Deutschen nur 2921. Also ein deutscher Sieg von 2:1? Diese Rechnung wurde oft genug in Deutschland aufgemacht, ist aber nur eine patriotische Milchmädchenrechnung. Es wäre das Gleiche, wie wenn eine Mannschaft der Regionalliga in einem Pokalspiel gegen eine Bundesligamannschaft zunächst überraschend 2:0 führte und nach dem ersten Gegentor das Spielfeld verließe mit dem Ruf; »Wir haben gewonnen, 2:1!« Denn der numeri-

---

[4] Abgeschwächt noch bei Walther Hubatsch: *Deutschland im Weltkrieg 1914-1918*, S. 100: »Die größte Seeschlacht rangierter Flotten endete zwar mit einem deutschen taktischen Erfolg, eine Entscheidung zur See war aber nicht errungen worden und auch nicht zu erwarten.«

sche deutsche »Sieg« kam ja nur gleichsam in einem Vorpostengefecht zustande, und die eigentliche Hauptschlacht wurde nie geschlagen. Die Hauptschlacht wurde vielmehr zweimal von den Deutschen abgebrochen, weil sie dank ihrer größeren Manövrierfähigkeit zweimal imstande waren, in letzter Minute den Kopf aus der Schlinge zu ziehen. Andererseits hätte bei halbwegs gleichgünstigen Sichtverhältnissen das Resultat durchaus anders aussehen können, wie das Gefecht der Schlachtkreuzer und die rasche Vernichtung der »Invincible« nahelegen. Absurd wäre es freilich, daraus einen patriotischen Stolz abzuleiten, etwa auf die Qualität deutscher Schiffe, deutscher Leistungen usw. Im Gegenteil: Der Schlachtverlauf beweist nur, wie wohlbegründet die Sorge der Briten vor 1914 angesichts des angeblich so harmlosen deutschen Schlachtflottenbaus war und wie berechtigt ihre Anstrengungen, den traditionellen Vorsprung zur See zu halten.

Auch strategisch und politisch kam der Ausgang der Skagerrakschlacht einer deutschen Niederlage gleich: Das Scheitern des Versuchs, die britische Home Fleet in offener Seeschlacht zu besiegen, gab den Ausschlag für den deutschen Entschluß zum uneingeschränkten U-Bootkrieg nur ein halbes Jahr später, womit Deutschland die USA in den Weltkrieg hineinzog und so schließlich den Krieg ungewollt selbst gegen sich entschied.[5] Gegen Ende des Krieges provozierte die deutsche Flottenführung mit ihrem geplanten selbstmörderischen Opfergang zur Rettung ihrer »Ehre« schließlich auch selbst noch den Ausbruch jener Matrosen-Meuterei, die rasch in die Novemberrevolution einmündete.[6] So erwies sich der deutsche Schlachtflottenbau, ähnlich wie die gesamte »Weltpolitik«, als doppelter Fehlschlag, wie sich 1916 im Skagerrak militärisch zeigte und Ende 1918 in Wilhelmshaven und Kiel politisch.

5 Vgl. unten Kap. 11.
6 Vgl. unten Kap. 15.

6. Deutsche Kriegsziele 1914

Als General Falkenhayn, seit der Marneschlacht Moltkes Nachfolger im Generalstab, die rasch aufgestellten neuen Armeekorps in Flandern in den Kampf warf, sollen die Regimenter, die zum größten Teil aus Studenten bestanden, bei Langemarck in den Nebel und in den Tod durch britische Maschinengewehrsalven gestürmt sein mit dem Lied auf den Lippen »Deutschland, Deutschland über alles«. Dieser Vorgang, als Langemarck-Mythos in die politische Geistesgeschichte Deutschlands im 20. Jahrhundert eingegangen, steckt voller Symbolkraft: Die kaum ausgebildeten Jugendlichen opferten sich begeistert für die Größe des Deutschen Reichs – ohne freilich zu ahnen, wie überaus wörtlich die politische Führung gewisse Zeilen aus ihrem Todeslied nahm. Gewiß konnten deutsche Studenten schon damals in ihren Geschichtsbüchern lesen, das Reich sei dabei, eine Weltmacht zu werden, oder es sei gar schon eine, wie Kaiser Wilhelm II. bereits 1896 geprahlt hatte.[1] Aber wie die meisten Deutschen hatten auch die Studenten von Langemarck vermutlich nur höchst verschwommene Vorstellungen über die Konsequenzen, die sich daraus ergaben. Während sie geblendet von einem nebulösen Patriotismus ihr Leben für das Vaterland hingaben, hatten dessen politische Führer zum Teil recht genaue Vorstellungen von dem entwickelt, was sie aus dem Anspruch, Deutschland »über alles« zu stellen, als konkrete Forderungen ableiten wollten.

Da der Erste Weltkrieg logisches Resultat der deutschen Weltpolitik war – der deutschen Version des Imperialismus um 1900 –, muß jeder Versuch, die deutschen Kriegsziele zu Beginn dieses Krieges zu erläutern, zunächst auf jene Weltpolitik eingehen: Ihr globales Ziel wer es, Deutschland vom Status einer gewöhnlichen Kontinentalmacht zu dem einer Weltmacht zu erheben, an Macht und Prestige vergleichbar dem britischen Weltreich. Die deutsche Weltpolitik war Ausdruck des neuen Machtgefühls in der deutschen Gesell-

---

1 Vgl. I. Geiss: *Das Deutsche Reich und die Vorgeschichte des Ersten Weltkriegs*, Kap. 3, S. 68.

schaft seit der Reichsgründung im Gefolge der drei Einigungskriege, seit der beschleunigten Industrialisierung und der raschen Bevölkerungszunahme. Alle drei Faktoren zusammen, dazu die Reichsideologie als Ausdruck des Wunsches nach politischer Einheit *und* Macht, führten den Übergang von der Kontinental- zur Weltpolitik fast unvermeidlich herbei. Die Weltpolitik entsprang mithin nicht der Laune eines exzentrischen Kaisers oder seiner Höflinge, sondern fand begeisterten Widerhall in einer Gesellschaft, die zum Zuwachs an ökonomischer und militärischer Macht nun auch einen adäquaten Zuwachs im politischen Status des Reichs verlangte.

Dennoch blieben, vom Beginn der Weltpolitik bis in den Ersten Weltkrieg hinein, einige Grundfragen ungeklärt – mit verheerenden Rückwirkungen:

1. War Deutschland 1914 schon eine Weltmacht oder nicht? Die öffentliche Meinung und Regierung war damals, wie später auch die meisten deutschen Historiker, durchaus nicht einer Meinung. Aus dieser Ungewißheit ergaben sich gefährliche Labilitäten und Schwankungen, denn es liegt auf der Hand, daß ein Staat, der sich subjektiv schon als Weltmacht fühlt, aber objektiv noch keine ist, möglicherweise anders reagiert als ein Staat, der weiß, daß er zwar noch nicht Weltmacht ist, es aber werden will.

2. Doch wie wollte Deutschland Weltmacht werden? Im Alleingang, nur gestützt auf die eigene Kraft, oder zusammen mit einer schon etablierten Weltmacht, gleichsam als ihr Juniorpartner? Insgesamt entschied sich Deutschland für den weltpolitischen Alleingang. Ein Bündnis mit England oder Rußland – Wal oder Bär im allegorischen Sprachgebrauch der Zeit – war nur in der Theorie denkbar, weil es in der Praxis an der sozialen und politischen Struktur des Deutschen Reichs scheitern mußte, an seiner spannungsgeladenen Kombination von Landwirtschaft und Industrie: Der grundbesitzende Adel, vor allem die ostelbischen Junker waren an hohen Getreidezöllen interessiert, um das billigere amerikanische und russische Getreide tunlichst vom deutschen Markt fernzuhalten. Diese konkreten materiellen Interessen gerieten jedoch in Widerspruch zu den traditionellen ideologischen Sympathien der Konservativen für das za-

ristische Rußland als Bollwerk autokratisch-konservativer Strukturen. Andererseits blockierte die ökonomische Rivalität der deutschen Industrie, des Handels und der Schiffahrt eine politische Verständigung mit England, dem die deutsche Bourgeoisie ideologisch von Hause aus näher stand.[2]
3. In welche Richtung sollte Deutschland expandieren? Die deutsche Staatsführung schaffte es nie, darauf eine klare Antwort zu geben: Seit Eintritt in die Phase der Weltpolitik vermochte sie keine eindeutigen und plausiblen Prioritäten zu setzen, geschweige denn politisch durchzusetzen, oder auch nur die enormen Kräfte Deutschlands sinnvoll zu koordinieren und zusammenzufassen. Daher versuchte das Deutsche Reich, gleichzeitig in alle Richtungen zu expandieren – vor dem Krieg mit friedlichen Mitteln, nach Kriegsausbruch mit militärischen Eroberungen, politisch ausgedrückt in verschiedenen Kriegszielen. Selbst im Kriege konnte Deutschland nie seine Kräfte auf jeweils *eine* Front konzentrieren, also etwa seine *militärischen* Kräfte auf die eine Front (z. B. im Westen) und seine *politischen* auf die andere (z. B. im Osten). Weder die deutsche Weltpolitik vor 1914 noch die deutsche Kriegspolitik und Strategie 1914-18 nahm das »Entweder-oder« hin, sondern verfuhr lieber nach der Devise »Sowohl-als-auch«.[3] Aus dem weltpolitischen Alleingang wurde mithin ein weltpolitischer Rundschlag gegen die sprichwörtliche »Welt von Feinden«. So glich das stolze Reich einer Kutsche mit Pferdebespannungen gleichzeitig vorn und hinten, oder auch den berühmten zwei Eseln, die aneinander gebunden sind und sich nicht darüber einigen können, welchen der beiden Heuhaufen sie zuerst fressen sollten, bis sie am Ende kläglich verhungern.
So ähnlich erging es tatsächlich dem Deutschen Reich – übrigens in beiden Weltkriegen. Die »Weltpolitik«, ursprünglich zur Mehrung der deutschen Macht in Übersee gedacht, brachte ihm bis 1914 weniger Kolonialbesitz ein als die vorausgegangene Phase des kolonialen Erwerbs 1884/85, noch mit der Bismarckschen Kolonialpolitik. Abgesehen von der Pachtung Tsingtaus, dem Erwerb einiger pazifischer Inseln von Spanien, der Hälfte Samoas und den berühmten »Fühl-

---

[2] Nach Eckart Kehr, vgl. ebenda, Kap. 2, S. 44 f.
[3] Nach George W. F. Hallgarten, vgl. ebenda, Kap. 2, S. 45.

hörnern« von Kamerun zum Kongo, war die Weltpolitik vor allem durch den forcierten Bau einer mächtigen deutschen Schlachtflotte gekennzeichnet. Insgesamt erwiesen die deutschen Kolonien sich aber als Fehlinvestitionen. Sie konnten sich finanziell erst nach kostspieligen Kolonialaufständen in Deutsch-Südwestafrika und Deutsch-Ostafrika, erst nach den Kolonialreformen Dernburgs von 1907 einigermaßen selbst tragen.[4] Nur eine Kolonie, Deutsch-Südwestafrika, warf zuletzt, nach der Entdeckung von Diamanten 1907, einen bescheidenen Gewinn ab.

Die zerstreute Lage der deutschen Kolonien in Afrika reizte jedoch die deutschen Kolonialenthusiasten immerfort zu dem Versuch, das nachzuholen, was 1884/85 nicht möglich gewesen war: ein zusammenhängendes deutsches Kolonialreich aufzubauen, zusammengefaßt unter dem handlichen Begriff »Mittelafrika«. Dazu wurde der Erwerb des Belgisch-Kongo und einiger Teile der portugiesischen Kolonien erforderlich. Zumindest für Teile von Angola und Mozambique war das deutsche Programm bereits in den deutsch-britischen Kolonialverhandlungen von 1898 und 1914 formuliert. Die deutschen »Fühlhörner« von Kamerun zum Kongo – einziger Gewinn aus der weltpolitisch so kostspieligen 2. Marokkokrise von 1911 – wiesen ins Zentrum der deutschen Kolonialambitionen: zu den reichen Kupfervorkommen von Katanga.

»Mittelafrika« zeichnete sich in der deutschen Publizistik schon vor 1914 als konkretes Ziel ab, tauchte im September-Programm 1914 wieder auf[5] und behauptete sich im Krieg als das am hartnäckigsten verfolgte deutsche Kriegsziel.

---

4 Mary Townsend: *The Rise and Fall of Germany's Colonial Empire,* New York 1930; A.J.P. Taylor: *Germany's First Bid for Colonies,* London 1938; W.O. Henderson: *Studies in German Colonial History,* London 1962; Helmut Bley: *Kolonialherrschaft und Sozialstruktur in Deutsch-Südwestafrika 1894-1914,* Hamburg 1968; Karin Hauser: *Deutsche Kolonialherrschaft in Afrika, Wirtschaftsinteressen und Verwaltung in Kamerun vor 1914,* Freiburg 1970; Detlev Bald: *Deutsch-Ostafrika 1900-1914. Eine Studie über Verwaltung, Wirtschaft und Interessengruppen,* Freiburg 1970; .Rainer Tetzlaff: *Koloniale Entwicklung und Ausbeutung, Wirtschafts- und Sozialgeschichte Deutsch-Ostafrikas 1885-1914,* Berlin 1970; jetzt auch Carina Müller-Burbach: *Die deutschen Mittelafrikapläne bis 1914,* in: *Ergebnisse.* Hefte für historische Öffentlichkeit, Heft 1, Jan.1978, S 70-129.

5 Vgl. unten S. 91.

Gleichzeitig zielte die deutsche Expansion vor 1914 auf den Vorderen Orient, über den Balkan und das Osmanische Reich. Bagdadbahn und deutsche Militärhilfe bereiteten den Weg für das deutsch-türkische Bündnis vom 2. November 1914.[6] Im Kriege selbst wurde die Türkei zum Teil eines großzügig definierten »Mitteleuropa« von Hamburg bis Bagdad oder gar vom Nordkap bis zum Persischen Golf. Mit dem Versuch, Äthiopien als deutschen Verbündeten zu gewinnen, wäre beinahe die territoriale Verbindung zu einem nicht minder großzügig definierten »Mittelafrika« gelungen, wenn, wie 1918 amtlich erwogen, auch Uganda und Kenya annektiert worden wären.[7]

Hinzu kam die generelle Klage, unverhüllt erst im Krieg formuliert, über die allgemeine territoriale Enge der deutschen Machtbasis auf dem europäischen Kontinent. Die logische Schlußfolgerung drängte sich ganz von selbst auf: Verbreiterung der territorialen Basis des Deutschen Reichs in Europa, sobald sich die Chance bot – eben im Krieg. Vor dem Krieg sollte die allgemeine ökonomische Expansion den Weg dazu ebnen.

So zeichneten sich schon vor Kriegsausbruch – nur indirekt und nachträglich, also historisch zu erkennen – die späteren deutschen Kriegsziele ab, die sich erst im Krieg präzisierten. Vor dem Krieg gab es darüber noch keine klaren Äußerungen, denn, wie Sir Eyre Crowe in seinem berühmten Memorandum vom 1.1.1907 meinte: »Ehrgeizige Absichten gegen den Nachbarn werden im allgemeinen nicht offen hinausposaunt.«[8] Das offizielle Deutschland machte in dieser Beziehung keine Ausnahme: Schon vor dem Krieg wurden Grundfragen der Außenpolitik nicht in institutionalisierten Gremien mit entsprechenden Protokollen diskutiert und festgelegt. Erst recht ist nicht zu erwarten, daß so heikle Fragen wie Expansionen nach einem siegreichen Krieg schon im Frieden diskutiert oder gar protokolliert worden wären. Wenn solche Diskussionen je stattfanden, blieben sie streng

---

6 Wilhelm van Kampen: Studien zur deutschen Türkeipolitik in der Zeit Wilhelms II., Diss. phil., Kiel 1968.
7 Fritz Fischer: *Griff nach der Weltmacht*, S. 793 (518f.)
8 *British Documents on the Origins of the War, 1898-1914*, hrsg. von G. P. Gooch/H. W. V. Temperley, 11 Bde., London 1926/38, Bd. III, Anhang.

geheim. So gibt es nur wenige indirekte Zeugnisse oder Spuren in Form von *privaten* Aufzeichnungen oder Erinnerungen des einen oder anderen Beteiligten, ähnlich wie für den sogenannten »Kriegsrat« vom 8. Dezember 1912, dem als Schlüsseldokument und Beleg für die deutsche Kriegsbereitschaft vor 1914 eine ähnlich hohe Bedeutung zukommt wie dem September-Programm Bethmann Hollwegs für die deutschen Kriegsziele seit Herbst 1914.[9]

Und doch ist es unwahrscheinlich und würde aller Lebenserfahrung widersprechen, wenn sich die politische Führung Deutschlands und die sie tragenden Kreise nicht auch schon vorher Gedanken über die Konsequenzen ihrer Weltpolitik gemacht hätten. Die weitverbreitete Ansicht, daß Deutschlands Grenzen ungünstig seien, provozierte geradezu die Schlußfolgerung, sie bei Gelegenheit zu verbessern. Eine jüngere Studie zur deutschen öffentlichen Meinung seit der 2. Marokkokrise 1911 beweist, daß zumindest die Alldeutschen und ihre Anhänger diese Konsequenz durchaus sahen und aussprachen. Sie deuteten entweder die Notwendigkeit an, nach dem »nächsten Krieg« (so der Titel des berühmten Buchs von Bernhardi, »Deutschland und der nächste Krieg«) Gebiete zu annektieren, oder sie sagten es offen, begnügten sich aber mit dem Hinweis, es sei im Augenblick nicht opportun, auf Einzelheiten einzugehen. Einige Publizisten sprachen sich trotzdem schon offen für Annexionen aus, und ihre Vorschläge aus der Vorkriegszeit waren den amtlichen Kriegszielen nach Ausbruch des Krieges frappierend ähnlich.[10]

Für die Reichsführung und den Kaiser haben wir daher nur fragmentarische Hinweise aus der Vorkriegszeit, allerdings eine ausreichende Dokumentation aus der Kriegszeit. Aber selbst die spärlichen Hinweise aus der Vorkriegszeit legen nahe, daß die regierenden Kreise und der Kaiser von den expansionistischen Strömungen in der deutschen Gesellschaft nicht unberührt geblieben waren, wie auch kaum anders zu erwarten stand. Das Wenige, was sich bisher feststellen ließ, paßt durchaus zu Äußerungen der politischen Publi-

---

9 Vgl. unten S. 89-92.
10 Klaus Wernecke: *Der Wille zur Weltgeltung. Außenpolitik und Öffentlichkeit im Kaiserreich am Vorabend des Ersten Weltkriegs*, Düsseldorf 1970.

zistik vor Kriegsausbruch und zu den späteren amtlichen – natürlich geheimen – Kriegszielen der Regierung.
Bereits 1892, noch vor Beginn der Weltpolitik, vertraute Wilhelm II. seinem engsten Berater Graf Eulenburg seinen Traum von Deutschlands »napoleonischer Vorherrschaft« an, einer Vorherrschaft zwar »im friedlichen Sinne«, aber trotzdem vereinbar mit einem Krieg gegen Rußland und mit der Illusion, die Polen würden nur darauf warten, sich durch den deutschen Kaiser vom »russischen Joch befreien« und annektieren zu lassen.[11] 1906 scheint Bethmann Hollweg, damals noch Staatssekretär des Innern, dem Kaiser ähnliches vorgeschlagen zu haben, was Reichskanzler Bülow aber seinem Nachfolger ausgeredet haben will.[12] Dieselben Gedanken zu Polen tauchten jedoch sofort wieder auf, als der Krieg ausgebrochen war.
Gegenüber Westeuropa wurden, nach bisherigem Kenntnisstand, vor Kriegsausbruch in der Regierung keine entsprechenden Gedanken geäußert, tauchten aber in der Julikrise 1914 indirekt auf: Das deutsche Ultimatum an Belgien, von Generalstabschef Moltke schon am 26. Juli entworfen, bot an, Belgiens territoriale Integrität für die Zeit nach dem Kriege zu respektieren, aber nur wenn die deutschen Truppen bei ihrem – immerhin völkerrechtswidrigen – Einfall auf keinen Widerstand stießen.[13] Das bedeutete umgekehrt: Sollten die deutschen Armeen bei ihrem Durchmarsch durch Belgien auf Widerstand stoßen, so fühlte sich Deutschland frei, von der im Ultimatum selbstauferlegten Einschränkung wieder abzurücken, also auch belgisches Territorium zu annektieren – was nach Kriegsausbruch prompt in den verschiedensten Variationen gefordert wurde.
Ähnlich versprach Reichskanzler Bethmann Hollweg am 29. Juli England, auf die Annexion französischen und belgischen Territoriums in Europa zu verzichten, wenn England im bevorstehenden Krieg neutral bliebe. Die deutsche »Ga-

---

11 Vgl. I. Geiss: *Das Deutsche Reich und die Vorgeschichte* ..., Kap. 5, S. 115.
12 Bernhard Fürst von Bülow: *Denkwürdigkeiten,* 4 Bde., Berlin 1930/2, II, S. 243-246.
13 I. Geiss (Hg.): *Julikrise und Kriegsausbruch 1914,* 2 Bde., Hannover 1963/64, II, Nr. 439.

rantie« bezog sich jedoch ausdrücklich nicht auf die Kolonien Frankreichs und Belgiens[14], so daß sich hier indirekt auch schon das Ziel eines deutschen »Mittelafrika« abzeichnete, denn Belgien hatte nur eine Kolonie: den Kongo. Der Kanzler gab also mit seinem Vorstoß gegenüber England vom 29. Juli nicht nur indirekt die deutsche Absicht preis, den Krieg gegen Frankreich zu eröffnen und die belgische Neutralität zu verletzen (sonst hätte er kein »großzügiges« Angebot territorialer Enthaltsamkeit bei britischer Neutralität zu geben brauchen), sondern auch die deutsche Absicht, mit »freier Hand« im Westen Europas zuzugreifen, falls England nicht neutral blieb. Auch das trat schon wenige Wochen nach Englands Kriegserklärung prompt ein.

Solche indirekte Hinweise ließen sich nur als irrelevant beiseiteschieben, wenn die deutsche Regierung die Konsequenzen, die mittelbar in ihren beiden »Angeboten« an Belgien und England steckten, nicht selbst bald nach Kriegsausbruch mit ihrem Kriegszielplänen gezogen hätte: direkte Annexionen sowie subtilere und elastische Formen von Herrschaft in Ost und West.

Bei Kriegsausbruch beteuerte Wilhelm II. die Unschuld Deutschlands u. a. mit seinem berühmten Wort: »Uns treibt nicht Eroberungslust!«, und die deutsche politische wie historische Propaganda folgte ihm darin weitgehend unkritisch. Die Beteuerung mochte einigermaßen plausibel klingen, solange die deutschen Kriegsakten noch nicht bekannt waren. Gewiß trieb Deutschland nicht Lust an Eroberungen um ihrer selbst willen, aber Eroberungen hatten im vorherrschenden politischen Denken Deutschlands eine klare Funktion: Ausweitung der deutschen Macht. Seit den Forschungen von Fritz Fischer lassen sich daher die deutschen Beteuerungen in das Reich der Propaganda verweisen, schon weil sie nicht zu der phantastischen Explosion annexionistischer und expansiver Ideen innerhalb wie außerhalb der regierenden Kreise nach Ausbruch des Krieges passen.[15] Der plötzliche deutsche Drang zu zielbewußter Machtexpansion läßt sich auch nicht als bedauerliche, aber psychologisch erklärbare Reaktion auf die seelischen Spannungen bei Kriegs-

---

14 Ebenda, Nr. 684, 745.
15 Salomon Grumbach: *Das annexionistische Deutschland*, Lausanne 1917.

ausbruch bagatellisieren, denn das »Annexionsfieber« war in der Öffentlichkeit auf der Rechten schon in der Vorkriegszeit weit verbreitet.[16] Eine rationale Erklärung findet sich nur in dem überbordenden Kraft- und Machtgefühl, das die deutsche Gesellschaft auf Kollisionskurs mit fast der gesamten übrigen Welt trieb. Der Wille zur Weltmacht mußte sich bloß in Friedenzeiten die taktische Zurückhaltung auferlegen, die wahren Absichten und Konsequenzen der deutschen Weltpolitik nicht zu früh nach außen dringen zu lassen. Nachdem der Kriegsausbruch diese innere Hemmung beseitigt hatte, brach die Flut annexionistischer Forderungen offen hervor, besonders in den Wochen der deutschen Anfangserfolge, als der Blitzsieg über Frankreich schon greifbar nahe schien: *In victoria veritas!* In der Stunde des (vermeintlichen) Sieges wurde deutlich, was die deutsche Reichsführung wollte und was geschehen wäre, wenn sie den Krieg gewonnen hätte.

Eine Woche nach seiner beschwichtigenden »Uns treibt nicht Eroberungslust«-Erklärung war der Kaiser beim Abmarsch des 1. Garderegiments aus Berlin schon in ganz anderer Stimmung, als er verkündete, er werde das Schwert erst wieder einstecken, wenn er den Frieden diktieren könne. Ähnlich wollte der bayrische König Ludwig III. den Krieg so lange führen, »bis der Feind die Bedingungen annehmen muß, die wir ihm vorschreiben«.[17]

Den kaiserlich-königlichen Ankündigungen eines deutschen Diktatfriedens entsprachen die Vorgänge, die sich hinter den Kulissen unmittelbar vor der historischen Reichstagssitzung vom 4. August 1914 abspielten, in der die SPD-Fraktion ihre Zustimmung zu den Kriegskrediten gab: Der Fraktionsvorsitzende der Konservativen, Graf Westarp, konterte den vorgesehenen Satz in der Erklärung der SPD, sie werde sich jedem Versuch widersetzen, den Verteidigungskrieg in einen deutschen Eroberungskrieg zu verwandeln, mit der Drohung, wenn dieser Satz nicht gestrichen werde, würden die Konservativen die SPD-Erklärung ablehnen, auch um den Preis einer offenen Debatte im Reichstagsplenum über die

---

16 Vgl. oben Anm. 10.
17 F. Fischer: *Griff nach der Weltmacht,* S. 110; für das folgende ebenda, S. 111f. (88f).

indirekt darin enthaltene Kriegszielfrage. Die SPD gab nach und ermöglichte so die nationale Einheitsfront des inneren Burgfriedens, womit der heikelste Punkt in der politischen Position des Deutschen Reichs durch einen wohltätigen Schleier parteipolitischer Vaterlandsliebe zugedeckt blieb.

Vor allem die Reichsleitung konnte zufrieden sein, denn ihr lag nicht an einer öffentlichen Debatte über deutsche Kriegsziele gleich nach Ausbruch des Krieges. Offenbar konnte sie sich denken, was alles an Forderungen an die Öffentlichkeit gespült werden würde. Eine öffentliche Debatte um die deutschen Kriegsziele hätte zudem die Regierung zu frühen Festlegungen gezwungen, die ihr in jedem Fall schädlich erschienen: Sprach sie sich von vornherein *gegen* expansive Kriegsziele aus, so könnte es nicht nur zu Spannungen im Regierungsapparat selbst kommen, sondern auch in der politischen Basis der kaiserlichen Regierung, den bürgerlichen Parteien, vor allem der Rechten. Öffentliches Eintreten *für* expansive Kriegsziele würde dagegen die deutsche Arbeiterschaft irritieren, die Neutralen vor den Kopf stoßen und die Völker der Entente-Mächte erst recht gegen Deutschland aufbringen. So entschied sich die Regierung für einen Mittelkurs und verbot nach wenigen Wochen jede öffentliche Diskussion über deutsche Kriegsziele im Detail: Die expansiven Energien Deutschlands äußerten sich daher fast zwei Jahre lang nur in privaten und halböffentlichen Sitzungen und Denkschriften, die teilweise in erstaunlich hohen Auflagen zirkulierten.

Nach Verbot der öffentlichen Kriegszieldiskussion waren die Alldeutschen die ersten, die das Vakuum in der öffentlichen Meinung ausfüllten. Bereits am 28. August tagte der geschäftsführende Ausschuß des Alldeutschen Verbandes unter seinem Vorsitzenden Heinrich Claß und billigte eine Kriegszieldenkschrift, die Claß formuliert hatte. Generalziel der Alldeutschen war die Schaffung eines von Deutschland beherrschten »Mitteleuropa«, das sich zusammen mit den Landesteilen, die das Deutsche Reich und Österreich-Ungarn »als Siegespreis gewinnen« würden, damals noch auf die »Kernstaaten« Deutschland und Österreich-Ungarn beschränken sollte.

Aber Claß fügte optimistisch hinzu:

»Diesem Kern werden sich, ohne daß die Kernstaaten einen Druck auch nur versuchen werden, allmählich und mit geradezu gesetzmäßiger Gewißheit die Niederlande und die Schweiz, die drei skandinavischen Staaten und Finnland, Italien, Rumänien und Bulgarien anschließen. Nimmt man die Nebenländer und Kolonien dieser Staaten hinzu, so entsteht ein gewaltiges Wirtschaftsgebiet, das schlechthin jedem anderen gegenüber seine wirtschaftspolitische Unabhängigkeit wird wahren und durchsetzen können.«[18]

Als »Landesteile, die das Deutsche Reich ... als Siegespreis gewinnen« sollte, nannten die Alldeutschen das kleine, aber an Erzen reiche Gebiet um Longwy-Briey, die französische Kanalküste bis zur Somme, die französische Festungslinie von Verdun bis Belfort und sogar noch Toulon als deutschen Kriegshafen im Mittelmeer. Im Osten verlangten die Alldeutschen einen breiten Grenzstreifen gegenüber Polen, dazu Litauen und die baltischen Provinzen. Generell sei Rußland auf den Gebietsumfang vor Peter dem Großen im 17. Jahrhundert zurückzuwerfen. »Mitteleuropa« lag für die Alldeutschen »als geradezu gebieterische Forderung in der Luft«, wie sich nur wenig später tatsächlich zeigte: Bethmann Hollwegs Septemberprogramm[19], die internen Überlegungen des einflußreichen Kurt Riezler[20] und das nicht minder einflußreiche Buch Friedrich Naumanns mit dem programmatischen Titel *»Mitteleuropa«*, 1915 erschienen und begeistert aufgenommen, weisen alle in dieselbe Richtung.

Mit ihren annexionistischen Zielen fanden sich die Alldeutschen in Übereinstimmung auch mit weiten und einflußreichen Kreisen der deutschen Wirtschaft, vor allem der Schwerindustrie: Hugo Stinnes und August Thyssen formulierten damals ähnliche Forderungen. Thyssen benutzte als politisches Sprachrohr den Zentrumsabgeordneten Matthias Erzberger, der zu Kriegsbeginn die Alldeutschen in manchen Punkten sogar noch überbot: Polen als Königreich unter deutscher Herrschaft; die Ukraine, Teile Rumäniens an Österreich-Ungarn, dazu ein großes »Mittelafrika« als Kern deutscher Kolonien und eine massive Kriegsentschädigung.

18 Ebenda, S. 120, für das folgende ebenda, S. 120f. (95f.).
19 Vgl. unten S. 89-92.
20 Vgl. unten Kap. 9.

Für Erzberger stellte das nur »das Mindestmaß dessen dar, was das deutsche Volk in allen seinen Teilen als Forderung beim Friedensschluß« ansah![21]

Thyssen ließ dem Reichskanzler seine Forderungen durch Erzberger übermitteln: Zum Kern der alldeutschen Forderungen kamen im Westen Belgien, im Osten eventuell – d. h. wenn politisch-militärisch durchsetzbar – die Gebiete um Odessa, die Krim, die Donmündung um Asow und der Kaukasus hinzu. Die Landbrücke zum Kaukasus, die Ludendorff 1918 militärisch zu bauen versuchte, zeichnete sich somit schon 1914 in den Vorstellungen eines deutschen Industriemagnaten ab: Über Südrußland, Kleinasien und Persien wollte Thyssen das britische Weltreich in Ägypten und Indien treffen – wahrhaft alexandrinische Perspektiven.

Das »Annexionsfieber« stieg innerhalb wie außerhalb der regierenden Kreise in den ersten Kriegswochen offenbar so an, daß der Kolonialstaatssekretär Solf es für erforderlich und klug hielt, die deutschen Gelüste von Europa auf Afrika abzulenken. Als ihn der Staatssekretär im Auswärtigen Amt, von Jagow, um die Wünsche seines Ressorts bei einer Friedensregelung nach deutschen Vorstellungen bat, ging Solf davon aus, daß es, obwohl der Sieg über Frankreich unmittelbar bevorzustehen schien, zu keinen nennenswerten Annexionen in Westeuropa käme. Stattdessen sollte sich Deutschland mit »Mittelafrika« schadlos halten – mit Angola und Nord-Mozambique (vom damals noch neutralen Portugal), dem französischen und belgischen Kongo, Dahomey und dem westlichen Sudan bis Timbuktu; nach dem Sieg über England dazu noch Nigeria. Bethmann Hollweg stimmte Solfs Kolonialprogramm im Prinzip zu, hielt jedoch obendrein an Annexionen in Westeuropa fest.[22] Für ihn war »Mittelafrika« offensichtlich nur kolonialer Ergänzungsraum für ein deutsches »Mitteleuropa«.

Die Kriegsziele der Regierung für den europäischen Kontinent entfalteten sich nach Kriegsausbruch so rasch, daß die Behauptung immer unwahrscheinlicher wird, sie seien erst in der erhitzten Atmosphäre nach Kriegsausbruch entstanden: Für den Osten jedenfalls zeichnet sich eine Verbindung zwi-

---

21 F. Fischer, ebenda, S. 122 (96 f.), für das folgende ebenda, S. 122 f. (97 f.).
22 Ebenda, S. 115 f. (91 f.).

schen den Ideen der Vorkriegszeit und den offiziellen Kriegszielen im Krieg selbst ab: Am 31. Juli, zwei Tage nach Bethmann Hollwegs Vorstoß gegenüber England wegen Belgien und Frankreich[23], eröffnete der Kaiser, ganz in Übereinstimmung mit seiner Äußerung zu Eulenburg von 1892[24], dem deutsch-polnischen Grafen Hutten-Czapski, er denke nach einem Sieg über Rußland an die Wiederherstellung eines befreiten Polen mit engen Bindungen an Deutschland.[25] Anfang August 1914 verbreiteten deutsche Truppen in der Tat Aufrufe an die polnische und jüdische Bevölkerung Polens, in denen ihr die Befreiung vom zaristischen Joch angekündigt wurde. Nach der Eroberung Polens durch die Mittelmächte 1915 wurde die Proklamation des Königreichs 1916 Realität, wenn sich auch Deutschland mit Österreich-Ungarn nie über die Form der Beherrschung Polens einigen konnte, ob mit der sog. austropolnischen oder germano-polnischen Lösung.[26]

Auf Regierungsebene nahm Reichskanzler Bethmann Hollweg schon am 6. August die alldeutsche Konzeption vorweg, Rußland auf seinen vorpetrinischen Umfang zu reduzieren, als er die Anweisung gab, in Finnland den offenen Aufstand gegen die russische Herrschaft einzuleiten.[27] Am 11. August bezeichnete er in einer Anweisung an den deutschen Botschafter in Wien, die Errichtung eines ukrainischen Pufferstaats als Ziel der deutschen Politik.[28] Seit dem 19. August diskutierte die Umgebung des Kanzlers im Koblenzer Großen Hauptquartier deutsche Kriegsziele als Kombination der Mitteleuropa-Konzeption mit Annexionen und anderen Formen der Angliederung, wie sie später auch im Septemberprogramm auftauchten: »Groß-Deutschland mit Belgien, Holland, Polen als engen, Österreich als weiten Schutzstaaten.[29]

Auf dem Höhepunkt der Marneschlacht faßte das Septem-

23 Vgl. oben S. 84f.
24 Vgl. oben S. 83.
25 F. Fischer, ebenda, S. 129 (S. 102).
26 Allgemein Werner Conze: *Polnische Nation und deutsche Politik im Ersten Weltkrieg*, Köln/Graz 1958.
27 F. Fischer: *Griff nach der Weltmacht*, S. 156. (S. 117).
28 Ebenda, S. 156f. (S. 117*f.*)
29 Vgl. unten Kap. 9, S. 132-135, 139.

berprogramm Bethmann Hollwegs, konzipiert von seinem Berater Kurt Riezler, die bisherigen Kriegszielerörterungen zusammen. Da es zum Schlüsseldokument für das Verständnis der deutschen Kriegszielpolitik im Ersten Weltkrieg geworden ist, lohnt sich die wörtliche Wiedergabe seiner wichtigsten Passagen. Das Septemberprogramm, offiziell nur »vorläufige Aufzeichnung über die Richtlinien unserer Politik beim Friedensschluß«, umriß als das »allgemeine Ziel des Krieges«:

»*Sicherung des Deutschen Reiches nach West und Ost auf erdenkliche Zeit. Zu diesem Zweck muß Frankreich so geschwächt werden, daß es als Großmacht nicht neu erstehen kann, Rußland von der deutschen Grenze nach Möglichkeit abgedrängt und seine Herrschaft über die nichtrussischen Vasallenvölker gebrochen werden.*«[30]

Als »Ziele des Krieges im einzelnen« galten:

»*1.* Frankreich. *Von den militärischen Stellen zu beurteilen, ob die Abtretung von Belfort, des Westabhangs der Vogesen, die Schleifung der Festungen und die Abtretung des Küstenstrichs von Dünkirchen bis Boulogne zu fordern ist.*

In jedem Falle abzutreten, weil für die Erzgewinnung unserer Industrie nötig, das Erzbecken von Briey.

Ferner eine in Raten zahlbare Kriegsentschädigung; sie muß so hoch sein, daß Frankreich nicht imstande ist, in den nächsten achtzehn bis zwanzig Jahren erhebliche Mittel für Rüstung anzuwenden.

Des weiteren: ein Handelsvertrag, der Frankreich in wirtschaftliche Abhängigkeit von Deutschland bringt, es zu unserem Exportland macht, und es ermöglicht, den englischen Handel in Frankreich auszuschalten. Dieser Handelsvertrag muß uns finanzielle und industrielle Bewegungsfreiheit in Frankreich schaffen – so, daß deutsche Unternehmungen nicht mehr anders als französische behandelt werden können.

2. Belgien. *Angliederung von Lüttich und Verviers an Preußen, eines Grenzstriches der Provinz Luxemburg an Luxemburg.*

Zweifelhaft bleibt, ob Antwerpen mit einer Verbindung nach Lüttich gleichfalls zu annektieren ist.

30 F. Fischer: *Griff nach der Weltmacht*, S. 117f. (S. 93f.)

Gleichviel, jedenfalls muß Belgien, wenn es auch als Staat äußerlich bestehen bleibt, zu einem Vasallenstaat herabsinken, in etwa militärisch wichtigen Hafenplätzen ein Besatzungsrecht zugestehen, seine Küste militärisch zur Verfügung stellen, wirtschaftlich zu einer deutschen Provinz werden. Bei einer solchen Lösung, die die Vorteile der Annexion, nicht aber ihre innerpolitisch nicht zu beseitigenden Nachteile hat, kann franz. Flandern mit Dünkirchen, Calais und Boulogne, mit großenteils flämischer Bevölkerung diesem unveränderten Belgien ohne Gefahr angegliedert werden. Den militärischen Wert dieser Position England gegenüber werden die zuständigen Stellen zu beurteilen haben.

3. Luxemburg. Wird deutscher Bundesstaat und erhält einen Streifen aus der jetzt belgischen Provinz Luxemburg und eventuell die Ecke von Longwy.

4. Es ist zu erreichen die Gründung eines mitteleuropäischen Wirtschaftsverbandes *durch gemeinsame Zollabmachungen unter Einschluß von Frankreich, Belgien, Holland, Dänemark, Österreich-Ungarn, Polen (!) und eventuell Italien, Schweden und Norwegen. Dieser Verband, wohl ohne gemeinsame konstitutionelle Spitze, unter äußerlicher Gleichberechtigung seiner Mitglieder, aber tatsächlich unter deutscher Führung, muß die wirtschaftliche Vorherrschaft Deutschlands über Mitteleuropa stabilisieren.*

5. Die Frage der kolonialen Erwerbungen, unter denen in erster Linie die Schaffung eines zusammenhängenden mittelafrikanischen Kolonialreichs anzustreben ist, desgleichen die Rußland gegenüber zu erreichenden Ziele werden später geprüft.

Als Grundlage der mit Frankreich und Belgien zu treffenden wirtschaftlichen Abmachungen ist eine kurze provisorische für einen eventuellen Präliminarfrieden geeignete Formel zu finden.

6. Holland. Es wird zu erwägen sein, durch welche Mittel und Maßnahmen Holland in ein engeres Verhältnis zu dem Deutschen Reich gebracht werden kann.

Dies engere Verhältnis müßte bei der Eigenart der Holländer von jedem Gefühl des Zwanges für sie frei sein, an dem Gang des holländischen Lebens nichts ändern, ihnen auch keine veränderten militärischen Pflichten bringen, Holland also äu-

ßerlich unabhängig belassen, innerlich aber in Abhängigkeit von uns bringen. Vielleicht ein die Kolonien einschließendes Schutz- und Trutzbündnis, jedenfalls enger Zollanschluß, eventuell die Abtretung von Antwerpen an Holland gegen das Zugeständnis eines deutschen Besatzungsrechts für die Befestigung Antwerpens wie für die Scheldemündung wäre zu erwägen.«

Mitteleuropa im Septemberprogramm war, wie bei Riezler generell, nur Verschleierung der deutschen Hegemonie, Klammer für die verschiedenen Herrschaftsformen – von Annexionen traditionellen Stils bis zu flexibleren Methoden ökonomischer und politischer Herrschaft.[31] Der Vergleich mit dem fast gleichzeitigen Programm der Alldeutschen zeigt, daß es keine prinzipiellen Unterschiede gab, nur Unterschiede der Methode, des Umfangs, der Prioritäten: Die Alldeutschen wollten Annexionen und Mitteleuropa, die Regierung eher Mitteleuropa und Annexionen. Das Septemberprogramm war eine generelle Leitlinie für die deutsche Reichspolitik, allerdings kein starres, ein für allemal festgelegtes Programm. Vielmehr lagen die späteren Kriegszielprogramme der Regierung mehr oder weniger in der Nähe des Septemberprogramms, je nach der politischen und militärischen Kriegslage über oder unter dem Niveau der Forderungen vom 9. September 1914.

Die Ironie der Geschichte brachte es mit sich, daß das eindrucksvollste und wichtigste Dokument deutscher amtlicher Kriegszielplanung vom selben Tag stammt, an dem die deutschen Truppen vor Paris an der Marne erstmals scheiterten. Der anschließende Wettlauf zum Meer zwischen Deutschen und Alliierten, um von Norden doch noch den Gegner zu überflügeln, endete in der blutigen Schlacht um Ypern, in deren Verlauf die deutschen Studenten in Feldgrau vor Langemarck starben. Anschließend erstarrte der Krieg im Westen für fast vier Jahre zum Stellungskrieg: Die deutsche Blitzoffensive im Westen war endgültig steckengeblieben. Im Osten wurden deutsche Siege über die nach Ostpreußen eingebrochenen russischen Armeen durch Niederlagen Österreich-Ungarns in Serbien und Galizien wettgemacht.

---

31 Vgl. unten Kap. 139-142.

In dieser Situation drängte sich Mitte November 1914 eine Revision der deutschen Strategie auf: Tirpitz regte als erster einen Separatfrieden mit Rußland an, um anschließend Deutschlands gesamtes militärisches Potential nach Westen gegen Frankreich und England zu werfen. Falkenhayn griff die Anregung auf und entwickelte sie in einer längeren Unterredung mit dem Kanzler am 18. November weiter. Bethmann Hollweg stimmte zu. In einem langen Bericht ans Auswärtige Amt umriß er die Ziele, die er mit einem Separatfrieden im Osten zu erreichen hoffte:

»*Dann könnten wir, wenn wir es für richtig hielten, selbst ein etwaiges Friedensangebot Frankreichs zurückweisen, Frankreich, wenn uns das Glück zur Seite steht, militärisch so auf die Knie zwingen, daß es jedem von uns gewünschten Frieden annehmen muß, und zugleich, wenn die Marine hält, was sie verspricht, England unseren Willen aufzwingen.*«[32]

Ein Sonderfriede im Osten zur Erzwingung eines »Siegfriedens« im Westen hätte allerdings weitgehend den Verzicht auf deutsche Kriegsziele im Osten nach sich ziehen müssen. Dagegen stemmte sich Unterstaatssekretär Zimmermann vom Auswärtigen Amt, denn er hielt noch immer fest am gleichzeitigen totalen Sieg in Ost *und* West. Sein Einspruch brachte zunächst die Idee eines Separatfriedens im Osten zu Fall.

Der Kanzler beauftragte gleichwohl eine Reihe von zivilen und militärischen Experten, darunter Ludendorff und Hindenburg, die er am 6. Dezember im Hauptquartier Oberost aufsuchte, mit der Benennung von Mindestzielen für den Fall eines deutschen Separatfriedens mit Rußland. Aus den Vorschlägen kristallisierte sich u. a. die Konzeption des »polnischen Grenzstreifens« heraus, die allerdings erst 1915 in konkretere Planungen umgesetzt wurde.[33] Auch hier bestand grundsätzliche Übereinstimmung zwischen Alldeutschen und Regierung.

Das Jahr 1914 schloß also mit dem Scheitern aller deutschen Pläne für die Kriegführung, und die politische Führung hatte sich noch nicht genügend auf die neue Lage eingestellt, so daß ein Separat- und Kompromißfriede auf der einen oder

32 F. Fischer, ebenda, S. 224.
33 Vgl. unten Kap. 8.

anderen Front nicht in Sicht war. Gleichzeitig zeichneten sich Mitteleuropa und konkrete Annexionspläne ab, vor allem im Osten gegenüber Polen.

7. Deutsche Kriegsziele 1915

Anfangs 1915 war die Kriegslage für das Deutsche Reich keineswegs günstig. Nach außen verbreitete die deutsche Reichsführung zwar Optimismus, aber hinter geschlossenen Türen herrschte düsterer Pessimismus, wie jetzt vor allem die Riezler-Tagebücher beweisen:[1] Nach dem Scheitern der militärischen Offensiven an der Marne und in Galizien im September, in Flandern im November 1914 kam die Idee eines Separatfriedens mit Rußland auf, der eine Begrenzung von geplanten Annexionen der Mittelmächte im Osten erforderte.[2] Der Zar lehnte jedoch einen Separatfrieden ab, weil er Rußland früher oder später von einem im Westen siegreichen Deutschland abhängig gemacht hätte, zumal die Deutschen noch nicht einmal für den enormen Vorteil eines Sonderfriedens bereit waren, wenigstens im Osten auf Annexionen zu verzichten und sich mit dem territorialen status quo zu begnügen.

Der Sommer und Herbst 1915 brachte für die Mittelmächte nur ambivalente Siege im Osten – trügerische, denn sie waren keineswegs kriegsentscheidend und erneuerten nur deutsche Illusionen, die bisherigen Kriegsziele doch noch ganz oder wenigstens teilweise erreichen zu können. Nach dem Scheitern der alliierten Offensiven im Westen konnten die Mittelmächte Polen, Litauen, einen Teil der baltischen Provinzen im Sommer und das isolierte Serbien im Herbst 1915 erobern. Deutschland hatte seitdem wichtige, aber keineswegs entscheidende Faustpfänder im Osten, zusätzlich zu den besetzten Gebieten im Westen, vor allem im Nordosten Frankreichs und fast ganz Belgiens. Damit stellte sich die Kriegszielproblematik von neuem.

Die Reichsleitung versuchte verzweifelt, die öffentliche Kriegszieldiskussion weiter unter Kontrolle zu halten, die mit den Eroberungen im Osten neuen Auftrieb erhalten hatte. Des Reichskanzlers Zurückhaltung ergab sich schon aus der taktischen Notwendigkeit, die eigenen Kriegsziele

1 Vgl. unten Kap. 9.
2 Vgl. das vorige Kapitel.

sorgsam zu verhüllen. Zum Ausgleich hatte er das Stichwort »Mitteleuropa« in die Debatte geworfen, hatte er Belgien und Polen als »Garantien« für Deutschlands Sicherheit in der Zukunft gekennzeichnet. Bis zu seinem Sturz kam der Kanzler immer wieder auf dieses Thema zurück. Zur Beschwichtigung der Sozialdemokratie betonte er den defensiven Charakter der deutschen Kriegsziele, wählte seine Worte aber so, daß er die Annexionisten auf der Rechten nicht verschreckte.

Bethmann Hollwegs Politik der Diagonale zwischen Annexionismus und Anti-Annexionismus ließ sich auf die Dauer jedoch nur immer schwerer durchhalten. Von Zeit zu Zeit wurde der annexionistische Druck so stark, daß er den Deckel des offiziellen Diskussionsverbots gelegentlich hob und instruktive Einblicke in die Denkstruktur der herrschenden Klasse im Deutschen Reich ermöglichte. Artikel und halböffentliche Reden brachten annexionistische Ansichten viel häufiger und klarer zum Ausdruck, als es der Regierung lieb sein konnte. Trotz Verbot der öffentlichen Kriegszieldiskussion formierte sich eine starke Kriegszielbewegung aus Alldeutschen, Rechtsparteien und Repräsentanten agrarischer wie industrieller Interessen. Die Kriegszielbewegung übte ständigen Druck auf die Regierung aus mit Hilfe von Massenpetitionen, Denkschriften und halböffentlichen Versammlungen in Berlin, um die Freigabe der öffentlichen Kriegszieldiskussion zu erreichen, ferner die Regierung zu einer öffentlichen Festlegung ihrer »positiven Kriegsziele« zu zwingen, tunlichst auf der geforderten Linie.[3]

Der Kriegsausbruch hatte, zumindest äußerlich, eine bemerkenswerte Einheitsfront in der öffentlichen Meinung Deutschlands entstehen lassen, wie der liberal-konservative Historiker und Publizist Hans Delbrück im September 1915 im Gegensatz zu den Ententemächten voll Zufriedenheit feststellte:

»Das ganze deutsche Volk ist erfüllt von der Empfindung, daß wir, erst eingeengt, dann überfallen von einer teils neidischen, teils rachsüchtigen Koalition, unseren Sieg benutzen können und müssen, unsere politische Zukunft zu sichern und

---

3 F. Fischer: *Griff nach der Weltmacht*, Kap. 5, »Das Drängen der Nation«, S. 184-222 (132-154).

unsere nationale Zukunft auf eine so breite Basis zu bringen, daß wir den anderen Weltvölkern zum mindesten ebenbürtig bleiben.«[4]

Differenzen gäbe es sehr wohl, aber die bezögen sich nur auf Unterschiede in Taktik und Methode. Sehr wahr: Überragendes deutsches Kriegsziel war, die Macht des Deutschen Reichs bis zur Hegemonie über Europa zu stärken. Darin stimmte die Kriegszielbewegung mit den Linksliberalen überein, ohne in der SPD, vom linken Flügel abgesehen, auf ernsthaften Widerstand zu stoßen. Die Differenzen, auf die Hans Delbrück anspielte, bezogen sich in der Tat vor allem auf Prioritäten und Methoden. Zwei Hauptrichtungen schälten sich heraus – »Annexionisten« und »Mitteleuropäer«. Die Annexionisten waren in erster Linie für Annexionen traditionellen Stils in Europa, erst in zweiter Linie für ein deutsches Mitteleuropa. Dagegen plädierten die Mitteleuropäer, ähnlich wie Kanzlerberater Kurt Riezler, erst in zweiter Linie für Annexionen und deutsche Vasallenstaaten, die durch politische und ökonomische Bande an das Reich gefesselt sein sollten. Etwa von der Mitte 1915 an entfaltete sich die Kriegszieldiskussion zwischen beiden Gruppen ungefähr entlang diesen Fronten, durchaus auch mit innenpolitischen Rückwirkungen, denn die meisten Annexionisten waren eher konservativ, die meisten Mitteleuropäer eher liberal (nach deutschen Verhältnissen). Dazwischen stand Bethmann Hollweg, hin und her gerissen zwischen divergierenden Interessen und Ansichten, unfähig, mit seiner von ihm selbst so genannten »Politik der Diagonalen« das Beste aus dieser verworrenen Situation zu machen.

Nach vereinzelten Vorstößen noch im August und September 1914 hatte der organisierte Druck der Wirtschaft auf die Regierung schon am 8. Dezember 1914 eingesetzt, als zwei führende Repräsentanten der Industrie, unter ihnen Gustav Stresemann, in einer Unterredung mit Bethmann Hollweg ihre Kriegsziele darlegten und sich nach denen der Regierung erkundigten. Der Kanzler ließ allgemeine Zustimmung erkennen, lehnte aber, aus inzwischen wohlbekannten Gründen, eine genauere Festlegung ab. Die Wirtschaft gab sich

---

4 Ebenda, S. 192 (137).

damit nicht zufrieden, und verschiedene Unternehmerverbände organisierten den Kriegsausschuß der deutschen Industrie, der im März 1915 dem Reichstag und Kanzler eine Petition zuleitete mit einem detaillierten Kriegszielprogramm der Industrie ungefähr auf der Linie der Alldeutschen vom August 1914.[5] Im Mai 1915 legte eine Gruppe von Ruhrindustriellen, angeführt vom alldeutschen Krupp-Direktor Alfred Hugenberg, dem Kommandierenden General in Münster ihre Forderungen vor, der sie an die Regierung in Berlin weiterleitete. Gleichzeitig brachte eine Gruppe von Universitätsprofessoren, wieder unter alldeutscher Leitung, eine weitere Eingabe zustande und ließ sie, zusammen mit einem Kriegszielmemorandum, unter Professoren, Gymnasiallehrern, Künstlern, Geistlichen, Unternehmern und Reichstags- wie Landtagsmitgliedern zirkulieren. Anfang Juli 1915 wurde die sogenannte Intellektueleneingabe mit insgesamt 1347 Unterschriften dem Kanzler unterbreitet. Um diese Zeit ließ sich, angesichts der deutschen Eroberungen im Osten, selbst ein so prononciert gemäßigter Mitteleuropäer wie Friedrich Meinecke zum Traum von deutschen Annexionen polnischer Gebiete hinreißen, die anschließend durch Aussiedlung von Polen und Ansiedlung von Deutschen germanisiert werden sollten. So schrieb Friedrich Meinecke an Walter Goetz am 6. Mai 1915, also zu Beginn der deutschen Ost-Offensive:

»*Bez.(üglich) unserer östlichen Wünsche kommt mehr und mehr ein Gedanke auf, der in dieser oder jener Gestalt vielleicht fruchtbar ist: Rußland soll uns da oder dort Land abtreten ohne Menschen. Die Menschen nimmt es in sein Inneres und gibt uns dafür die Wolgadeutschen. Vor allem aber brauchen wir mehr Raum für innere Kolonisation. Meine Idee war schon längst: einen Teil des polnischen Großgrundbesitzes nach dem uns als autonomen Staat anzugliedernden Kongreßpolen zu verpflanzen und dadurch den deutschen Charakter Posens und Westpreußens festzulegen. Aber kann nicht auch Kurland, einem autonomen Polen vorgelagert, für uns brauchbar werden als bäuerliches Kolonisationsland, wenn wir die Letten nach Rußland abschieben? Früher hätte man*

---

5 Vgl. das vorige Kapitel.

das für phantastisch gehalten, und doch ist es nicht unausführbar.«[6]

Der Sommer 1915 bezeichnete vermutlich den Höhepunkt deutscher Kriegszielerwartungen in der (halb-)öffentlichen Meinung des Kaiserreichs. Aber auch danach plädierten inoffizielle Kreise bis in die politischen Parteien der Rechten hinein für ganz spezifische Kriegsziele. Die Regierung des Reichs wie in Preußen konnte sich dem Druck der öffentlichen Meinung nicht entziehen, da die Regierenden natürlich nicht außerhalb der Gesellschaft standen. Entsprechend der militärischen Lage entwickelte auch die Regierung, wie die öffentliche Meinung einen Schwerpunkt ihrer Kriegsziele im Osten, schon weil die militärische Stagnation im Westen den Gedanken an die Realisierung westlicher Kriegsziele zunächst ausschloß. In einer Art realistischer Anpassung an die militärische Lage verschwand sogar Frankreich unauffällig aus der Liste der Länder, die in das Mitteleuropäische Zollsystem aufzunehmen gewesen wären. Desgleichen war nicht mehr die Rede davon, die französische Kanalküste und Belfort annektieren zu wollen, nachdem sich ihre Eroberung in diesem Krieg als aussichtslos herausgestellt hatte. Andererseits blieb die Annexion von Longwy-Briey eine Konstante in deutschen Kriegszielprogrammen bis kurz vor Kriegsende.

Nicht ganz einheitlich waren die Vorstellungen über Belgien: Der neue deutsche Generalgouverneur für Belgien seit März 1915, General von Bissing, ging noch über amtliche Überlegungen hinaus, denn er wollte die Reste belgischer Souveränität beseitigen und sie durch ein System ökonomischer und militärischer Bindungen ersetzen. Reichskanzler und Auswärtiges Amt dachten dagegen eher an die etwas flexiblere Form eines halb-autonomen Vasallenstaats, der das Gebiet um Lüttich sowie den Belgisch-Kongo an das Reich hätte abtreten müssen. Falkenhayn und Kronprinz Rupprecht von Bayern forderten darüber hinaus die Annexion aller Gebiete östlich der Linie Metz-Ostende. Die Marine, unterstützt vom Kaiser, hielt im Gegensatz zur Regierung an

---

6 Friedrich Meinecke: *Werke,* Bd. V, Ausgewählter Briefwechsel, eingel. von Ludwig Dehio und Peter Classen, Stuttgart 1962, S. 58 f.

ihrer ursprünglichen Forderung nach Abtretung der belgischen Kanalhäfen fest.
Gleichzeitig entwickelte sich das wohl merkwürdigste aller deutschen Kriegsziele im Ersten Weltkrieg – Elsaß-Lothringen, denn mit ihm brachen alte innere Spannungen wieder auf, die 1871 durch die Annexion in der anomalen Form als »Reichsland« (d. h. direkt von Berlin aus regiert mit einem Reichsstatthalter in Straßburg und einer weithin preußischen höheren Bürokratie) nur oberflächlich verdeckt worden waren. Die Deutschen regierten in Elsaß-Lothringen immer ein wenig mit schlechtem Gewissen, denn selbst Bismarck war es im Sommer 1870 klar, daß sich die Einwohner dieses Landes spätestens seit der Französischen Revolution politisch als Franzosen fühlten. Dem autoritären preußisch-deutschen Regime war es nicht gelungen, die Elsaß-Lothringer mit dem Reich zu versöhnen. Zwar hatten die »Reichslande« erst 1911 eine Verfassung mit einer beschränkten Autonomie erhalten, aber schon der Zabern-Zwischenfall von 1913, als Übergriffe des deutschen Militär gegen die Zivilbevölkerung in Zabern von Berlin gedeckt worden waren, ließ die wahre Stimmung im Lande erkennen. Der Kaiser drohte, die gerade erst in Kraft getretene Verfassung wieder zu zerreißen und das Gebiet direkt Preußen einzuverleiben, während die Regierung erwog, Elsaß-Lothringen unter die angrenzenden süddeutschen Bundesstaaten aufzuteilen. Solche Pläne wurden jedoch, als »in normalen Zeiten« undurchführbar, wieder zurückgestellt.[7]
Der Kriegsausbruch beendete die »normalen Zeiten« und provozierte neue Teilungspläne, diesmal vom bayrischen König Ludwig ausgehend, der von einem neuen Königreich Burgund unter bayrischer Führung träumte. Das neue Burgund sollte das Elsaß, Belgien und Teile der Niederlande umfassen. Die Bayern eröffneten ihre interne diplomatische Offensive schon im August und September 1914, um das Elsaß für ein bayrisches Burgund zu gewinnen, während Baden und Württemberg mit der Aufteilung Lothringens für den bayrischen Machtgewinn entschädigt werden sollten. Die angesprochenen süddeutschen Bundesstaaten hielten

---

[7] Hierfür und zum folgenden Karl-Heinz Janßen: *Macht und Verblendung. Kriegszielpolitik der deutschen Bundesstaaten 1914-1918*, Göttingen 1963.

sich zunächst zurück, zeigten aber im Laufe des Jahres 1915 größere Aufgeschlossenheit für das Projekt, zumal nachdem die Bayern vom Großherzog von Oldenburg, dem energischsten Verfechter extremer Kriegsziele unter den deutschen Bundesfürsten, Schützenhilfe aus dem Norden erhielten. Der Großherzog bewegte sich praktisch auf der Linie der Alldeutschen, wenn er auch nicht auf eine Vergrößerung seines kleinen Großherzogtums hoffen konnte.

Die bayrische Forderung nach dem Elsaß ließ den König von Sachsen, dessen Staat zu den innerdeutschen Besatzungsmächten der »Reichslande« gehörte, nicht ruhen. Er hielt Ausschau nach irgendwelchen territorialen Kompensationen für den geplanten bayrischen Machtgewinn und verfiel, nach einigem Schwanken, auf die Idee, sich in Polen und Litauen Territorien zuweisen zu lassen. Als historischen Präzedenzfall griff er auf die Personalunion Sachsens mit Polen von 1697 bis 1763 zurück, verschwieg aber die ihm historisch eher peinliche Erinnerung an die sächsisch-polnische Personalunion 1807/1813 unter Napoleons Protektorat.

Aus all diesen grotesken Plänen wurde nichts. Ihre Erwähnung würde nicht lohnen, hätten sie nicht einen über sie hinausweisenden historischen Stellenwert: Sie werfen ein Schlaglicht auf die hoffnungslos anachronistische Struktur des Reichs und seine reaktionäre, buchstäblich rückwärtsgewandte Politik. Die künstliche Wiederbelebung bizarrer historischer Ansprüche aus der aristokratisch-monarchischen Zeit des Mittelalters und der frühen Neuzeit (bayrisches Burgund, sächsisches Polen) lesen sich heute wie unfreiwillige Selbst-Persiflagen des Zweiten Deutschen Kaiserreichs kurz vor seinem Untergang.

Handgreiflicher als die romantischen Träumereien von Neu-Burgund im Westen waren deutsche Kriegsziele im Osten: Noch vor den militärischen Eroberungen des Sommers 1915, die selbst so Gemäßigte wie Friedrich Meinecke politisch gleichsam ausflippen ließen, hatte die Regierung vorsichtig begonnen, die leidige polnische Frage anzupacken. Sie hätte den status quo vorgezogen, weil jedes Anrühren der polnischen Frage leicht zu unübersehbaren Komplikationen führen würde. Da aber der Erste Weltkrieg den alten Teilungsvertrag zwischen Rußland, Deutschland und Österreich-Ungarn von 1772/95, erneuert 1815, zerstört hatte, konnte Deutschland nicht umhin, eine neue Lösung für die polnische Frage zu finden, die sich besser in seine allgemeine Strategie einfügen würde.

Wie auch im Westen modifizierten sich die konkreten Kriegszielpläne gegenüber Polen entsprechend der militärischen Situation: Nachdem die Aufwallungen der »Befreiungs«-Phase in den ersten Kriegswochen vorüber waren, kam mit der Ernüchterung des November 1914 die Idee auf, das (ohnehin nur zum geringsten Teil eroberte) Kongreß-Polen bei Rußland zu lassen, als Preis für einen Separatfrieden im Osten, allerdings reduziert um die »Grenzverbesserungen« des polnischen Grenzstreifens.[8] In der deutschen Vorstellung galt der »polnische Grenzstreifen« nicht als Annexion, obwohl die für die Angliederung an Preußen-Deutschland vorgesehenen Gebiete in Umfang und Bevölkerungszahl ungefähr mit Elsaß-Lothringen 1871 zu vergleichen waren.

Die Weigerung des Zaren, über einen Sonderfrieden mit Deutschland auch nur zu reden, und seine anschließende »Bestrafung« durch die deutsche Sommeroffensive 1915 änderten die dem »polnischen Grenzstreifen« zugedachte Funktion: Er fügte sich jetzt in das ursprüngliche Konzept, Polen zu einem deutschen Satellitenstaat zu machen, ob mit der germano- oder der austro-polnischen Lösung. Seit Frühjahr 1915 wurden auf Regierungsebene ernsthaft Pläne diskutiert, den »Grenzstreifen« nach Kriegsende zu annektieren und zu germanisieren, u. a. durch Aussiedlung der polnischen Landbevölkerung, evtl. auch der Juden, um Platz für deutsche Siedler aus dem Reich, den USA und Rußland, vor allem dem Wolgagebiet, zu machen.

Die erste Konferenz zu diesem Thema, auf Ministerialebene im Rahmen der preußischen Regierung, fand am 13. Juli 1915 in Berlin statt, auf dem Höhepunkt der deutschen Offensive im Osten.[9] Die Konferenz legte eine provisorische Linie für die geplanten Annexionen fest, auf der Basis von

---

8 Vgl. das vorige Kapitel.
9 Vgl. I. Geiss: *Der polnische Grenzstreifen 1914-1918, Ein Beitrag zur deutschen Kriegszielpolitik im Ersten Weltkrieg,* Historische Studien 377, Hamburg/Lübeck 1960, S. 91-96.

Vorschlägen, die der Reichskanzler seit Dezember 1914 von Ost-Experten angefordert hatte. Das ausführlichste Gutachten, erstellt am 25. März 1915 vom Regierungspräsidenten von Frankfurt/Oder, Grafen Schwerin, hatte von vornherein auf die logische Konsequenz des von ihm selbst ausführlich beschriebenen und befürworteten Grenzstreifenprojekts verwiesen: die Annexion auch Litauens und der baltischen Provinzen als Verlängerung des polnischen Grenzstreifens. Im Juli 1915, als die Regierungskonferenz in Berlin tagte, schienen die inzwischen erfolgten deutschen Eroberungen diesen Vorschlägen Schwerins eine realistische Grundlage zu geben. Ludendorff als eigentlicher Chef von »Oberost« schuf sich sein »Königreich im Osten«, wie es inoffiziell von Deutschen selbst genannt wurde. Er regierte mit eiserner Hand und suchte mit allen Mitteln die Hilfsquellen der ihm unterstellten Gebiete für die deutsche Kriegführung auszubeuten. Gleichzeitig bemühte er sich, unauffällig die Grundlagen für eine spätere deutsche Herrschaft und Germanisierung noch im Kriege zu legen.

Das Deutsche Reich schien 1915 im Osten endlich den Raum für seine Expansion gefunden zu haben. Daß die angestrebte Beherrschung des Ostens historisch-ideologisch u. a. durch die frühere Herrschaft des Deutschen Ordens gerechtfertigt wurde, illustriert den rückwärtsgewandten, reaktionären Charakter des Deutschen Reichs und seiner politischen Führungsschicht. Die Beherrschung Polens, Litauens und der baltischen Provinzen in der einen oder anderen Form behauptete sich als eins der konkretesten deutschen Kriegsziele bis kurz vor Kriegsende im Herbst 1918.

8. Der polnische Grenzstreifen

Die deutsche Geschichtsschreibung über den Ersten Weltkrieg ist seit 1945 durch ein Phänomen charakterisiert, das sich rein wissenschaftlich nur schwer erklären läßt – die Umkehr der früheren Vorzeichen unter Wahrung der alten Positionen. Seitdem die depressive Nachkriegsphase nach 1945 durch Aufstieg der Bundesrepublik zu einem wirtschaftlichen, politischen und militärischen Machtfaktor fast ersten Ranges abgelöst worden ist, traten auch beim national-konservativen Flügel der deutschen Geschichtswissenschaft alte Traditionen, wenngleich z. T. in modifizierter Form, wieder stärker hervor. Richtungsweisend dafür wirkte Gerhard Ritters Buch *Europa und die deutsche Frage*[1], das der »linken« Kritik des In- und Auslands an der deutschen Vergangenheit mit dem taktisch-bedingten kleinen »Ja« und dem großen »Aber« entgegentrat. Eine offene Verherrlichung des preußisch-deutschen Machtstaats und eine unverhüllte Geringschätzung der demokratischen Utopie, wie sie die vorherrschende Richtung unter den deutschen Historikern bis zum Ende des Zweiten Weltkriegs in den verschiedensten Nuancen betrieben hatte, konnte in der veränderten politischen Situation nicht mehr in Frage kommen, auch nicht eine offene Apologie. Aber mit dem Anspruch, die historische »Revision« von 1945 zu revidieren, entstand seit 1949/50 ein Geschichtsbild, das sich vom traditionellen nur in Akzenten und Nuancen unterscheidet. Das Ergebnis war eine weitgehende Rehabilitierung Preußens und des konservativen Elements, allerdings unter fast völligem Verzicht auf »völkische« Vokabeln, die in der Weimarer Republik und später die Geschichtsschreibung so stark geprägt hatten.

Vielleicht am deutlichsten läßt sich dieser Vorgang an der unterschiedlichen Bewertung der zentralen Figuren auf deutscher Seite im Ersten Weltkrieg illustrieren. Bis 1945

---

[1] Gerhard Ritter: *Europa und die deutsche Frage. Betrachtungen über die geschichtliche Eigenart des deutschen Staatsdenkens,* München 1948; als 2. Aufl. unter dem neuen Titel: *Das deutsche Problem. Grundfragen deutschen Staatslebens gestern und heute,* München 1962.

galten Reichskanzler Bethmann Hollweg, sein politischer Freundeskreis und die Mehrheitsparteien des Reichstags als die schwächlichen oder böswilligen Verderber des Reiches, weil sie z. B. gegen weitreichende Kriegsziele und für die Parlamentarisierung eingetreten seien. Dagegen waren Ludendorff und die »nationalen« Kräfte die echten Vorkämpfer der nationalen Interessen Deutschlands. Seit 1945 trat die Umkehrung aller dieser Vorzeichen ein: jetzt wurden Bethmann Hollweg und die Mehrheitsparteien von der gleichen Schule auf einmal zu den Vertretern eines besseren Deutschland umstilisiert, während Ludendorff und die Alldeutschen nun als kleine, unverantwortliche Clique nationalistischer Größenwahnsinniger abqualifiziert wurden. Am Geschichtsbild selbst änderte sich – abgesehen von der »Dolchstoßlegende«, die endgültig *ad acta* gelegt wurde, und einigen anderen Punkten – im Prinzip so gut wie nichts: das preußisch-deutsche System sah sich rehabilitiert, wenn auch mit Hilfe der »Reichsverderber« von einst. Es wäre gewiß ebenso reizvoll wie aufschlußreich, die erstaunliche Metamorphose national-konservativer Geschichtsschreibung näher zu untersuchen und im einzelnen zu belegen, was hier nur generell angedeutet werden kann.[2]

Als Grundthese der »Umwertung« schält sich immer deutlicher die Behauptung der »Diskontinuität« in der deutschen Geschichte des 20. Jahrhunderts heraus, d. h. das Dogma, daß Hitler und das Dritte Reich völlig aus dem Rahmen der deutschen Geschichte fallen, daß aus der deutschen Geschichte kein Weg zu Hitler führt. Zum Beweis der angeblich prinzipiellen Andersartigkeit des Zweiten und des Dritten Reichs schrieb Gerhard Ritter sein großes Spätwerk »*Staatskunst und Kriegshandwerk*«, dessen 3. Band über die Zeit 1914-18, geradezu zum Anti-Fischer-Buch geriet.[3]

Bei der Struktur der deutschen Historikerzunft lag es auf der Hand, daß jeder Versuch, an solchermaßen durch Wissenschaft und Politik etablierten und sanktionierten Tabus zu rühren, beim national-konservativen Flügel der deutschen Historikerschaft eine heftige Reaktion auslösen würde. Als solcher Versuch galt offenbar schon meine Dissertation über

---

2 Vgl. auch unten Kap. 9, S. 124-128.
3 München 1954-68, Bd. 3, 1964.

den »polnischen Grenzstreifen«, die anhand zahlreicher (z. T. bisher unbekannter) Akten aus der Reichskanzlei, dem preußischen Innenministerium und dem Auswärtigen Amt ein neues Bild von den deutschen Kriegszielen im Ersten Weltkrieg gegenüber Polen zeichnete.[4] Die Untersuchung führt zu dem Ergebnis, daß die amtlichen Vorstellungen zu Kriegszielen gegenüber Polen sehr viel konkreter, detaillierter und weiterreichend waren, als bisher anzunehmen war.
Auch wenn wegen des bekannten Ausgangs des Ersten Weltkriegs die deutschen Planungen und Erwägungen zum polnischen Grenzstreifen nachträglich einen akademischen Charakter erhielten, bleibt doch ihre Rekonstruktion und Analyse wissenschaftlich legitim, zumal sich meine Studie jeglicher moralisierender Wertungen – gleich welchen Vorzeichens – enthält, durchaus im Gegensatz zur traditionellen deutschen Geschichtsschreibung, in der es von ideologischen Prämissen, politischen und moralisierenden Urteilen und Verurteilungen nur so wimmelt.[5]

Der polnische Grenzstreifen, also die geplante Annexion polnischen Gebiets längs der damaligen deutschen Ostgrenze, z. T. bereits gekoppelt mit Germanisierungsbestrebungen durch partielle Aussiedlung von Juden und Polen und durch Ansetzung deutscher Siedler, war fester Bestandteil der amtlichen Kriegsziele Preußen-Deutschlands im Ersten Weltkrieg, über deren Gesamtheit Fritz Fischer informiert.[6] Die Kriegsziele, spätestens seit September 1914 im Prinzip und in Umrissen mit Bethmann Hollwegs Septemberprogramm formuliert, waren der deutschen Reichsleitung immerhin so wichtig, daß eine Konferenz auf höchster Ebene Anfang November 1917 den förmlichen Beschluß faßte: »Österreich-Ungarn muß sich verpflichten, den Krieg so lange fortzuführen, bis auch die deutschen Kriegsziele erreicht sind.«[7]
Wie die deutschen Kriegsziele im allgemeinen, so illustrieren die Grenzstreifenpläne im besonderen, mit welchen Ideen im

---

4 I. Geiss: *Der polnische Grenzstreifen 1914-1918,* Hamburg/Lübeck 1960.
5 Vgl. z. B. Herzfeld 1923, unten Kap. 9, S. 124f.
6 Fritz Fischer: *Griff nach der Weltmacht,* 1961, 1977.
7 Ebenda, S. 579 (382).

Kopf die Führer des kaiserlichen Deutschland den Weltkrieg führten. Dazu stellten sich zahlreiche Befürworter der expansiven Annexions- und Germanisierungsbestrebungen bewußt in die Tradition der preußischen Ostmarkenpolitik. Für die weitere Entwicklung in Deutschland ist außerdem noch von Bedeutung, daß damals bereits in den Auseinandersetzungen um die deutschen Kriegsziele das Wort vom »Verzicht« fiel, nur daß sein negativer Gebrauch (»kein Verzichtfriede« usw.) im Ersten Weltkrieg den Willen zu Annexionen und Reparationen zugunsten Deutschlands umschrieb, während später die gleiche Vokabel zur Diffamierung einer Politik diente, die bereit war, die aus der Niederlage entstandenen neuen Grenzen hinzunehmen oder gar anzuerkennen, nach dem Ersten wie nach dem Zweiten Weltkrieg.

Die Kritik an solchen Forschungsergebnissen stellte sich rasch ein. Trotz starkem Aufwand an Pathos und trotz partieller Berechtigung in untergeordneten Detailfragen kann sie im ganzen wenig überzeugen, weil allzu offensichtlich den Kritikern »die ganze Richtung« nicht paßte und weil sie in der Hitze der Polemik nicht immer sachlich blieben. Den Reigen eröffnete der inzwischen verstorbene Bonner Ordinarius für Osteuropäische Geschichte in Bonn, Horst Jablonowski. Er meldete sich gleich dreimal zu Wort: zunächst in einem längeren Artikel in der Zeitschrift *Geschichte in Wissenschaft und Unterricht*[8], dort auch in Erwiderung auf meine Replik[9], schließlich im *Bulletin der Bundesregierung*[10], womit er endgültig eine Dissertation – per se eine »Anfängerarbeit« (W. Hubatsch) – zur Haupt- und Staatsaktion erhob. Ihn unterstützten und ergänzten »Heinz Günther« in der »Außenpolitik«[11], und Gotthold Rohde, Ordinarius für Osteuropäische Geschichte mit einer Rezension in *Das historisch-politische Buch,* Jg. 10 (1962), S. 14f.

8 Horst Jablonowski: *Die deutsch-polnischen Beziehungen im 19. und 20. Jahrhundert,* Bemerkungen zu einer kürzlich veröffentlichten Arbeit, in: *GWU,* 7/1961, S. 448-53.
9 I. Geiss: *Zum polnischen Grenzstreifen 1914-1918,* in: *GWU,* 1/1962, S. 32-39. H. Jablonowski: *Replik,* Ebenda, S. 39-41.
10 Ders.: *Kein Präzedenzfall für die Vertreibung,* Kritische Stellungnahme zu einem Buch von I. Geiss, in: *Bulletin der Bundesregierung,* 3.4.1962, S. 535f.
11 Heinz Günther (= Heinz Günther Sasse): *Keine Polenvertreibung im Ersten Weltkrieg,* in: *Außenpolitik,* 9/1961, S. 600-611.

Besonderes Ärgernis war offenbar die Tatsache, daß sich der polnische Ministerpräsident Cyrankiewicz in seiner Regierungserklärung zur Eröffnung des polnischen Sejm am 18. Mai 1961 auf meine Dissertation bezog, die später auch, in überarbeiteter Form, in polnischer Sprache erschien (1964).

Da eine Erwiderung in keinem der zuletzt genannten Organe möglich war, soll im folgenden versucht werden, den Kritikern summarisch zu antworten.

Die sachlichen Einwände lassen sich in zwei Hauptgruppen einteilen: Polemik gegen die historische Einordnung der Grenzstreifenpläne nach vorwärts und rückwärts in die deutsche Geschichte, sowie Versuche, das Gewicht der Grenzstreifenpläne zu bagatellisieren und ihre Relevanz für die deutsche Politik im Kriege überhaupt zu negieren. Bei Jablonowski steht im Mittelpunkt der Argumentation das deutsch-polnische Verhältnis im 19. und 20. Jahrhundert. Der Kritiker wendet sich gegen die Feststellung, die preußische Polen- und Ostmarkenpolitik sei grundsätzlich anti-polnisch gewesen, streitet den inneren Zusammenhang zwischen Ostmarkenpolitik und Grenzstreifenplänen ab, erweckt den Eindruck, als hätten nur einige wenige die »ephemere Angelegenheit« des Grenzstreifens vertreten, und widerspricht dem Faktum, daß die überwiegende Mehrheit der polnischen Nation der deutschen Besatzungsmacht im Ersten Weltkrieg aufs Ganze gesehen reserviert bis ablehnend gegenüberstand. Hierzu nur einige knappe Bemerkungen:

Daß man den prinzipiell anti-polnischen Charakter der preußisch-deutschen Polen- und Ostmarkenpolitik seit den polnischen Teilungen leugnen kann, ist schlechterdings unfaßbar. Gegen einen derartigen Versuch steht nicht nur die gesamte Literatur der deutschen und internationalen Forschung, soweit sie überhaupt etwas gilt, sondern schon der schiere historische Ablauf seit 1772. Dagegen kann der Kritiker mit seiner kryptischen Anspielung auf neuere deutsche und polnische Forschungen, die angeblich das Gegenteil, wenigstens im Falle Bismarcks, beweisen sollen, nicht sonderlich imponieren.

Um kein Mißverständnis aufkommen zu lassen, sei definiert, was hier unter »anti-polnisch« zu verstehen ist: der Wille, der polnischen Nation das Recht auf einen eigenen Staat zu verweigern, was nicht ausschließt, daß das polnische Element auch relativ freundlich behandelt werden mochte, soweit es bereit war, seine eigenständigen politischen Aspirationen preiszugeben und sich willig und definitiv dem preußisch-deutschen Staat unter- und einzuordnen. Österreich und Rußland waren zwar ebenfalls an der Zerschlagung und Unterdrückung des polnischen Staats beteiligt, aber Bismarcks Politik während des polnischen Aufstands von 1863 beweist, daß Preußen – und von seinem Standpunkt her gesehen wohl aus plausiblen Gründen – an der Aufrechterhaltung der polnischen Teilung auch dann noch festhielt, als in Rußland liberale Kreise um Gortschakow geneigt schienen, sich der polnischen Last zu entledigen. Bismarck hat sich nachträglich in seinen »*Gedanken und Erinnerungen*« das Verdienst zugesprochen, mit der Alvenslebenschen Konvention das Ringen zwischen konservativen, anti-polnischen Kräften in Rußland zugunsten der konservativen Richtung entschieden zu haben, und ähnliches schrieb er bereits am 9. März 1863, unmittelbar nach Abschluß der Konvention, an den preußischen Botschafter in London, Graf Bernstorff. Egmont Zechlin hat daher sicherlich recht, wenn er in seinem kürzlich wieder aufgelegten Bismarck-Buch die Anfänge zur Grundlegung der deutschen Großmacht in die Zeit der Alvenslebenschen Konvention ansetzt.[12] Das heißt aber auf der anderen Seite: die Großmachtstellung des Deutschen Reichs war auf den Trümmern des polnischen Staats errichtet, und es liegt an der Dialektik der Geschichte, daß der polnische Staat bei seiner definitiven Wiedergeburt 1944/45 auf den Trümmern der deutschen Großmachtstellung, ja sogar des Deutschen Reichs, entstand, da Preußen-Deutschland es ebensowenig wie die anderen untergegangenen konservativen Ostmächte vermocht hatte, sich rechtzeitig, friedlich und vernünftig mit dem polnischen Nationalismus zu arrangieren. Die unmittelbaren Konsequenzen trafen von allen die Deutschen 1918/19 am härtesten, aber sie wurden 1945 nur noch schmerzhafter, nachdem sich Deutschland

---

12 Egmont Zechlin: *Bismarck und die Grundlegung der deutschen Großmacht*, Stuttgart/Berlin 1930, 2. Aufl. 1960.

unter Hitler mit dem Zweiten Weltkrieg gegen die Grenzen von Versailles gewaltsam aufgebäumt hatte.

Die historische Kontinuität von der aktiven Ostmarkenpolitik spätestens seit Bismarck zur Grenzstreifenpolitik im Ersten Weltkrieg ist für jeden wirklich unvoreingenommenen Betrachter ebenfalls unbestreitbar, denn in beiden Fällen war die Konzeption anti-polnisch gedacht, vor 1914 als Beitrag zur Niederhaltung des polnischen Staats, im Ersten Weltkrieg zu seiner Schwächung, wenn schon seine Wiedergeburt nicht zu umgehen war. Jablonowskis Unterscheidung zwischen innenpolitischer Auseinandersetzung mit den (widerspenstigen) Polen Posens und Westpreußens vor 1914 und der außenpolitischen Planung im Ersten Weltkrieg ist dagegen künstlich und willkürlich, weil vor und im Ersten Weltkrieg die gleichen Kräfte in der deutschen Öffentlichkeit und die gleiche preußisch-deutsche Regierung im Prinzip den gleichen, gegen die Lebensinteressen der polnischen Nation gerichteten Kurs verfochten, nur, entsprechend der jeweiligen historischen Situation, mit anderen konkreten Zielsetzungen. Zudem beriefen sich alle Vertreter der expansiven Grenzstreifenpläne immer wieder ausdrücklich auf die Tradition der Ostmarkenpolitik, so der zuständige Sachbearbeiter im preußischen Innenministerium am 30. Juni 1916 in einem Arbeitspapier für eine Beratung innerhalb der beteiligten Ressorts, als er den Zusammenhang zwischen Ostmarken- und Grenzstreifenpolitik unmißverständlich herstellte:

»Werden nach dem Kriege die Grenzen des preußischen Staats durch Einverleibung bisheriger Grenzgebiete in das russisch-polnische Gebiet, etwa bis zur Warthe- und Narewlinie, vorgeschoben, so sollen diese für Preußen neugewonnenen Gebiete der staatlichen oder staatlich geförderten Besitzfestigung und Siedlung in Stadt und Land auf deutschnationaler Grundlage und unter dem Schutz des § 13 b cit. [des Ansiedlungsgesetzes von 1904, I. G.] in vollem Umfange vorbehalten bleiben. Zur Vorbereitung dessen empfiehlt es sich, jetzt im Kriege unter Ausnützung aller durch den Kriegszustand geschaffenen rechtlichen und tatsächlichen Möglichkeiten, in den für eine Einverleibung vermutlich in Betracht kommenden Grenzgebieten von Russisch-Polen die Deutschen, vor

allem die seßhaften Deutschen, mit allen Mitteln festzuhalten, die Polen und Juden aber tunlichst in die von uns besetzten Gebiete fernab der Grenze abzuschieben, damit für den Frieden ein für uns günstiger nationaler Besitzstand geschaffen wird.«[13]

Die Behauptung, die Grenzstreifenpläne seien nur eine »ephemere Angelegenheit« gewesen und sie seien nur von einzelnen vertreten worden, läßt sich durch nichts beweisen. Die gleiche Mentalität der gleichen politischen Gruppierungen, die außerhalb und innerhalb der Regierung den Grenzstreifen gefordert bzw. intern vorbereitet hatten, blieb in der Weimarer Republik mit der völkischen Agitation gegen die »blutende Grenze im Osten« virulent und mündete konsequent in den Nationalsozialismus als übersteigerte Fortführung der »völkischen« Position, der sie schließlich *ad absurdum* führte.

Während des Krieges selbst traten große Teile der öffentlichen Meinung für den Gewinn von Siedlungsland im Osten ein, von der großen Eingabe der Wirtschaft im März 1915 über die »Intellektuellen-Denkschrift« vom Juni 1915 bis hin zur großen Gegenerklärung zur Friedensresolution vom Sommer 1917, die fast das gesamte in Verbänden organisierte deutsche Bürgertum unterstützte, vom VDA und den christlichen Arbeiterverbänden bis zu den großen Wirtschaftsverbänden, zum Alldeutschen Verband und zum Ostmarkenverein.[14] Die Regierung schließlich, die ja nicht in einem sozial luftleeren Raum existierte, hat die Idee des Grenzstreifens spätestens seit Dezember 1914 gedacht, in Planung umgesetzt und gegenüber dem österreichisch-ungarischen Verbündeten auch nachdrücklich vertreten.

Wie es unmöglich ist, durch eine noch so subtile Interpretation aus Bismarcks Politik wenigstens nachträglich den (heute offenbar peinlich gewordenen) anti-polnischen Affekt wegzuoperieren, so schwer dürfte der Beweis fallen, daß die überwiegende Mehrheit der polnischen Nation gegenüber der Politik der deutschen Besatzungsmacht nicht skeptisch oder feindselig gewesen sei. Da die einschlägige deut-

---

13 I. Geiss: *Der polnische Grenzstreifen*, S. 104f.
14 F. Fischer: *Griff nach der Weltmacht*, S. 565-67 (372f.); vgl. auch Salomon Grumbach: *Das annexionistische Deutschland*, Lausanne 1917.

sche Literatur von Paul Roth[15] bis Werner Conze[16] in diesem Punkt übereinstimmt, da außerdem die deutschen Politiker und Staatsmänner im Ersten Weltkrieg selbst der gleichen Meinung waren und die aus Warschau kommenden Nachrichten die gleiche Ansicht bestätigen, fällt die Beweislast demjenigen zu, der solch neue Wissenschaft verkündet. Wenn es anders gewesen sein soll, so wäre es unerklärlich, warum Generalgouverneur Beseler, der es schließlich am besten wissen mußte, am 20. Dezember 1916, also nur sechs Wochen nach der (heute übrigens auch anders bewerteten) Polenproklamation, die Lage als so verfahren ansah, daß er in seinem offiziellen Bericht an den Reichskanzler sogar mit einem polnischen Aufstand rechnen zu müssen glaubte, falls er sich gezwungen sehen sollte, Pilsudski zu verhaften.[17] Sicherlich wären Beseler und seine Mitarbeiter in Warschau froh und glücklich gewesen, wenn ihnen damals alle die stillen Verbündeten im Lande bekannt gewesen wären, die der Kritiker von 1961/62 in der Literatur nachträglich entdeckt zu haben glaubt.

Für die Detailkritik an der Darstellung der amtlichen Grenzstreifenpläne verläßt sich Jablonowski auf den zwölfseitigen Aufsatz von »Heinz Günther« in der Zeitschrift *Außenpolitik*.[18] Das war ein Fehler, denn bei eigenhändiger Überprüfung der Akten hätte er feststellen können, daß »Heinz Günther« – mit an Sicherheit grenzender Wahrscheinlichkeit identisch mit Heinz Günther-Sasse – zu seinem »Verriß« meiner Dissertation drei Tricks benutzte, die bei Kenntnis der Materie leicht zu durchschauen sind:

1. In unzulässiger Weise spitzt »Heinz Günther« das Grenzstreifenproblem auf die gewaltsame, totale und entschädigungslose Aussiedlung von Polen und Juden aus dem Grenzstreifen noch während des Krieges zu, um anschließend die Nicht-Existenz solcher Pläne zu beweisen. »Heinz Günther« hat damit zwar recht, aber ich habe eine derartige Behaup-

---

15 Paul Roth: *Die Entstehung des polnischen Staates. Eine völkerrechtliche Untersuchung*, Berlin 1926.
16 Werner Conze: *Polnische Nation und Deutsche Politik im Ersten Weltkrieg*, Köln/Graz 1958.
17 I. Geiss: *Der polnische Grenzstreifen*, S. 37.
18 Vgl. oben Anm. 10.

tung auch nie aufgestellt. Aus dem vorgelegten Material und meinen Interpretationen geht eindeutig hervor, daß selbst die radikalsten Verfechter des Grenzstreifens nie so weit gingen, wie »Heinz Günther« mir behauptet zu haben unterstellt. Der Schwerpunkt der Erörterungen lag auf der Annexion polnischer Gebiete, und nur ein Teil der Vorschläge faßte auch eine anschließende Aussiedlung von Polen und Juden ins Auge, die jedoch stets nur als partielle Aussiedlung gedacht war. Zur Frage der Gewaltsamkeit heißt es ausdrücklich in meiner Schlußbetrachtung: »Auch scheute man in Deutschland, trotz gelegentlich starken Worten, noch vor der Konsequenz einer gewaltsamen Aussiedlung der Juden und Polen aus dem Grenzstreifen zurück. Selbst die extremsten Befürworter der Aussiedlung innerhalb der Regierung, und sogar auch bei den Militärs, dachten im Grunde nur an eine systematische Auskaufung der Polen als Fortführung der preußischen Ostmarkenpolitik traditionellen Stils.«[19]

2. Der Kritiker erweckt den Eindruck, als seien alle Bedenken, die bei den internen Erörterungen gegen ein zu großes Ausmaß der geplanten Annexion laut wurden, Ausdruck prinzipieller Annexionsfeindlichkeit gewesen. Davon aber kann keine Rede sein. Selbst wenn sich – was erst noch für jeden einzelnen Fall zu beweisen wäre – die Ablehnung des Annexionsprinzips hinter Bedenken gegen das Ausmaß der Annexion verborgen hätte oder hätte verbergen müssen, so würde das nur die Stärke des Annexionsdruckes im Staats- und Gesellschaftsgefüge Preußen-Deutschlands demonstrieren.

3. »Heinz Günther« suggeriert dem Leser, ich hätte die Dokumente, die er zur Widerlegung meiner angeblichen Thesen heranzieht, entweder unterschlagen oder so verzerrt präsentiert, daß erst seine Archivstudien nötig wurden, um die Wahrheit wiederherzustellen. Dagegen ist festzuhalten, daß alle von »Heinz Günther« genannten Aktenstücke bereits in meiner Studie verwertet und sinngerecht verarbeitet wurden. Alle Dokumente, die im Anhang im vollen Wortlaut erstmalig abgedruckt wurden, sind allerdings in der Darstellung

---

19 I. Geiss, ebenda, S. 149.

selbst unter Verweis auf den Anhang knapper behandelt worden. Nuancen der Stellungnahmen, besonders Bedenken gegen das Ausmaß der Annexion und/oder die Aussiedlung aus dem Grenzstreifen, kamen zur Geltung, z. T. mit den gleichen wörtlichen Zitaten oder Passagen in indirekter Rede, wie sie mein Kritiker brachte. Das Rechtsgutachten des Auswärtigen Amts vom 7. Dezember 1917, das »Heinz Günther« zum Hauptbeweisstück für meine angebliche »tendenziöse Einseitigkeit« hochspielt, fand nur deshalb relativ geringe Beachtung, weil es sich weder gegen das Prinzip der Annexion noch gegen das der Aussiedlung wandte, sondern lediglich gegen eine gewaltsame, einseitige, entschädigungslose und nicht vertraglich geregelte Aussiedlung aus dem zu annektierenden Grenzstreifen. Immerhin erscheint der Hinweis auf dieses Dokument auch nicht an einer beliebigen, mithin unwichtigen Stelle, wie »Heinz Günther« glauben machen möchte, sondern in dem Zusammenhang, in dem es überhaupt einmal politisch effektiv wurde, nämlich anläßlich der Kontroverse Kühlmann-Ludendorff während der Sitzung des preußischen Staatsministeriums vom 4. Februar 1918.[20]

Mit den oben skizzierten drei Methoden »Heinz Günthers« läßt sich in der Tat alles scheinbar widerlegen. Hat man aber erst einmal die Fragwürdigkeit seiner Tricks durchschaut und prüft man das vorhandene Aktenmaterial wirklich ressentimentfrei und ohne politische Scheuklappen, so bleibt es bei den Ergebnissen, die ich in meiner Studie formuliert habe:

Die Regierung Preußen-Deutschlands plante im Ersten Weltkrieg die Annexion erheblicher polnischer Gebiete und wollte sie auch nach einem Sieg durchsetzen. Bei den Erörterungen und Planungen spielte die Idee der partiellen Aussiedlung, d. h. des Auskaufens von Polen unter politischem Druck, bis zum Sommer 1918 eine erhebliche Rolle, und ernsthafter Widerspruch machte sich überhaupt erst in der zweiten Hälfte des Krieges wirklich bemerkbar. Nach Kenntnis der Annexions- und Aussiedlungsideen des kaiserlichen Deutschland im Ersten Weltkrieg nimmt sich die Po-

---

20 Ebenda, S. 134.

lenpolitik des nationalsozialistischen Deutschland im Zweiten Weltkrieg als die fortgeführte, gesteigerte und brutalisierte Konsequenz der Grenzstreifenpolitik zwischen 1914 und 1918 aus.

Hitze des leidenschaftlichen Engagements und häufige Unsachlichkeit der national-konservativen Kritik drängen den Eindruck auf, daß sie für die Vergangenheit vergangene Konflikte neu durchkämpft, daß sie für die Gegenwart in wissenschaftlicher Verbrämung eine politische Position zu verteidigen sucht, die 1961 bereits ebenso überholt war wie 1916 der polnische Grenzstreifen.

9. Kurt Riezler und der Erste Weltkrieg

Im Sommer 1964, auf dem Höhepunkt der Fischer-Kontroverse, führte Karl Dietrich Erdmann in die Diskussion um die deutsche Reichspolitik im Ersten Weltkrieg eine bislang fast unbekannte Figur ein – Kurt Riezler.[1] Die neue Aufklärung aus dem Tagebuch Riezlers warf ein milderes Licht auf Reichskanzler Bethmann Hollweg, indirekt auch auf die Politik des Deutschen Reichs. Erdmanns Versuch, ein Schlüsselwort bei Riezler – »Weltherrschaft« zur Umschreibung der Reichspolitik – auf die spannungsärmere Ebene »Deutschland als Weltmacht neben anderen Weltmächten« herabzutransformieren[2], trug ihm sofort Widerspruch ein gegen die unzulässige Bagatellisierung und Personalisierung.[3] Die Kritik an Erdmann litt aber unter dem Handicap, nur auf Material angewiesen zu sein, das Erdmann im ersten Durchgang mitgeteilt hatte. Das Erscheinen der Riezler-Tagebücher stellt die ganze Diskussion endlich auf eine breitere und allen zugängliche Grundlage.

Riezler hatte unter Bethmann Hollweg eine Stellung inne, die der eines persönlichen Referenten und politischen Beraters entspricht. Im Tagebuch spiegelt sich sein Einblick in die politischen Intimitäten des Deutschen Reichs wider, aber auch sein intellektuelles und politisches Format. Riezler erweist sich als der überragende Kopf der Reichsleitung. Er gab der amtlichen deutschen Kriegszielpolitik jene Systematik und Geschlossenheit, die erst die Akten enthüllten: Erweiterung der kontinentalen Machtbasis durch eine Kombination direkter und indirekter Herrschaft politischer wie ökonomischer Art, überwölbt und verschleiert durch ein weitgespanntes »Mitteleuropa« – alles zur Erringung einer

---

1 K. D. Erdmann: *Zur Beurteilung Bethmann Hollwegs*, in: *GWU*, 9/15, (1964), S. 525-540, neu abgedruckt bei W. Schieder (Hg): *Der Erste Weltkrieg*, NWB 32, 2. Aufl. Köln 1971, S. 205-221.
2 Ebenda, S. 219.
3 Rudolf Augstein: »Bethmann – einen Kopf kürzer?«, in: *Die Zeit*, Nr. 37, 11. 9. 1964; vgl. auch Kap. 6 in meinem Band *Das Deutsche Reich und die Vorgeschichte des Ersten Weltkriegs, S. 125, Anm. 7.*

deutschen Weltmachtstellung.[4] Zumindest Riezler dachte den Griff zur Weltmacht als Etappe zur deutschen Weltherrschaft.
Zahlreiche Eintragungen machen verständlich, warum Riezler – noch in der Distanz zum (Dritten) Deutschen Reich im Zweiten Weltkrieg während der Emigration in den USA – glaubte, das Tagebuch vernichten zu sollen. Denn es wirkt als nachträgliche Bestätigung für die Anklagen der Entente gegen deutsche Weltherrschaftspläne, die bisher die deutsche Geschichtsschreibung so erfolgreich geleugnet hatte.[5] Umgekehrt kann das Tagebuch die Fischer-Kontroverse abschließen, weil es die Fischer-These vom hegemonialen Charakter der deutschen Kriegsziele im Ersten Weltkrieg bestätigt. Auch läßt sich nicht mehr bestreiten, daß die Reichsleitung im Juli 1914 den Kontinentalkrieg bewußt riskierte in der Hoffnung auf politischen Gewinn. Für die spätere Zuspitzung, daß Deutschland den Weltkrieg bewußt herbeigeführt habe[6], bietet das Tagebuch zwar keinen Beweis. Aber da sich die konservativ-apologetische Historiker-Zunft schon über die ursprüngliche These so erregte, ist die Konsolidierung der modernen Weltkriegsforschung durch Riezler Bestätigung genug, wie sie sich ein Forscher über ein umstrittenes Thema besser nicht wünschen kann.

Das Riezler-Tagebuch wirft ein Schlaglicht auf die deutsche Geschichtsschreibung, auf den Zauberflöten- oder Nibelungen-Effekt: In Mozarts »Zauberflöte« und im Nibelungenlied wechseln die Vorzeichen der Handelnden in den beiden Akten bzw. Teilen: Aus der guten Königin der Nacht wird die böse Zauberin, aus dem bösen Zauberer der gute Zarastro; aus dem hinterhältigen Siegfriedmörder der treue Hagen von Tronje, aus der sanften Kriemhild die blutsaufende Hunnenkönigin. Im deutschen Geschichtsbild trat der Szenenwechsel 1945 ein: Aus der guten, starken OHL unter Ludendorff und dem bösen, schwachen Bethmann Hollweg

---

4 Vgl. F. Fischer: *Griff nach der Weltmacht*.
5 Z. B. A. v. Wegerer: *Der Ausbruch des Weltkrieges*, 2 Bde., Hamburg 1939, I, S. 14.
6 F. Fischer: *Krieg der Illusionen*, Kap. XXII, »Deutschland und der Kriegsausbruch: ›Jetzt oder nie‹«, S. 663 f.

wurde der gutmütige Philosoph von Hohenfinow und der böse Ludendorff. Entsprechendes gilt auch für Riezler.
1964 hatte Erdmann von Bethmann Hollweg behauptet: »Er verkörpert mit den inneren Spannungen, die er in seiner Person austrug, seine Zeit selbst.«[7] Das war sicher zu hoch gegriffen. Aber für Riezler gilt ein sinngemäß abgewandeltes Bild: Durch ihn gingen gewissermaßen die Bruchstellen des Deutschen Reichs. Aus einer angesehenen Familie des bayrischen Bildungsbürgertums stammend, war er ungewöhnlich gebildet – vertikal bis zur griechischen Antike, horizontal durch gediegene Kenntnisse in Geschichte, Soziologie und Nationalökonomie, durch sichere Beherrschung zumindest von Englisch und Französisch und durch eine generelle Weltoffenheit. Vor und im Ersten Weltkrieg vertrat er, philosophisch und liberal verschleiert, den extremsten deutschen Machtanspruch bis zur Weltherrschaft, wurde aber durch die Ehe mit einer Tochter des jüdischen Malers Max Liebermann hellhörig für den bis in die Spitzen des Reichs eindringenden Antisemitismus.[8] 1918 bezog er als deutscher Gesandter in Moskau, 1919 als politischer Beauftragter der Reichsregierung zur Niederwerfung der Münchner Räterepublik antikommunistische Positionen. Nach seiner Emigration in die USA nahm er jedoch – mitten im heraufziehenden Kalten Krieg – eine Stellung zur Deutschlandfrage ein, die der seiner späteren Kritiker vor 25 Jahren entsprach – Bescheidung für ein wiedervereinigtes Deutschland mit einem militärisch schwachen, notfalls neutralisierten Status.[9]
Riezler, 1906 über das Pressebüro des Auswärtigen Amtes in die Wilhelmstraße gekommen, entfaltete für einen deutschen Reichsbeamten eine erstaunliche literarische Aktivität. Mit philosophischen Kenntnissen und Ambitionen entwickelte er ein eigenes System idealistischer Prägung[10], dem

---

7 K. D. Erdmann: *Bethmann Hollweg,* NWB 32, S. 205.
8 K. Riezler: *Tagebücher,* Eintragungen vom 18. 8. 1914, 7. 1. 1915, 23. 9. 1915.
9 K. D. Erdmann: Einleitung zur Ausgabe der Riezler-Tagebücher, S. 158 f.
10 K. Riezler: *Die Erforderlichkeit des Unmöglichen. Prolegomena zu einer Theorie der Politik und zu anderen Theorien,* München 1913; dazu auch Erdmann: Einleitung, S. 32-36.

er ein Kapitel zur politischen Nutzanwendung anfügte.[11] Wichtiger als seine idealistischen Spekulationen sind heute seine politischen Ideen im letzten Kapitel, zumal er sie 1914 – diesmal ohne philosophisches Beiwerk – noch einmal ausbreitete.[12] Riezlers Vorstellung vom angeblich ständigen Expansionstrieb aller Nationen bis zur Weltherrschaft läßt sich zwanglos in die damals dominierende Strömung des sog. Sozialdarwinismus einfügen. In der »Welt«-Anschauung unterschied er sich von den gröber gewirkten Alldeutschen nur durch die philosophische Gebärde und die Weite des politischen Horizonts. Auch wenn das Ruedorffer-Buch kluge Analysen des internationalen Imperialismus enthielt, so sind seine »sozialdarwinistischen« Passagen in ihrer Konsequenz derart aggressiv, daß kein Anlaß besteht, den jungen Welt-Politiker gegen moderne Kritik in Schutz zu nehmen[13], zumal sich Riezler später von seinen frühen Jugendsünden offenbar distanzierte.[14] Der nachgeborene jüngere Historiker befand sich also eher in kritischer Übereinstimmung mit dem weise gewordenen alten Riezler als der ältere Historiker, der mit dem jungen Riezler auch die Basis der eigenen Weltanschauung verteidigte, in der er als liberaler Konservativer aufgewachsen war, den philosophischen und historisierenden Idealismus.

Es fällt schwer zu glauben, in der Zeit überspannter deutscher Weltpolitik hätten sich deutsche Zeitgenossen von nuancierenden und dämpfenden Tönen positiv beeindrucken lassen, die es im Riezler-Buch auch gibt, ohne deshalb von deutscher Weltpolitik zu lassen.[15] Schon gar nicht läßt sich Ruedorffer-Riezler nachträglich zum »Analytiker der kosmopolitischen Tendenzen und Warner vor dem Krieg« umstilisieren[16]: »Kosmopolitische Tendenzen« nahm er nur

---

11 Ebenda, Kap. VI, »Grundriß einer Theorie der Politik«, S. 197-247; bei Erdmann analysiert, Einleitung, S. 36-41.
12 J. J. Ruedorffer (= K. Riezler): *Grundzüge der Weltpolitik in der Gegenwart*, Stuttgart/Berlin 1914.
13 K. D. Erdmann: Einleitung, S. 57, Anm. 34.
14 Ebenda, S. 148.
15 J. J. Ruedorffer: *Grundzüge*, S. 28.
16 So K. D. Erdmann: Einleitung, S. 43-45, ohne die abwertenden Bemerkungen Ruedorffer-Riezlers über die kosmopolitischen Tendenzen zu erwähnen.

mürrisch zur Kenntnis. Für ihn war »irgendein häßliches Graubraun ohne alle Leuchtkraft . . . so recht die Farbe der internationalen Veranstaltungen. Von allen Gesellschaften ist die internationale die geistloseste und langweiligste.«[17] Die angebliche Warnung vor dem Krieg fiel indirekt und schwach aus. Gewiß traf sich Riezler mit dem englischen Pazifisten Norman Angell in der Ansicht, daß steigende Kriegskosten den Krieg ökonomisch untragbar machten. Aber er schloß seine Analyse der deutschen Weltpolitik mit einem verschlüsselten Programm für das Deutsche Reich: Im Interesse seiner Weltpolitik müsse es sich vom »Cauchemar des coalitions« durch eine aktive Politik befreien, müsse seine Kontinentalstellung so ausbauen, »daß jeder möglichen Konstellation gegenüber die Chancen des Sieges auf seiner Seite sind«.[18] Hinter dem als Aufgabe formulierten Programm verbirgt sich eine Konzeption, die sich bald in aktivistische Politik und expansive Kriegsziele umsetzte. Der im Schutz des Pseudonyms schreibende Berater des Reichskanzlers war an allen Phasen politischer Umsetzung beteiligt – reflexiv im Juli 1914, aktiv formulierend bei Kriegsausbruch, konzipierend bei den deutschen Kriegszielen.

Im Juli 1914 vertraute der Reichskanzler in Hohenfinow seinem jungen Mitarbeiter in langen Abendgesprächen seine Gedanken zur politischen Situation an. Die Eintragungen zur Julikrise bestätigen die von Albertini kommende jüngere deutsche Forschung: Dem Kanzler war klar: »Eine Aktion gegen Serbien kann zum Weltkrieg führen.«[19] Die Angst vor dem Wachstum Rußlands war so groß, daß sich der »Sprung ins Dunkle« (14. 7.) getrost als deutscher Präventivkrieg verstehen läßt, solange Rußland noch militärisch zu bewältigen schien. Das Kalkül deutscher »brinkmanship«, das auch bereit war, in den Abgrund zu springen, wird aus zwei Sätzen deutlich, von denen Erdmann 1964 nur den letzten mitgeteilt hatte:

---

17 J. J. Ruedorffer: Grundzüge, S. 106.
18 Ebenda, S. 115 f.
19 Riezler-Tagebücher, Eintragung vom 7. 7. 1914, S. 183, bei Erdmann: *Bethmann Hollweg,* NWB 32, S. 216. – Um Anmerkungen zu sparen, wird im folgenden nach Zitaten aus den Tagebüchern nur das Datum der Eintragung in Klammern angefügt.

»Kommt der Krieg aus dem Osten, so daß wir also für Österreich-Ungarn und nicht Österreich-Ungarn für uns zu Felde zieht, so haben wir Aussicht, ihn zu gewinnen. Kommt der Krieg nicht, will der Zar nicht oder rät das bestürzte Frankreich zum Frieden, so haben wir doch noch Aussicht, die Entente über diese Aktion auseinanderzumanoeuvrieren.« (8. 7. 1914)[20]

Für den Kontinentalkrieg gegen Rußland rechneten sich die Deutschen also echte Siegeschancen aus. Kam es nicht zum Großen Krieg – aber nicht, weil sie etwas zu seiner Vermeidung getan hätten, sondern weil der Zar »abschnappte«, wie es General Moltke am 1. August 1914 enttäuscht formulierte[21], oder weil das »bestürzte« Frankreich auf Rußland beschwichtigend einwirkte –, so blieb doch die Chance, »das Deutsche Reich von dem Cauchemar des coalitions zu befreien, der Bismarck bedrückte« (Ruedorffer-Riezler).

Keineswegs widerlegen kann diese Analyse die These, Bethmann Hollweg habe mit dem sofortigen Kriegseintritt Englands gegen Deutschland gerechnet. Vermutlich schwankte Berlin im Juli 1914 zwischen dieser realistischen Einsicht und der Illusion, in Fortsetzung älterer, aber stets halbherziger Anläufe (deutsch-britische Gespräche 1898, 1901, Haldane-Mission 1912, Abkommen über Bagdad-Bahn und portugiesische Kolonien 1914) könnte es gelingen, im Kontinentalkrieg England doch noch zum Stillhalten zu bewegen. Die ältere Kriegsschuldapologetik hatte die Bemühungen um die britische Neutralität zum Kernstück ihrer Beweisführung für die friedlichen Absichten Deutschlands im Juli 1914 erhoben. Erst beim Versuch, Fischer irgendwie am Zeug zu flicken, ließ Zechlin das Argument fallen und drehte den Spieß um: Bethmann Hollweg habe von vornherein mit der britischen Feindschaft gerechnet.[22] Noch 1972 griff Erdmann Zechlins Argument auf, ohne die schon früher nachge-

---

20 Bei Erdmann: *Bethmann Hollweg,* NWB 32, S. 216.
21 *Regierte der Kaiser?* Kriegstagebücher von Admiral G. A. v. Müller, S. 39: »Jetzt fehlt nur noch, daß auch Rußland abschnappt.«
22 Egmont Zechlin: *Deutschland zwischen Kabinettskrieg und Wirtschaftskrieg. Politik und Kriegführung in den ersten Monaten des Weltkrieges 1914,* in: *Historische Zeitschrift* 199 (1964), S. 347-458, besonders S. 349-355.

wiesene Brüchigkeit dieser Logik zur Kenntnis zu nehmen.[23] Denn die deutsche Verantwortung für den Kriegsausbruch erhöht sich nur noch, wenn die Reichsleitung als Folge der »Aktion« gegen Serbien nicht nur den Kontinentalkrieg, sondern sogar das Eingreifen Englands, also den Weltkrieg, in Kauf nahm. Erdmanns Behauptung, mit der er glaubte, »der Interpretation der Juli-Krise durch Fritz Fischer ... die Voraussetzung entzogen« zu haben[24], läßt sich obendrein nur durch Überstrapazierung einiger vager Hinweise aus dem Riezler-Tagebuch abstützen. Neben einer dramatisierenden Äußerung des Kanzlers vom 7.7. zu den russisch-englischen Marineverhandlungen lassen sich nur zwei Stellen zur Not im Sinne Erdmanns interpretieren, ohne jedoch in der Sache etwas Neues zu bringen.[25]

Selbst wenn das Riezler-Tagebuch in diesem Punkt so explizit wäre, wie Erdmann meint, könnte der subjektive Niederschlag einiger unverbindlicher Abendgespräche nicht die objektive Bedeutung der amtlichen Akten und Aktionen im Juli 1914 wegwischen, die in überwältigender Fülle das deutsche Streben dokumentieren, England neutral zu halten, allerdings ohne einen angemessenen politischen Preis für das geplante Appeasement zu zahlen. Aus den spärlichen Eintragungen im Riezler-Tagebuch zur deutschen Beurteilung der britischen Haltung im Juli 1914 kann also die deutsche Kriegsschuldapologetik auch in ihrer modernsten und subtilsten Form keine stichhaltigen Argumente gewinnen.

Erdmann macht aus einer indirekten Anregung Riezlers gegen Kriegsende, Deutschland könnte eine umfassende Aktenveröffentlichung über den Kriegsausbruch erwägen, triumphierend einen weiteren Beweis gegen Fischer.[26] In

---

23 I. Geiss (Hg.): *Juli 1914*, dtv 293, S. 21; F. Fischer: *Weltmacht oder Niedergang. Deutschland im ersten Weltkrieg,* Frankfurt/Main 1965, S. 54f.
24 K. D. Erdmann: Einleitung zu Riezler-Tagebüchern, S. 52, Anm. 4.
25 »Eine Aktion gegen Serbien kann zum Weltkrieg führen« (7. 7.); »Wenn im Falle des Krieges England gleich loslegt, geht Italien ebenfalls mit.« (14. 7.). Das ist jedoch bereits alles.
26 K. D. Erdmann: Einleitung, S. 90, Anm. 63: »Riezler hatte also ein gutes Gewissen im Rückblick auf die Rolle Deutschlands in der Julikrise 1914. Wahrscheinlich hätte er dreieinhalb Jahre nach Kriegsausbruch kaum mit solcher Blindheit des guten Gewissens das ostmitteleuropäische Hegemonialkonzept für das Deutsche Reich vertreten können, wenn er der Meinung gewesen wäre, daß Deutschland um solcher Eroberungsabsichten willen den Krieg angezettelt hätte.« Warum eigentlich nicht?

Wirklichkeit ist die Beweiskraft denkbar gering: Riezler dachte natürlich nur an eine Aktenpublikation durch ein noch ungeschlagenes Reich, das die Auswahl der Dokumente souverän in der Hand gehabt hätte, ohne die Angst, die siegreichen Alliierten könnten die Herausgabe sämtlicher Akten erzwingen. Der Manipulation durch amtliche Editoren wäre also Tür und Tor offengeblieben, zumal Riezler mit der Zusammenstellung des Deutschen Weißbuchs vom 2. August 1914 bereits einschlägige Erfahrungen gesammelt hatte. Es war nicht nur das erste und kürzeste aller Farbbücher der am Krieg beteiligten Mächte, sondern auch das am meisten und mit größtem Erfolg verfälschte.[27] Sind Fälschungen »Geständnisse«, »Beweis böser Absichten oder bösen Gewissens« (Kantorowicz), so kann das 1972 von Erdmann vermutete Gewissen Riezlers so gut nicht gewesen sein. Riezler wußte ja, welche Unterschlagungen und intellektuelle Unredlichkeiten nötig waren, um zum 4. August 1914 wenigstens vor der eigenen Nation durch das Weißbuch halbwegs reingewaschen dazustehen. Im März 1915 bot Riezler dem konservativ-völkischen Historiker Karl Alexander von Müller den Auftrag an, die Aktenpublikation über den Kriegsausbruch zu übernehmen. Nachdem sich Müller in Berlin von Riezler hatte informieren lassen, gab er den Auftrag dankend zurück.[28] Ein »national zuverlässiger« Historiker hielt es also für unmöglich, die deutschen Akten zur Julikrise 1914 so umzufrisieren, daß die amtliche deutsche Version plausibel geworden wäre. Auch Riezler schwieg später über das, was er wußte.[29] Seine ursprüngliche Absicht, aus falscher Loyalität zum Deutschen Reich sein

---

27 In wesentlichen Passagen neu abgedruckt bei I. Geiss: *Julikrise und Kriegsausbruch 1914,* II, Nr. 1089; zur Kritik am deutschen Weißbuch vgl. H. Kantorowicz: *Gutachten zur Kriegsschuldfrage 1914,* S. 87-95.
28 Karl Alexander von Müller: *Mars und Venus. Erinnerungen,* Stuttgart 1954, S. 33-37.
29 K. D. Erdmann: Einleitung: S. 132: »Da ist zunächst zu bemerken, daß er wenig mitteilsam war, was die Geschehnisse anlangte, deren Zeuge er gewesen war oder an denen er mitgewirkt hatte. Am liebsten schwieg er über das, was er wußte. Seine Vernehmungen vor dem Parlamentarischen Untersuchungsausschuß waren unergiebig. Über die Julikrise 1914 verweigerte er die Aussage. Nach Einzelheiten der Politik Bethmann Hollwegs befragt, antwortete er apologetisch oder ausweichend.« Wo bleibt da das von Erdmann 32 Seiten zuvor vermutete »gute Gewissen« Riezlers (vgl. oben Anm. 26)?

Tagebuch zu vernichten, deutet ebenfalls auf ein eher schlechtes Gewissen hin.

Im Weltkrieg spielte Riezler eine bedeutende Rolle bei der Formulierung der deutschen Kriegszielpolitik. In der generellen Bestätigung der neuen Forschung über den expansiven Charakter der deutschen Kriegsziele liegt der größte Wert der von Erdmann sorgfältig herausgegebenen Kriegstagebücher von Kurt Riezler. Vor der detaillierten Beweisführung sei jedoch der Gang der Diskussion über Riezler in der deutschen Historiographie skizziert: Den lange vergessenen Anfang machte 1923 Hans Herzfeld, damals Parteigänger Ludendorffs.[30] Auf der Suche nach Sündenböcken für die Niederlage von 1918 stieß Herzfeld u. a. auf Riezler. Ihm und dem Kanzler warf er weitgehende Übereinstimmung mit Norman Angells »Great Illusion« vor, weshalb der Kanzler und sein Berater die Aufrüstung Deutschlands vernachlässigt hätten. »Der geschäftigste publizistische Vertreter der Bethmannschen Gedankenwelt, Ruedorffer-Riezler« sah »die Auswirkungen einer Politik des Bluffes, in der die Diplomatie aller Staaten nicht mehr mit dem wirklichen Krieg, sondern nur noch mit der gegnerischen Furcht vor seiner Möglichkeit rechnet«. Es entstand »vielfach eine völlig irreführende, friedens- und hoffnungsselige Atmosphäre«, in der man angeblich zum Glauben neigte, »daß besonders die Gegensätze zu dem gefährlichsten Nebenbuhler, zu England, durch die Harmonie der wirtschaftlichen Arbeit ausgeglichen werden könnte«. Das galt als »Torheit«, als »Verirrungen«, wofür die Verantwortung »zunächst mit aller Wucht auf die Schultern des Reichskanzlers« fiel. Bei dieser Gelegenheit steuerte der damals 31jährige Herzfeld die härteste Bemerkung in der deutschen historischen Literatur über den zwei Jahre zuvor verstorbenen Reichskanzler bei:

»Es ist in Bethmann Hollwegs Wesen vielleicht der peinlichste Zug, daß er mit einer Klugheit, der dieser Stand der Dinge nicht verschlossen blieb, am Amt festhielt und doch ständig – in und nach seiner Amtszeit – sich auf Kosten anderer Fakto-

---

30 Hans Herzfeld: *Die deutsche Rüstungspolitik vor dem Weltkriege*, Bonn/Leipzig 1923, S. 146-151. Zur Position Herzfelds zu jener Zeit vgl. George W. F. Hallgarten: *Das Schicksal des Imperialismus im 20. Jahrhundert. Drei Abhandlungen über Kriegsursachen*, Frankfurt/Main 1969, S. 98-100.

ren zu entlasten gesucht hat, ein Verhalten, das ihm nicht zustand.«
Besonders empörte Herzfeld, daß Bethmann Hollweg wegen der Heeresverstärkung nicht zurücktrat. Die Begründung liest sich nach der jüngsten Diskussion doppelt instruktiv:
»Das ist zu verstehen; denn der Kanzler ist mit einer sehr oft an das Rechthaberische grenzenden Eigenwilligkeit doch immer überzeugt gewesen, die richtige Einsicht zu besitzen. Den militärischen Mehrforderungen aber konnte er sein Ohr um so mehr verschließen, als er selbst tief in die außenpolitischen Irrtümer der Zeit verflochten war. Darum hat seine Hoffnung bis zuletzt der Verständigung mit England gegolten, als dieses schon seine Flotte mobilisiert hatte. Weltpolitik und kein Krieg, eine friedliche Befriedigung, freilich eine immerhin sehr bescheiden gedachte, des deutschen Ausdehnungsbedürfnisses ist das Traumbild gewesen, dem er trotz allen enttäuschenden Erfahrungen immer wieder nachgegangen ist, mit einer Beharrlichkeit, die bei einem Staatsmanne, dessen einzelner Schritt zum Verhängnis einer Nation werden könnte, zur Schwäche werden mußte. Dabei besaß der Kanzler nun doch so viel Feinfühligkeit, um spüren zu müssen, daß ihm nichts glückte . . . Im großen war seine Natur so schwerblütig, um ihn zum eigentlichen Optimisten werden zu lassen. Er hat sich an seine Träume mehr geklammert, weil das Erwachen zu schrecklich gewesen wäre . . . Während die Regierung dem Wahne lebte, daß die friedlich wachsende Macht des deutschen Kapitals ihr schließlich doch noch den endgültigen Frieden bescheren werde, mußte dieses bereits mit dem Gedanken sich abfinden lernen, daß es in seiner Zerstreuung über alle Erdteile im Kriegsfalle, feindlichen Eingriffen schutzlos preisgegeben, als Machtfaktor zugunsten Deutschlands im politischen Sinne gar nicht rechne. Die fast fatalistisch anmutende Untätigkeit der Bethmannschen Regierung erklärt sich zutreffend wohl nur daraus, daß auch ihr Herr und Meister sich letzten Endes nicht dem gleichen Gefühl entziehen konnte, auf abschüssiger Bahn zu sein.«[31]
Die ausführlichen Zitate enthalten auf wenigen Seiten den Kern der deutschnational-reichspatriotischen Kritik an

---

31 H. Herzfeld, ebenda, S. 105f.

Bethmann Hollweg und Riezler vor 1945 – ihre angebliche Abneigung gegen eine deutsche Expansionspolitik, die sie zudem nur friedlich-schiedlich abwickeln wollten, anstatt das Reich durch mehr Rüstung auf den Krieg vorzubereiten. Nach 1945 brauchte Herzfeld nur die vorgeworfene Friedlichkeit und relative Passivität in den Methoden der Vorkriegspolitik positiv umzuwerten, um mit Bethmann Hollweg das Kaiserreich moralisch zu retten. Herzfeld hatte im Zweiten Weltkrieg einen erheblichen Teil der Akten gesehen, aus denen Fischer seine Darstellung schöpfte. Anfänglich leistete er nuancierte Beiträge zur anlaufenden Fischer-Kontroverse[32], stieg aber 1963 hart in die Debatte ein. In Kritik an Fischer gewann er Ruedorffer-Riezler plötzlich nach 40 Jahren ganz neue Seiten ab:

»*Schwierigkeit und aufreizende Wirkung des deutschen Falles ist untrennbar damit verbunden, daß gerade die Begrenztheit der deutschen Ausgangsbasis, das späte Eintreten dieses Reiches in den Kreis der auch außerhalb Europas auf Parität Anspruch erhebenden Großen Mächte hier eine Erregbarkeit und Unruhe geschaffen haben, die nach außen besonders störend wirkte, und die es im Innern bis 1914 nicht mehr zu einem genügenden Ausgleich zwischen der Tendenz kraftvollen Vorwärtsdringens und begrenzender Erwägung der Besonnenheit hat kommen lassen. An diesem spannungsvollen Dualismus geht die Fischersche Analyse vorbei, die eine große Kontinuität und Einheit eines ›imperialistischen‹ Deutschland behauptet. Die Summe der möglichen, der wechselnd angestrebten oder wenigstens erörterten deutschen Zielsetzungen vermag allerdings den Eindruck von ›Einbrüchen‹ in fremde Interessensphären zu erwecken. Aber wie die Wirtschaftsinteressen keineswegs als Ganzes zum Kriege gedrängt haben, so gilt etwa auch für das letzte, vor 1914 von Fischer angeführte Beispiel der Mission von Liman Sanders, daß die deutsche Politik sich doch zu einem Kompromiß mit Rußland und England bereit gefunden hat, ein Ergebnis, das genau wie der 1914 weit gediehene Ausgleich der deutschen und englischen*

---

32 Ders.: *Zur deutschen Politik im Ersten Weltkriege. Kontinuität oder permanente Krise?*, in: *Hist. Zeitschr.* 191 (1960) S. 67-82; auch in Ernst W. Graf Lynar (Hg.): *Deutsche Kriegsziele 1914-1918*, Ullstein 616, Frankfurt/Main und Berlin 1964, S. 84-101.

Interessen in Mesopotamien und Afrika eine sehr viel elastischere und bedenklichere Linie der Reichsregierung unter Bethmanns Verantwortung andeutet, als es hier formuliert ist. Sowohl Bethmanns Verhalten gegenüber der Haldane-Mission wie seine Zusammenarbeit während der Krise der Balkankriege weisen in die gleiche Richtung. Gewiß hat die deutsche Rüstungspolitik in den letzten Jahren vor 1914 nicht des emotionalen Hintergrundes entbehrt, am wenigsten in der öffentlichen Meinung. Aber der entscheidende Ausgangspunkt der Heeresvorlage von 1913, die nach Fischer zeigen soll, daß der Gedanke eines Präventivkrieges ›ständig mehr Anhänger bei den Militärs und deutschen Rechtskreisen‹ gewonnen habe, ist doch nachweisbar – selbst in der großen Denkschrift Ludendorffs, der ja wegen seines überharten Drängens in die Front verbannt und erst in der Not des Kriegsausbruchs wieder aus dieser Versetzung herausgeholt wurde – von der sehr ernsten Sorge über die ungünstige militärische Lage des Reiches ausgegangen, die durch das Ergebnis der Balkankriege entstanden war. Sie hat sich in der Rüstungspanik des Frühjahrs 1914 gegenüber dem »Großen Programm« der russischen Heeresverstärkung erneut angemeldet und kann in ihrem konkreten Kern nicht durch das handgreiflich irrige Argument forterklärt werden, daß die Auffassungen Fr. von Bernhardis – und nicht Riezlers ›Weltpolitik und kein Krieg‹ – ›mit großer Präzision die Intentionen des offiziellen Deutschlands‹ getroffen hätten. Sicher ist dies bei dem Reichskanzler nicht so gewesen.«[33]

Der Zauberflöten-Effekt hatte voll durchgeschlagen: Die Zitate von 1923 und 1963 verhalten sich zueinander, wie die Helligkeitswerte von Positiv zu Negativ einer Photographie: Die gleiche Umkehrung der Werte wie Bethmann Hollweg und Ludendorff erleben auch zwei Schlüsselbegriffe: »Weltpolitik und kein Krieg«, einst vernichtende Kritik, jetzt rettende Apologie, und, in raffinierter Verdrehung des ursprünglichen Sinns, in einem vorausgehenden Satz, die »große Illusion«. Hatte Angells »Great Illusion« 1913 eine pazifistische Bedeutung, so diente sie 1963 Herzfeld zur mil-

---

33 Ders.: *Die deutsche Kriegszielpolitik im Ersten Weltkrieg*, in: *Vierteljahreshefte für Zeitgeschichte* 10 (1963), S. 224-245, das Zitat auf S. 229f.; für Bernhardi dagegen H. Herzfeld: *Rüstungspolitik*, S. 151, dazu Anm. 3.

den Bagatellisierung des Imperialismus vor 1914, obwohl für den Herzfeld von 1923 der Kanzler nicht energisch genug in der Verfolgung deutscher Expansionspolitik gewesen war. Die Verständigung mit England – 1923 fast ein politisches Verbrechen – diente 1963 zur nachträglichen Absolution des Reichs, während ab 1964 Zechlin und Erdmann auf das gleiche Argument verzichteten, allerdings zum gleichen apologetischen Zweck.

Mit Riezler erweiterte Herzfeld die Basis für die posthume Reichs-Apologie von Bethmann Hollweg um die zwei Augen Riezlers. Im Sommer 1964 zog Riezler voll in die Fischer-Kontroverse ein, als Erdmann in einer Fernsehdiskussion den oben zitierten Satz aus dem Riezler-Tagebuch vom 8. Juli 1914 gegen Fischer in die Debatte warf. Fischer konterte sofort und sah umgekehrt den Beweis für die weitere Zuspitzung seiner Thesen.[34] Wenig später erschien Erdmanns GWU-Aufsatz.[35] Die Personalisierung, konzentriert auf Bethmann Hollweg, erlaubte es, wesentliche Passagen zur deutschen Reichspolitik wegzulassen. Immerhin teilte Erdmann Bethmann Hollwegs Ansicht aus der zweiten Marokkokrise von 1911 mit, »daß das Volk einen Krieg nötig hat«, was für Riezler eine »echt deutsche idealistische Überzeugung« war. Der »Sprung ins Dunkle« erscheint so in anderem Licht, zumal im Zusammenhang mit den vom Vf. erstmals auf dem Internationalen Historikerkongreß in Wien 1965 mitgeteilten, aber von Zechlin literarisch verwerteten Aufzeichnungen Jagows über das Drängen Moltkes auf einen baldigen Präventivkrieg gegen Rußland – wenige Wochen vor Sarajevo.[36] Erdmann räumte zwar ein, daß die Reichspolitik auf die Errichtung einer deutschen Hegemonie hinauslief, aber nur, »um Teilhabe an der Weltherrschaft« zu gewinnen. Bethmann Hollwegs Skepsis gegenüber einer deutschen Weltherrschaft, wie sie Riezler propagierte, gab Erdmann als Abneigung gegen eine deutsche Position als Weltmacht aus.[37] Als Augstein auf diesen Widerspruch aufmerksam machte, fertigte Erdmann ihn ab:

34 Siehe vor allem seine Ausführungen in: *Weltmacht oder Niedergang*, S. 53.
35 K. D. Erdmann: *Bethmann Hollweg*, NWB 32; das folgende Zitat S. 219.
36 E. Zechlin: *Motive und Taktik der Reichsleitung 1914. Ein Nachtrag*, in: *Der Monat* Nr. 209, Febr. 1966, S. 91-95, auch in NWB 32, S. 191-198.
37 K. D. Erdmann: *Bethmann Hollweg*, S. 220.

»Natürlich sind Weltmacht bzw. Weltherrschaft in der Einzahl oder in der Mehrzahl verschiedene Dinge. Aber es heißt wahrhaftig das intellektuelle Niveau des Gespräches zwischen dem weltmachtskeptischen Bethmann Hollweg und dem hier anders empfindenden jüngeren Riezler in unerlaubter Weise unterschätzen, wenn uns Augstein suggerieren will, daß hier die Phantastik einer deutschen Weltherrschaft in der Einzahl überhaupt zur Diskussion hätte stehen können, so daß es für Riezler lohnend gewesen wäre, sich zu notieren, Bethmann Hollweg habe davon nichts wissen wollen. Wenn im Tagebuch Riezlers von Weltherrschaft und deutschem Weltreich die Rede ist, geht es also eindeutig immer um die Teilhabe an der Weltherrschaft, um Deutschland als Weltmacht neben anderen Weltmächten.«[38]

Erdmann brachte als Beweis nichts als sein apodiktisches »also«. Die vollständigen Tagebücher beweisen, wie unhaltbar seine Behauptung war: Wenn bei Riezler von Weltherrschaft und deutschem Weltreich die Rede war, meinte er buchstäblich genau das, ohne Einschränkungen. Das ließ sich bereits aus Riezlers Vorkriegsbüchern schließen, aus denen der Vf. die von Erdmann unnötig aufgerissene Lücke in der Argumentationskette durch Indizienschlüsse wieder schloß.[39] Es ging weniger um »die darwinistischen Komponenten in Riezlers Denken«, auf die er zuerst hinwies[40], als vielmehr um die Widerlegung von Erdmanns unzulässiger Bagatellisierung. Die modernen Riezler-Interpreten der alten Schule stellen Riezler plötzlich als Quasi-Pazifisten hin, obwohl sie ihn vor 1945 dafür verdammten (Herzfeld) oder – trotz Kenntnis der vollständigen Riezler-Tagebücher – 1964 die imperialistischen Züge bei Riezler nicht sahen (Erdmann). Die gleiche Umstilisierung Riezlers zum Friedenspolitiker oder Friedensdenker durch Hans Rothfels auf dem Berliner Historikertag[41] kann heute erst recht nicht mehr gelingen.

38 Ders.: »Bethmann Hollweg, Augstein und die Historiker-Zunft«, in: *Die Zeit*, Nr. 39, 25. 9. 1964.
39 S. jetzt Kap. 6 in meinem Band *Das Deutsche Reich und die Vorgeschichte des Ersten Weltkriegs*, sowie auch in Schieder, NWB 32, S. 226-228, 230f.
40 W. Schieder: *Der Erste Weltkrieg*, NWB 32, S. 16.
41 Bericht über die 26. Versammlung, S. 72: »H. Rothfels-Tübingen schildert seinen persönlichen Eindruck über die zeitgenössische Wirkung des Riez-

So bleibt auch der Versuch wenig überzeugend, aus Riezlers Vorkriegsbüchern eine »Theorie des kalkulierten Risikos« herauszudestillieren und mit Bethmann Hollwegs angeblich kriegsscheuer Politik in der Julikrise 1914 zu korrelieren.[42] Hillgruber wendet nur ins Positive, was Herzfeld 1923 Bethmann Hollweg negativ angekreidet hatte – eine Politik des Bluffs zur angeblichen Erhaltung des Friedens. Dazu muß Hillgruber alle seinen Thesen entgegenstehende Dokumente souverän beiseite schieben, so daß er sich für die Julikrise 1914 fast nur auf die 1964 von Erdmann mitgeteilten Stellen aus dem Riezler-Tagebuch verließ – ein methodisch höchst riskantes Unterfangen.

Selbst wenn Riezlers »Theorie des kalkulierten Risikos« mit Bethmann Hollwegs Politik in der Julikrise 1914 übereinstimmte, was wäre für unsere Erkenntnis damit gewonnen? Nichts als eine deutsche Form der »brinkmanship«, einer Politik am Rande des Abgrunds. Der Aufwand wird doppelt irrelevant, weil Hillgruber die Tragweite eines von ihm selbst aus Riezler angeführten Satzes nicht erfaßte. Riezler gründete nämlich seine Hoffnung, angesichts der enormen gesellschaftlichen Kosten des Krieges werde im Stadium des Bluffens ein Gegner den Entschluß zum Krieg »aller Wahrscheinlichkeit« nicht fassen, »wenn es sich nur um eine kleine, die Lebensinteressen nicht berührende Verschiebung handelt«.[43] Das aber ist eine Banalität. Handelte es sich um große, die Lebensinteressen eines Staates berührende Verschiebungen der Machtverhältnisse, so kam es eben zum

---

lerschen Buches von 1914 (*Grundzüge der Weltpolitik in der Gegenwart*). Es sei als ein Dokument deutscher Programmatik aufgefaßt worden, dessen optimistische Grundidee, die nicht mehr mit Kriegen rechnete, von der Tatsache ausgehe, daß die Welt für eine Konstellation des Nebeneinanders der Mächte groß genug sei. ... So sei angesichts der traditionellen Konfliktstoffe und der wachsenden inneren Politik der europäischen Bündnisverflechtungen bei einer universalhistorischen Betrachtung ein Weltmachtstreben Deutschlands nicht das auslösende Moment des Krieges gewesen.« Für H. Herzfeld vgl. oben S. 125-127.

42 So Andreas Hillgruber: *Riezlers Theorie des kalkulierten Risikos und Bethmann Hollwegs politische Konzeption in der Julikrise 1914*, in *Hist. Zeitschr.* 202 (1966), S. 333-351; auch in Schieder, NWB 32, S. 240-255.

43 A. Hillgruber, ebenda, S. 342 (NWB 32, S. 244); bei Ruedorffer: *Grundzüge*, S. 226; vgl. auch das deutsche Weißbuch 1914 bei I. Geiss: *Julikrise und Kriegsausbruch 1914*, II, Nr. 1089, S. 638f.

Krieg, wie seit dem Deutschen Weißbuch vom 2. August 1914 die deutsche Geschichtsschreibung immer wieder betonte.

Noch dürftiger als Hillgrubers materialschwache, methodisch fragwürdige und wenig plausible Deduktionen ist der Aufsatz von Konrad Jarausch, der zwar das Manuskript des Riezler-Tagebuchs in New York sah, aber die seit 1919 publizierten Deutschen Dokumente zum Kriegsausbruch wie erstmals entdeckte Archivalien behandelte.[44]

Substantieller dagegen ist der Beitrag von Fritz Stern, der ebenfalls das Riezler-Tagebuch gesehen hatte.[45] Nachdem ein Auszug seines Aufsatzes allerdings ohne die wirklich bedeutsamen Passagen, in der »*Zeit*« erschienen war, entspann sich eine wilde Polemik zwischen Erdmann und Stern um die Berechtigung der Einsicht in das Riezler-Tagebuch durch Stern.[46] Stern gab auf etwa 40 Seiten einen Gesamtüberblick über das Riezler-Tagebuch, immer im Blick auf die Person Bethmann Hollwegs und seine Politik. Der methodische Ansatz ist also der gleiche wie bei Erdmann. Der Hauptwert des Aufsatzes liegt in der Mitteilung einiger Sätze aus dem Riezler-Tagebuch über die deutschen Kriegsziele, die bei Erdmann 1964 noch nicht vorgekommen waren. Sie bestätigen hinreichend Fischers Ergebnis vom verschleiernden Charakter »Mitteleuropas« als zentralem deutschen Kriegsziel auf dem Weg zur Weltmacht, darüber hinaus zur Weltherrschaft.[47]

Die vorläufig letzte Etappe in der Diskussion eröffnet das Erscheinen des Riezler-Tagebuchs. In seiner langen Einleitung legt Erdmann u. a. großen Wert auf Riezlers Stellung zum Sozialismus. Auch hier läßt sich der Zauberflöten-Effekt gut ablesen: War einst die Einbeziehung der SPD in die

---

44 Konrad Jarausch: *The Illusion of Limited War: Chancellor Bethmann Hollweg's Calculated Risk, July 1914*, in: *Central European History*, 2/1969.
45 Fritz Stern: *Bethmann Hollweg und der Krieg: Die Grenzen der Verantwortung*, Tübingen 1968; Ein Auszug in: »*Die Zeit*«, 29. 12. 1967, »Das Rätsel Bethmann Hollweg: Die Kunst das Böse zu tun. Ein Kriegskanzler, gesehen von seinem Intimus«.
46 K. D. Erdmann: »Begehrtes Tagebuch. Wurde die Wahrheit über den Juli 1914 verschleiert? Eine Entgegnung«, in: »*Die Zeit*«, 12. 1. 1968; dazu Leserbriefe von Stern und Erdmann, ebenda, vom 26. 1. und 16. 2. 1968.
47 F. Stern: *Bethmann Hollweg*, S. 27-31.

Reichspolitik für die ältere Geschichtsschreibung ein Greuel und Beweis der Schlappheit nach innen[48], so dient sie jetzt als Beweis der Modernität. Erdmann fragt nicht, wie Riezlers »Sozialismus« wirklich beschaffen war. Riezler dachte nämlich nur an die Integration der Arbeiterschaft und SPD in die »staatssozialistisch« modifizierte aristokratisch-bürgerliche Gesellschaft zur besseren Fundierung der imperialistischen Weltpolitik des Deutschen Reichs.[49]

Die für die Weltkriegsdiskussion bedenklichste Schwäche der Einleitung liegt woanders: Erdmann arbeitet die wichtigsten Passagen aus dem Tagebuch, die er 1964 nicht gebracht hatte, auch 1972 nur selten in die Einleitung ein. In der Flut des Materials gehen sie meist unter, so daß sie der kritische Leser selbst mühsam herausfischen muß. Bei Zitaten, die 1964 nur bruchstückhaft oder aus dem Zusammenhang gelöst erschienen, läßt sich heute bewundern, mit welcher Eleganz Erdmann sie durch Art der Auswahl und Zusammenstellung im Sommer 1964 gegen Fischer als Argumente einzusetzen verstand. Hierfür drei Beispiele:

1. Aus der Eintragung vom 21.8.1914 zitierte Erdmann 1964 nur drei kurze Sätze über des Kanzlers persönliche Wirkung. Der übernächste Satz vom gleichen Tag hätte jedoch Erdmann die Basis für seine Polemik gegen Augstein entzogen: »*Die Schwierigkeit, die der Deutsche hat, sich an das Gesicht der Weltherrschaft zu gewöhnen, das er nach seinem Siege zeigen muß.*« Riezler war eifrig darum bemüht, den Deutschen die rechte Weltherrschaftsgesinnung beizubringen. Gegen Ende des Weltkriegs war er deprimiert, daß er gescheitert war.

2. Um zu beweisen, daß Riezler und Bethmann Hollweg keine Annexionisten waren, gab Erdmann aus der Eintragung zum 22. 8. nur *ein* Detail wieder, der Kanzler habe dem Kaiser, »der gern Belgien annektieren wollte, den Floh ins Ohr gesetzt«, »dort seien so viele Katholiken«.[50] Die ge-

---

48 So H. Herzfeld: *Die deutsche Sozialdemokratie und die Auflösung der nationalen Einheitsfront,* Leipzig 1928.
49 Riezler-Tagebücher, Eintragungen vom 17. 2., 30. 3. 1916. 4. 3. 1917; vgl. auch unten S. 142-144; für Erdmann vgl. Einleitung zu Riezler-Tagebüchern, S. 64f., 71-73 mit den dort genannten Tagebuch-Eintragungen und Aufsätzen Riezlers aus dem Jahr 1916.
50 K. D. Erdmann: *Bethmann Hollweg,* NWB 32, S. 218.

samte Eintragung zeigt, daß sich Erdmann 1964 nur das unwichtigste Detail herauspickte:
»*Es beginnen schon die Siegespreispläne. Jagow will Belgien aufteilen. Wir haben uns heute die Karte angesehen. Ich predige immer Errichtung von Vasallenstaaten. Heute ließ mich der Kanzler kommen, frug mich nach Friedensbedingungen und meinen Ideen – erzählt auch, daß Moltke kurz vor dem Krieg gesagt habe, kein Dorf wollen wir ihnen wegnehmen (den Franzosen), (l'appétit aber käme en mangeant). Der Kaiser hatte bereits gesagt, Belgien müsse annektiert werden. Er habe ihn zunächst reden lassen, ihm nur später den Floh ins Ohr gesetzt, dort wären so viele Katholiken. Belgien wollen die Militärs verschwinden machen, es zu erhalten setze er nicht mehr durch. Daher Aufteilung zwischen Holland, Frankreich und uns.*
Ich habe ihm gegen das letztere und gegen die Phantasie einer Schonung und Versöhnung mit Frankreich gesagt, es wäre falsch zu rechnen, daß Frankreich sich nun mit uns versöhnen würde, weil das das Vernünftigste wäre, die Elastizität wäre enorm, seine Vitalität wäre ganz in der Phantasie, was es seit (18)70 geleistet hätte. Finanzimperialismus etc. Daher Frankreich unter Einbeziehung der Hälfte von Belgien stärker wäre als zuvor, zumal diese Gebiete volkreich sind und fruchtbar an Kohlen und Kindern.«
Bethmann Hollweg *persönlich* war also damals im Großen Hauptquartier in Sachen Kriegszielen tatsächlich der weichste, aber die Eintragung zeigt auch, welchem enormen Druck er ausgesetzt war, dem er auf die Dauer nicht standhalten konnte – Militärs, Kaiser, Staatssekretär Jagow und Riezler, der, getreu seinen Vorkriegsideen, dem milderen Kanzler alles Entgegenkommen gegenüber Frankreich auszureden versuchte. Erdmann hatte 1964 den Absatz mit der rhetorischen Frage eingeleitet: »Riezler also ein Annexionist? Das Gegenteil ist der Fall.« Die Fortsetzung der Eintragung hätte Erdmann klarmachen müssen, daß das Gegenteil seiner Aussage der Fall ist:
»*Meine Idee gestern dem Kanzler und dann beim Essen Jagow und Stumm auseinandergesetzt: Belgien ohne Lüttich bestehen lassen als deutschen Schutzstaat, ein Stück von Limburg an Holland, die Südecke an Luxemburg und Preußen,*

französisch Flandern zu Belgien und Belgien durch ein Schutz- und Trutzbündnis in loser Form an Deutschland gekettet. Die anderen sprechen von einem Korridor nach Antwerpen, den wallonischen Rest als kleinen und schwachen Staat. Mein Einwand, daß dieser nach Frankreich tendieren würde. Das gab der Kanzler zu und meinte, wir müßten die Hand drauf legen. Ich sagte, ich käme immer wieder auf die Notwendigkeit zurück, eine Form loserer Angliederung an das Reich zu finden, auch Hollands wegen, das man nur haben kann, wenn man seine Freiheit schont. Auch hier Schutz und Trutz, eventuell koloniale Gemeinsamkeit, wirtschaftliche Vorteile für die Holländer etc.«
In den Zusammenhang gehört die Eintragung vom 27. August: »... Ein großes mitteleuropäisches Wirtschaftssystem muß um uns herum cristallisiert werden, desgleichen ein loser Verband mit Schutz und Trutzbündnissen. Das ist die Hauptsache.« Beide Stellen zusammen widerlegen Zechlins Behauptung, die Erdmann 1964 mit einigen Zitatfetzen aus dem Riezler-Tagebuch emphatisch abstützte, denn aus den Eintragungen zeichnet sich bereits das sog. September-Programm ab. Es war kein in aller Eile aufgestellter Wunschzettel, »das Sammelbecken aller möglichen, nicht miteinander ausgeglichenen Vorstellungen über das bei einem plötzlichen Zusammenbruch Frankreichs vielleicht Erreichbare, wie es die verschiedensten Männer in der Umgebung des Kanzlers in Eile als ihren Beitrag zum Friedensprogramm hinwarfen.«[51] Vielmehr war das September-Programm aus einem Guß. Riezler goß die Anregungen, die im großen Hauptquartier umherschwirrten, in eine in sich schlüssige, wenn auch komplexe Form – die Kombination traditioneller Herrschaftsformen (Annexionen) mit modernen (ökonomische Bindungen, Mitteleuropa). Diese Mitteilung wäre auch 1964 wichtiger gewesen als das psychologisierende Bemühen um Bethmann Hollwegs Seele.
Riezlers Schlüsselposition in der Kriegszielfrage drückt sich auch darin aus, daß sogar der Entwurf zum September-Programm von ihm stammt, daß er anschließend »den Briefwechsel über Siegespreis und Vorbereitung dazu zu bearbei-

---

51 Ebenda, S. 219.

ten« hatte (20. 9. 1914). So erklärt sich, warum das September-Programm nach dem September 1914 nicht mehr in den Akten auftauchte: Im Kopf Riezlers als (scheinbar) rationale Synthese aus verschiedenen Forderungen entstanden, blieb Riezler die Grundidee deutscher Kriegsziele stets präsent: Mitteleuropa als Basis und Verbrämung deutscher Hegemonie.

3. Erdmann räumte 1964 ein, daß »dies eine Basis sei, um Weltmacht zu werden wie die Briten, um Teilhabe an der Weltherrschaft zu gewinnen, ist ein Gedanke gewesen, der auch in der Umgebung Bethmann Hollwegs vertreten wurde«, behauptete aber, Bethmann Hollweg sei »für die Faszination der Weltmachtidee unempfindlich« gewesen. Riezler betone, »daß dem Kanzler, der erst mit den Erlebnissen allmählich umlerne, ›Weltherrschaft traditionell unsympathisch‹ sei; oder: daß für dieses ›Geschöpf der alten Humanitätskultur‹ ›ein deutsches Weltreich‹ als ›ein widersinniger, undenkbarer Gedanke‹ gelte«.[52] Hier hatte Augstein eingehakt.[53] Die volle Eintragung bestätigt Augsteins Auffassung nicht nur formallogisch (Weltmacht ist nicht gleich Weltherrschaft), sondern auch inhaltlich:

»Auf der Fahrt lange mit Helfferich über die Eventualitäten gesprochen, daß wir keinen Frieden mit England bekommen und auf dem Gebiet stehenbleiben müssen, ja auf die Enteignung des deutschen Eigentums in England etc. mit der Austreibung der Belgier und Franzosen antworten müssen.

Helfferich, der seine politische Tradition erst aus dem neuen Deutschland hat, überhaupt innerlich nicht zum alten gehört, hat am meisten den modernen Machtwillen. Der Kanzler von all den Menschen des alten Deutschlands, die also in der Atmosphäre von 70 und 80 groß geworden sind und denen zumeist *ein deutsches Weltreich ein widersinniger, undenkbarer Gedanke* ist, *der einzige, der* mit den Erlebnissen allmählich umlernt. Lange mit ihm über den inneren Sinn des Krieges gesprochen, nach dem er als Geschöpf *der alten Humanitätskultur immerfort sucht. Die Tölpelhaftigkeit, innere Ideallosigkeit der Alldeutschen. Schreckliche Aspekte. Wenn wirklich die Welt dem Ruin verfallen soll, so ist die Frage*

---

52 Ebenda.
53 Vgl. oben S. 129.

dieses Krieges, ob und wie sehr zwischen der hohlen nichtssagenden englisch-amerikanischen Plattheit, die die Gegenwart international beherrscht und zeichnet, ein deutscher Geist nicht nur für sich bestehen, sondern der Welt ein Signum aufdrücken soll.«[54]
Erdmann bezog die Ablehnung von »Weltherrschaft« auf den Kanzler, während Riezler damit dessen ganze Generation meinte, aus der er den Kanzler heraushob, jedoch genau umgekehrt wie Erdmann: Riezler billigte dem Kanzler zu, daß er allein im Weltkrieg hinzulernte, was sich nur auf das beziehen kann, wovon die Rede war – »moderner Machtwille«, »deutsches Weltreich«. In der Tat konnte Bethmann Hollweg aus seiner Umgebung hinzulernen, so wenn ihm nach dem »Kriegsrat« vom 8. Dezember 1912 Wilhelm II. gegenüber Admiral von Müller anerkennend bescheinigte, »wie interessant es sei, daß selbst der Reichskanzler sich jetzt doch an den Gedanken eines Krieges gewöhnt habe, der doch noch vor einem Jahr ausgesprochen habe, er werde nie imstande sein, zu einem Krieg zu raten«.[55] Auch in der Kriegszielfrage hatte der Kanzler Ende August 1914, gewiß unter dem Druck seiner Umgebung, hinzugelernt.

Den für seine Seite wohltätigen Effekt gegen Fischer verstärkte Erdmann, indem er den Eindruck erweckte, als sei der Satzteil »Weltherrschaft traditionell unsympathisch« schon in der Eintragung vom 16. Mai 1915 enthalten, was er in der Fußnote unterstrich: »Zwei Monate später wird diese Formel wiederholt und zugleich auf Jagow bezogen.«[56] Aber nur am 16. Juli 1915 notierte Riezler tatsächlich: »Die Alldeutschen etc. spüren natürlich ganz genau, daß dem Kanzler wie Jagow Weltherrschaft etc. traditionell unsympathisch sind. Daher der Widerstand.« Es folgt ein Satz, der die strukturellen Aspekte der Kriegszielfrage beleuchtet: »Das Volk hat einen enormen Drang zur Macht«, was Riezler damals offenbar noch goutierte. Wenn also Bethmann Hollweg und

---

54 Riezler: *Tagebücher*, 16. 5. 1915, S. 271; nur die gerade gesetzten Stellen stehen bei Erdmann: *Bethmann Hollweg* (1964).
55 Georg A. v. Müller: *Der Kaiser*. Aufzeichnungen des Chefs des Marinekabinetts Admiral Georg Alexander v. Müller über die Zeit Wilhelms II., hrsg. von Walter Görlitz, Berlin und Frankfurt/Main 1965, Eintragung vom 14. 12. 1912, S. 126.
56 K. D. Erdmann: *Bethmann Hollweg*, NWB 32, S. 221, Anm. 21.

Jagow von deutscher *Weltherrschaft* wenig (oder nur zögernd hinzulernend) wissen wollten, so waren sie nicht gegen eine deutsche *Weltmachtstellung*. Der »moderne Machtwille« war nicht nur bei Riezler, sondern sogar in der deutschen Gesellschaft »enorm«. Diese kollektiven Tendenzen und Kräfte sind zur Beurteilung der deutschen Reichspolitik im Ersten Weltkrieg wichtiger als die subtilen Seelenregungen des Kanzlers, auf den es letzten Endes doch nicht ankam, wie mit Erdmann die ältere Historikergeneration in ihrer (Bethmann Hollweg seit 1945 positiv umwertenden) Apologie des Deutschen Reichs glauben machen möchte.

Wie nur bedingt aussagekräftig Erdmanns Riezler-Selektion 1964 war, die auch 1972 in der Einleitung zu den Tagebüchern kaum verbessert wurde, erhellt ein Blick auf die für die Weltkriegsdiskussion zentralen Komplexe – Weltherrschaft und Weltreich, Mitteleuropa und deutsche Hegemonie. In beiden Punkten bestätigt Riezler aufs glänzendste Fischer, geht sogar in einem Punkt über Fischer hinaus: In Übereinstimmung mit seinen Vorkriegsideen strebte Riezler im Weltkrieg tatsächlich eine deutsche Weltherrschaft pure et simple an. In Gesprächen mit dem Kanzler plädierte Riezler nachdrücklich dafür. Auf skeptische Einwände des Kanzlers »wegen der Befähigung Deutschlands zur Weltherrschaft« wandte Riezler ein, »es würde schreckliche Dinge geben, schließlich aber würde das Volk sich die Eigenschaften erwerben, die es brauche« (11. 10. 1914), sinngemäß zu ergänzen: zur Erlangung der Weltherrschaft. Sechs Wochen später skizzierte er den »schmale(n) Pfad eines möglichen deutschen Aufstiegs zur Weltherrschaft«: »Verschiedene Möglichkeiten ringsum Deutschland, d.h. nach Nordwest und Südost ein System kleiner Staaten, deren freies Leben durch Deutschland gesichert wird. Das aber nur durch leichte Hand, Freiheitsgerede, kleine Machtmittel möglich. Das würde unsere wirtschaftliche Vormacht in Europa garantieren« (22. 11. 1914). Und er fügte skeptisch-realistisch hinzu: »Das wäre gangbar, wenn wir politisches Talent (hätten), das haben wir nicht.«

Riezlers Kritik an Alldeutschen und Militärs ist nur so verständlich. Drei Wochen später gab er ihr eine scheinbar objektivierende Wendung: »Die Tragik in der Entwicklung des

modernen Deutschland – siegt es, so werden alle Kräfte absorbiert für Aufgaben, für die der Deutsche kein Talent hat – Weltherrschaft, die seinem Geist seiner Größe entgegen ist.
. . . Wenn sie erworben sein wird, wird es zu spät sein. Das ist die Tragik, daß das causale Ineinandergreifen der verschiedenen Entwicklungsreihen nicht Ausdruck eines Planes oder Sinnes, sondern zufällig ist, die Tragik der auseinanderfallenden Zeitpunkte« (13. 12. 1914).
Im Laufe des Krieges häufen sich kritisch-distanzierende Bemerkungen, in denen jedoch das ursprüngliche Ziel noch durchschimmert, von dem sich Riezler offenbar nur ungern trennte: »Scheinbar hysterischer Zustand der Exaltados. . . . Als Realpolitik gilt ihnen die sentimentalste von allen. Auf diesem öffentlichen Geist kein Weltreich aufzubauen« (12. 6. 1916). In diesen Zusammenhang gehört das Vabanquespiel mit dem uneingeschränkten U-Bootkrieg, dessen Konsequenzen für Deutschland er mit von nun an wachsender Klarheit erkannte, ohne sich jedoch anfangs von der Illusion deutscher Weltherrschaft zu lösen: »Schlimmstes die U-Bootfrage. Kommt es im Herbst nicht zum Frieden, so war die Politik in dieser Frage ein Fehler, dann war das Vabanque Spiel richtig. Kommt es zum Frieden, so wird er viel schlechter, als man glaubt, und daran sollen dann die U-Boote, respective der Verzicht auf sie schuld sein. Wir hätten Sieg und Weltherrschaft aus der Hand gegeben, die Schreier behalten dann anscheinend recht, und das arme Deutschland gerät in die Hand dieser Kerle, die teils Schieber, teils Dummköpfe sind« (29. 6. 1916).
Während der Westoffensive im Frühjahr 1918 wurde er geradezu wütend: »Zum Heulen: die größten Gelegenheiten werden blutig verdorben. Nie war ein Volk fähiger, die Welt zu erobern und unfähiger, sie zu beherrschen« (15. 4. 1918). Zu Beginn der sich nach dem 8. August anbahnenden Agonie des Deutschen Reichs notierte er bitter: »Die Unkenntnisse und Eigenmächtigkeiten der OHL, die Irrtümer des A. A. . . ., die Zusammenhanglosigkeit beider Gewalten – welche Gelegenheiten und welcher Charlatanismus. Und das will ein Weltvolk sein und England besiegen. Welcher Hohn!« (12. 9. 1918). Riezler war jedoch selbst ein besonders eloquenter Propagandist deutscher Weltherrschaft ge-

wesen – vor dem Krieg mit seinem Ruedorffer-Buch, im Krieg als Einbläser Bethmann Hollwegs, der den ehrenwert zaudernden Kanzler förmlich in eine Weltherrschafts-Psychose hineinzuschwatzen suchte. So erinnert die letzte einschlägige Eintragung an den Fuchs und die zu hoch hängenden Trauben: »Die schreckliche Unorientiertheit der Parlamentarier über Sachen und Personen!... und dieses Volk so unerzogen und kindisch, wollte England die Weltherrschaft streitig machen« (30. 9. 1918).

Bei den Einblicken, die ihm seine Stellung erlaubte, wiegt die versuchte Sinngebung des Weltkriegs 1916 doppelt schwer: »Von Deutschland aus gesehen, dreifacher Sinn: Verteidigung gegen das gegenwärtige Frankreich, Präventivkrieg gegen das zukünftige Rußland, (als solcher zu spät), Kampf mit England um die Weltherrschaft« (1. 8. 1916).

Nicht minder aufschlußreich sind die Eintragungen zum Komplex Reich-Mitteleuropa-Hegemonie, von denen Stern 1967 bereits einige nachtrug. Erst im Kontext mit Parallelstellen gewinnen sie ihre eigentliche Aussagekraft. Sie bestätigen die aus den Akten gewonnene These vom nur taktischen oder methodischen Unterschied zwischen offenen Annexionisten und verhüllenden Expansionisten der Mittelgruppe um Bethmann Hollweg, als deren stärkster Kopf sich Riezler erweist.[57] Die herrschaftsverschleiernde Funktion von »Mitteleuropa« wird schon im Spätsommer 1914 deutlich. Eine Kette von Eintragungen enthüllt die innere Konsistenz des September-Programms bei Riezler. Schon am 19. 8. 1914 notierte er: »Abends langes Gespräch über Polen und die Möglichkeit einer loseren Angliederung von anderen Staaten an das Reich – mitteleuropäisches System von Differentialzöllen. Groß-Deutschland mit Belgien, Holland, Polen als engen, Österreich als weiten Schutzstaat.« Ende Februar 1915 »bohr(t)e« er »immer an einer deutschen Vorherrschaft über Mitteleuropa und alle kleinen Staaten unter

---

57 Jetzt auch von Erdmann mit einer fast identischen Formulierung (»gemeinsamer Nenner«) bestätigt: »Dabei hat Riezler nie bestritten, daß es zwischen den Kriegszielvorstellungen der Alldeutschen und der von ihm vertretenen ›gemäßigten Machtpolitik‹ des Reichskanzlers einen gemeinsamen Nenner gab, eben den Ausbau der kontinentalen Mittelstellung des Reiches.« K. D. Erdmann: Einleitung, S. 62.

dem Deckmantel einer mitteleuropäischen Conföderation ohne Einbuße an deutscher Macht« (27. 2. 1915). Wenig später fand er, in Übereinstimmung mit dem September-Programm, eine bestechende Form:

»Gestern lange mit dem Kanzler zusammengesessen, um ihm mein neues Europa, d. h. die europäische Verbrämung unseres Machtwillens auseinanderzusetzen. Das mitteleuropäische Reich deutscher Nation. Das bei Aktiengesellschaften übliche Schachtelsystem, das deutsche Reich eine AG mit preußischer Aktienmajorität; jede Hinzunahme neuer Aktionäre würde diese Mehrheit, auf der, als auf der preußischen Hegemonie, das Reich steht, zerstören. Daher um das Reich herum einen Staatenbund, in dem das Reich ebenso die Majorität hat wie Preußen im Reich – daher denn Preußen auch in diesem Staatenbund die tatsächliche Leitung hat. Die belgische Frage so lösen, daß sie dieser zukünftigen Entwicklung nicht im Wege steht, sondern sie im Gegenteil selbst herauf führen hilft. Dann Österreich so behandeln, daß es von selbst hineinwächst. Das wird es und muß es. Dann den europäischen Gedanken in Skandinavien und Holland stärken. Man braucht gar nicht von Anschluß an die Centralmacht zu reden. Der europäische Gedanke, wenn er sich weiter denkt, führt ganz alleine zu solcher Konsequenz. Ditto die Ermüdung und der nach dem Kriege zu erwartende Pazifismus. Man muß der Welt den ewigen Frieden versprechen.« (18. 4. 1915)

Selten werden die wichtigsten Elemente deutscher Kriegszielpolitik so deutlich wie hier: Auf Basis der traditionellen imperialen Reichsidee erhebt sich, dank moderner, wirtschaftlich-industrieller Elemente, ein stromlinienförmiger Imperialismus, der nach dem Schachtelsystem von Aktiengesellschaften die Hegemonie des preußisch-deutschen Reichs unter europäischen Phrasen errichten und sichern soll. Hinzu kommt ein Schuß Zynismus: »Man muß der Welt den ewigen Frieden versprechen« – obwohl eine solche Machtzusammenballung europäische Befreiungskriege gegen die deutsche Hegemonie provozieren mußte, wie sie im Zweiten Weltkrieg Realität wurden. Nur war inzwischen aus Riezlers »mitteleuropäischem Reich deutscher Nation« Himmlers »großgermanisches Reich deutscher Nation« geworden, dessen Heraufkunft Riezler bereits umrißartig erkannte.

Zur Verschleierung der deutschen Hegemonialabsichten entwickelte der phantasie- und assoziationsreiche Riezler eine noch modernere Variante. Zum historischen Rückgriff auf das mittelalterliche Römische Reich Deutscher Nation trat der Vorgriff auf eine scheinbar demokratische Zukunft: »Vereinigte Staaten von Europa« (22. 11. 1916). Das Ziel war das gleiche geblieben. An Stelle der alten Nationalstaaten schwebte ihm ein mitteleuropäischer Imperialismus der leichten Hand vor, mit Deutschland und Österreich als »Kern dazu«: »Das kann nicht schiefgehen und gibt die Möglichkeit des Weiterwachsens.« Für Pazifisten hatte er auch einen Brocken parat: »Außerdem unbedingte Notwendigkeit, Europa vor den Rüstungen zu erretten« (11. 10. 1915). Zum Testfall für die Realisierung seines Konzepts machte Riezler eine relativ großzügige Lösung der polnischen Frage, so durch die Proklamation vom 5. November 1916: »Aber die große Linie, die uns aus der kleindeutschen Politik und den Methoden des preußischen territorialen Staates hinausführen soll in die alte Weltstellung des deutschen Reichs als zentraler Kristallisationspunkt der ringsumliegenden kleinen Gebilde, die über sie hinaus weiterhin zu den Vereinigten Staaten von Europa führen soll – die ist drin, dazu ist es der erste Schritt« (11. 11. 1916).
Riezler erkannte klar das Dilemma zwischen imperialen Hegemonialplänen und mitteleuropäischer Verschleierung: »Mitteleuropa. Staatsrechtliche Zusammenfassung. Kanzler sagt mit Recht, man darf die Linie nicht zu sehr betonen, man schweißt sonst die anderen zu sehr zusammen. Der Kanzler meint, die Entwicklung würde, müsse in diese Richtung führen, aber zu machen wäre sie mit den Militärs usw. nicht. Ich entgegnete, sie dürfen es nicht merken; natürlich ist aber ihre ganze Tendenz der Gewalt außerstande, auf eine ausdrückliche Stipulierung der deutschen Hegemonie zu verzichten – die Hegemonie selbst ist durchzusetzen, das caudinische Joch ihrer formellen Anerkennung aber nie.« (2. 12. 1916). Im Klartext: Europa durfte nicht merken, daß das Reich die Hegemonie wollte, die deutschen Militärs durften nicht merken, daß sie es nicht mit roher und nackter Gewalt tun durften. Hauptsache war die Hegemonie, und in ihrem Interesse war Riezler bereit, auf die formelle Aner-

kennung zu verzichten, sah aber die Schwierigkeit, das den Militärs beizubringen.

Den »Vereinigten Staaten von Mitteleuropa mit Polen« wollte er eine Massenbasis durch die »Arbeitermassen« und eine »übernationale Bewegung« zur »Überwindung all der kleinen Nationalismen« geben. Er wollte ein »Zurückbiegen der bismarckschen Politik in die Paulskirche und den politischen Geist des römischen Reichs deutscher Nation«. Preußen und Kleindeutschland seien zu überwinden durch ein »Großdeutschland« (22. 11. 1916). Im März 1917 faßte Riezler noch einmal sein Konzept der mitteleuropäisch verbrämten Hegemonie in klassischer Kürze zusammen:

»*Die Politik des Reichskanzlers, das deutsche Reich, das nach den Methoden des preußischen Territorialstaats allein in der Mitte Europas nicht Weltmacht werden kann, wohl auch überhaupt nur begrenzte Zeit haltbar ist, in einen Imperialismus europäischer Gebärde hineinzuführen, den Kontinent von der Mitte aus (Österreich, Polen, Belgien) um unsere stille Führung zu gruppieren.*« (11. 3. 1917)

Die Vorkriegsideen vom Wachsen aller Nationen in Etappen bis zur Weltherrschaft und die September-Denkschrift waren keine isolierten Einfälle, sondern Riezler, der es wissen mußte, bezeichnete sein ursprüngliches Mitteleuropa-Konzept ausdrücklich als die »Politik des Reichskanzlers«, also des Deutschen Reichs.

Der Wert des Riezler-Tagebuchs erschöpft sich aber nicht nur als Bestätigung für die moderne Weltkriegsforschung, sondern weist weit in die deutsche Geschichte des 20. Jahrhunderts hinein. Das Tagebuch enthüllt einen faszinierenden Lernprozeß seines Autors: Im Scheitern seiner weitgespannten Konzeption deutscher Weltherrschaft, mit der er nur die Widersprüche zwischen antiquierten und modernen Elementen im Deutschen Reich auf die Spitze trieb, erkannte er schrittweise – zunächst nur in heller Verzweiflung über die reaktionären Militärs und Alldeutschen, die seine feingesponnenen Pläne mit ihrer groben Direktheit verdarben – allmählich die Grundgebrechen des Deutschen Reichs. Mitten im Weltkrieg fiel ihm »der politische Nebel in Deutschland« auf: »Nirgends ein Wort, das Verständnis für die tatsächlichen Fakten der deutschen Politik verrät. Überall nur

Phrasen und Gefühlsaufwallungen« (19. 3. 1916). Bald lichtete sich für ihn der Nebel:
»*Gestern abend drei Stunden allein beim Kanzler abends. Das neue Deutschland durchgesprochen, das jetzige Chaos, die Kluft im öffentlichen Geist zwischen Ostelbien und dem Süden . . .*
Der Kanzler sprach von dem Albdruck der Revolution nach dem Kriege, der auf ihm laste. Ungeheure Ansprüche der heimkehrenden Feldgrauen, Enttäuschung über den Frieden. Unbrauchbarkeit der bürgerlichen Parteien, die sich gegen Links nur durch Aufstachelung von Leidenschaften halten können, aber sonst so innerlich ausgehöhlt sind, nichts mehr zu sagen haben. Die Parteien müssen ganz neu werden, der öffentliche Geist von Grund auf umgestaltet werden. Wird er das nicht, geht Deutschland zugrunde. Unmöglichkeit, Ostelbien zu ändern – muß gebrochen werden – untergehen.«
(14. 6. 1916)
Wieder zwei Wochen später stöhnte Riezler hellsichtig: »Wehe dem armen Deutschland, wenn der alldeutsche Jugendwahnsinn siegt« (2. 7. 1916). Im Herbst 1916 klagte er:
»*Heillose innere Verwirrung und Nervosität. Eine große Menge der Menschen, insbesondere die sogenannten Intellektuellen, sind gemütskrank. Gutes Zureden hilft nichts.*«
(7. 10. 1916)
Nach der von ihm beklagten Entscheidung für den uneingeschränkten U-Bootkrieg (9. 1. 1917) sah Riezler die Grundproblematik des Deutschen Reichs schärfer denn je:
»*Das Groteske der Situation des heutigen Deutschland. Alles genau umgekehrt, als es scheint. In Wahrheit haben wir weder eine unentschlossene noch eine schwache, sondern eine tollkühne Regierung. Berechtigt ist nicht der Vorwurf, daß sie die Kampfmittel aus Schwäche nicht eingesetzt habe – sondern daß sie nicht schon längst Frühjahr 15 den faulen Frieden geschlossen hat . . . Die seltsamen Paradoxien des heutigen Deutschland: Eine tollkühne Politik kann nur mit den vorsichtigen Elementen, also mit der Linken gemacht und durchgehalten werden. Sie wird ermöglicht durch die Angriffe von rechts wegen zu großer Zaghaftigkeit.*
Die wenigen Sehenden in Deutschland haben insgeheim ein

Kriegsziel, das ist die Vernichtung des preußischen Militarismus, des politischen oder dessen, was dieser geworden ist, seit der Soldat aufgehört hat, gebildet zu sein. Niemand darf es sagen, weil es das englische Kriegsziel ist.« (12. 1. 1917)
Selbst nach dieser bitteren Einsicht war noch eine weitere Zuspitzung möglich, die ein bürgerlicher Historiker weder in der Weimarer Republik noch in der Bundesrepublik hätte auszusprechen gewagt:
»*Auf konservativer Seite die Angst um die Vorherrschaft in Preußen, die Ideologie des preußischen Territorialstaats, aufs engste verknüpft mit der Ostmarkenpolitik, fühlend, daß die Aufgabe, die polnische Frage mit weicher Hand zu lösen, die heutige, von der konservativen Demagogie verunstaltete Ideologie Preußens gänzlich umgestalten muß.*
Auf der Seite der Schwerindustrie eine ganz primitive ungebildete Macht- und Herrenpolitik, auf nichts weiter bedacht als auf möglichsten Zuwachs an industrieller Macht nach Westen, Beherrschung der möglichst zu ruinierenden belgischen Industrie – alles diskutabel in der Sache, undiskutabel in der Form, eine ungebildete Parvenüpolitik, kurzsichtig, amerikanisch . . .
Wie die Konservativen die Gemütsart des Guthofes, so übertragen die Schwerindustriellen die des Herrenunternehmens gegenüber den Arbeitern auf die äußere Politik. Das A und O der Politik dieser Leute ist das Verhältnis zur Sozialdemokratie. Daher kommt alle ihre Angst und alle ihre Gegnerschaft. Durch ihren anfänglichen Plan, durch Proklamierung von Eroberungen und eine Hochflut des Chauvinismus die Sozialdemokraten zuerst in die Opposition zurückzudrängen und nach einem kurzen Siege und nationalem Jubel bei den Wahlen zu schlagen – haben sie die deutsche These nach innen und außen verdorben –, freilich auch der Regierung die Aufgabe, die Linke zusammenzufassen, erleichtert.« (11. 3. 1917)
In der präzisen Erfassung des konservativen Kalküls der herrschenden Klasse im Ersten Weltkrieg bezeichnet Riezler zugleich die innere Widersprüchlichkeit und Brüchigkeit des Deutschen Reichs, die Divergenz zwischen älterem agrarischen und jüngerem industriellen Flügel der herrschenden Klasse, wie sie die jüngere deutsche Forschung nach der Entdeckung und Rezipierung Eckart Kehrs herausgearbeitet

hat, die Diskrepanz zwischen Antiquiertheit seiner politischen Strukturen und Ideen einerseits und der Modernität seiner ökonomischen Basis andererseits.[58] Riezler vertraute seinem Tagebuch seine geheimsten Vorstellungen über die wahren Ziele des Deutschen Reichs im Ersten Weltkrieg an. Er verbarg dort auch sein immer härter werdendes Urteil über die herrschende Klasse in Preußen-Deutschland. In beiden Punkten bestätigt er die Richtigkeit der kritischen und modernen Forschung.

Zugleich bildete Riezler im Weltkrieg eine durch und durch moderne Form der politischen Analyse heraus, vor allem durch präzise Prognosen über die politischen Rückwirkungen der sich allmählich abzeichnenden deutschen Niederlage. Ende Mai 1915, mitten im großen »Siegeslauf« in Polen, hatte er noch einmal indirekt »die ganze ursprüngliche Rechnung« angesprochen, die »durch die Schlacht an der Marne ins Wanken geraten« war (25. 5. 1915). Die »ursprüngliche Rechnung« war also das Vertrauen auf die militärische Unbesiegbarkeit des Reichs, auf die deutsche Dampfwalze im Westen, die nach dem Blitzsieg über Frankreich auch die russische Dampfwalze zerschmettern würde. So konnte man es wagen, seit dem 8. Dezember 1912 den Krieg vorzubereiten und im Juli 1914 auszulösen. Auf den ersten »Sprung ins Dunkle« vom Juli 1914 folgten im Krieg konsequente weitere Sprünge ins Dunkle – Polenproklamation 1916, uneingeschränkter U-Bootkrieg und Förderung der russischen Revolution 1917. Was geschehen wäre, »wenn wir den Krieg gewonnen hätten« (Erich Kästner 1928), läßt sich heute eindrucksvoll im Riezler-Tagebuch nachlesen, aber auch – und das macht seinen besonderen Reiz als Quelle aus – was geschehen würde, wenn das Reich scheiterte. So schloß Riezler seine interne Warnung vor dem uneingeschränkten U-Bootkrieg in einer offiziellen Aufzeichnung vom 30. 4. 1916 mit der Skizze der unvermeidlichen Konsequenzen aus dem möglichen »Mißerfolg«, an dem für ihn »nicht das Schicksal, sondern die von den Konservativen und Nationalliberalen geforderte U-Boot-Politik schuld ist«. Es käme zum »Sturm«, »der nicht nur die bür-

---

58 Vgl. oben Kap. 1, S. 23f.

gerlichen Parteien wegfegen, sondern auch das Staatswesen von Grund auf zerstören wird«.[59] Ähnlich hellsichtig urteilte er über die Folgen von Gelingen und Scheitern der deutschen Westoffensive im Frühjahr 1918, von der alles abhinge: »Glückt sie völlig, so kommt die freudig vom Volke ertragene Militärdiktatur – glückt sie nicht, eine schwere moralische Krise, die friedlich zu bewältigen wohl keiner der jetzigen Regierungsmänner die Kunst hat« (15. 4. 1918). So konnte Riezler im Zusammenhang mit dem U-Bootkrieg bereits die Revolution als Konsequenz aus dem möglichen Scheitern ins Auge fassen: »Auch wir treiben allerdings langsam der Revolution zu« (29. 6. 1916).

Lehrreich ist die Verknüpfung von innen- und außenpolitischen Faktoren in der versuchten Manipulierung der SPD zur Verteidigung des Kanzlers gegen die Rechte in der U-Bootfrage: »Läßt sich die Linke verführen zu behaupten, der Kanzler sei umgefallen, so ist er erledigt, und das zukünftige Deutschland verfällt, wenn der U-Bootkrieg hilft, rettungslos dem Wahnsinn und der Ideologie der Gewalt um der Gewalt willen, dann ist es mit dem Weltreich vorbei, wir bleiben ein Territorialstaat. Gelingt es nicht, so ist völlige Umwälzung sicher« (17. 1. 1917). Ähnlich nimmt Riezler das Aufkommen des Faschismus durch die Erfindung der späteren Dolchstoßlegende bereits nach Ostern 1917 vorweg, wenn er hellsichtig meint, ein »schlechter Friede« werde »den Arbeitern zugeschrieben, alles zugunsten der Rechten herumgedreht, und das physisch zu Tode getroffene Deutschland wird seelisch völlig verwirrt« (19. 4. 1917).

Riezlers Tagebuch, gelesen mit Kenntnis der deutschen Geschichte seit dem Ersten Weltkrieg, wird in solchen Passagen zum Lehrbuch für das bessere Verständnis der neueren deutschen Geschichte, denn seine Prognosen trafen ja exakt ein, und ist geeignet, alte Ressentiments aus einer unverstandenen Geschichte endgültig zu zerstören. So kann das Tagebuch im besten Sinn emanzipatorisch, befreiend von alten Legenden und Mythen wirken, nationalpädagogisch zur politischen Bildung der Deutschen beitragen, deren Mangel Riezler, wenn auch in anderem Kontext und zu anderen

---

59 K. Riezler: *Tagebücher*, S. 491.

Zwecken, einst beklagt hatte. Ob Riezler »selbst tief in die außenpolitischen Irrtümer der Zeit verflochten war« (Herzfeld 1923) oder mit atemberaubender Präzision die Konsequenzen des Fehlschlags der »ganzen ursprünglichen Rechnung« voraussah – stets erweist er sich als der stärkste politische Kopf der herrschenden Klasse im wilhelminischen Reich. Er wollte ihm als liberales Feigenblatt mit seiner Intelligenz auf dem Weg zur deutschen Weltherrschaft dienen, mußte aber zu seiner Verzweiflung erkennen, daß die erstarrten Strukturen des Reichs nur die massiven Stupiditäten der Alldeutschen und Militärs zum Zuge kommen ließen, so daß auch ein Bethmann Hollweg an der Spitze des Reichs nichts mehr half. Nach der Niederlage von 1918 setzten sich mit dem Faschismus tatsächlich die »Exaltados« durch, riskierte der »alldeutsche Jugendwahn« mit dem Zweiten Weltkrieg den zweiten »Griff nach der Weltmacht«.

Heute kann die Lektüre des Riezler-Tagebuchs aus dem Ersten Weltkrieg im Schatten des noch immer drohenden Dritten Weltkriegs generell heilsam wirken. Es legt in der Widersprüchlichkeit seines Autors die Bruchlinien des Deutschen Reichs frei, an denen entlang es 1945 zerbrach, und die Mechanismen von Niederlage und umstürzenden innenpolitischen Konsequenzen eines weltpolitischen Ausgreifens sind noch immer wirksam.

10. Oppositionelle Sozialisten im Kaiserreich 1914-1918

Seit dem Zusammenbruch der Pariser Kommune 1871 und der anschließenden Lähmung der sozialistischen Bewegung in Frankreich bis ungefähr 1889, als die II. Sozialistische Internationale in Paris gegründet wurde, war die sozialistische Bewegung in Deutschland die stärkste in der Welt geworden, entsprechend dem enormen industriellen Aufschwung Deutschlands seit der Reichsgründung 1871. Die Entscheidung der SPD vom 4. August 1914, den Kriegskrediten zuzustimmen, löste daher analoge Stellungnahmen sozialistischer Parteien in den anderen am Krieg beteiligten Ländern aus, weil die SPD nun einmal seit Jahrzehnten als vorbildlich gegolten hatte. Damit war die Einheit des internationalen Sozialismus gesprengt, weil sich die SPD – halb freiwillig, halb gezwungen – in die nationale Einheitsfront des Deutschen Reichs gegeben hatte.

Mit ihrer Zustimmung zu den Kriegskrediten und zum innenpolitischen »Burgfrieden« zahlte die SPD aber auch den Preis ihrer inneren Einheit. Die Billigung der Regierungspolitik war ein großes Opfer für eine Partei, die seit eh und je in der als grundsätzlich verstandenen Opposition zum System großgeworden war. Da die SPD mit ihrem Einschwenken auf die Regierungslinie die in einer modernen Gesellschaft üblichen inneren Divergenzen überdeckte oder unterdrückte, mußte sie es in Kauf nehmen, daß die Spannungen in der deutschen Gesellschaft fortan in der Partei selbst durchschlugen. Je länger der Krieg dauerte, je weniger erfolgreich er für Deutschland verlief, desto heftiger würden die innerdeutschen Spannungen auf die SPD zurückwirken, die mit ihrem Votum die Fiktion der politischen Einheitsfront erst ermöglicht hatte.

Aber schon der Schein der äußeren Einmütigkeit innerhalb der SPD-Fraktion am 4. August 1914 trog: Die Bewilligung der Kriegskredite war innerhalb der Fraktion heftig umstritten, und bei der entscheidenden Abstimmung am 3. August hatten immerhin 14 Abgeordnete gegen die Zustimmung zu

den Kriegskrediten gestimmt, sich aber im Reichstag dann der Fraktionsdisziplin gefügt. Selbst Fraktionsvorsitzender Hugo Haase, der die Zustimmungserklärung der SPD vor dem Reichstag verlas, hatte das intellektuelle Opfer auf sich genommen, gegen seine innere Überzeugung zu sprechen, nur um den Zusammenhalt der Fraktion zu wahren oder zu dokumentieren. Karl Liebknecht machte sich fortan selbst immer wieder heftige Vorwürfe, daß er nicht schon am 4. August 1914 gegen die Kriegskredite gestimmt hatte.
Noch am Abend des 4. August trafen sich in der Berliner Wohnung von Rosa Luxemburg einige entschiedene Linksoppositionelle, unter ihnen Franz Mehring und Wilhelm Pieck, der spätere erste Staatspräsident der DDR, um die Konsequenzen der neuen Lage zu beraten.[1] Aus diesen allerersten Anfängen entwickelte sich im Laufe des Krieges die innerparteiliche Opposition, die schließlich zur Spaltung der SPD führte, zur Gründung von Spartakusbund 1916 und Unabhängiger Sozialdemokratischer Partei Deutschland (USPD) 1917.[2] Wichtige Etappen waren das erste oppositionelle Votum Karl Liebknechts gegen die Kriegskredite im Reichstag am 2. Dezember 1914, die Ablehnung der Kriegskredite durch 20 SPD-Abgeordnete im Reichstag am 21. Dezember 1915, das illegale Erscheinen von Propagandaschriften der Linken (»Die Internationale«, Rosa Luxemburgs »Junius-Broschüre«, »Spartakusbriefe« etc.), die Ablehnung des Etats durch 18 SPD-Abgeordnete im Reichstag am 24. März 1916 und deren Ausschluß aus der SPD-Fraktion. Die Bildung einer eigenen Reichstagsfraktion, »Sozialdemokratische Arbeitsgemeinschaft« noch Ende März 1916 war die nächste Etappe. Nachdem eine Reichskonferenz der SPD Ende September 1916 die auseinanderstrebenden Kräfte nicht mehr zusammenzuhalten vermochte, konstituierte sich Ostern 1917 in Gotha die USPD, jetzt schon unter

1 Vgl. Walter Bartel: *Die Linken in der deutschen Sozialdemokratie im Kampf gegen Militarismus und Krieg*, Berlin (DDR) 1958, S. 190.
2 Nach der älteren amerikanischen Forschung (A. J. Berlau: *The German Social Democratic Party 1904-1921*, New York 1949; Carl E. Schorske: *German Social Democracy 1905-1917. The Development of the Great Schism*, Cambridge, Mass. 1955) s. jetzt Susanne Miller: *Burgfrieden und Klassenkampf. Die deutsche Sozialdemokratie im Ersten Weltkrieg*, Düsseldorf 1974.

dem Eindruck des Kriegseintritts der USA und der russischen Februar-Revolution.[3]

Die Spaltung der Partei im Krieg entsprach ungefähr den inneren Fraktionierungen im Frieden. Von einigen Schwankungen abgesehen, blieben der rechte Flügel und das alte Zentrum der SPD bei der Mehrheit, der linke, stärker marxistisch geprägte ging in die Opposition. Einige frühere Linke schlossen sich jedoch der Mehrheit an, wie Paul Lensch, der am 3. August 1914 zusammen mit Karl Liebknecht noch zu den Wortführern derer gezählt hatte, die gegen die Bewilligung der Kriegskredite waren. Umgekehrt schlugen sich prominente Mitglieder des rechten Flügels und des Zentrums früher oder später auf die Seite der Oppositionellen, anschließend der USPD: Eduard Bernstein, der Theoretiker des Revisionismus, Karl Kautsky, der führende Kopf des dogmatisch-marxistischen Zentrums, Hugo Haase, einer der beiden Vorsitzenden der SPD und Chef der Reichstagsfraktion. Ihre Motivation war jedoch eher Ablehnung des Krieges als Kampf für die Revolution in den Reihen der USPD. Wie viele andere USPD-Führer schlossen sich Kautsky und Bernstein nach dem Krieg, als sich neue Frontstellungen ergeben hatten, wieder der SPD an. Haase wäre vermutlich denselben Weg gegangen, wäre er nicht 1919 ermordet worden.

Im Kriege selbst blieb der USPD nur wenig Spielraum für eigene politische Aktivität. Zwar traten 1917 teilweise ganze Ortsverbände von der alten SPD zu ihr über, aber in der Kriegssituation hatte sie als Oppositionspartei auch die Last behördlicher Schikanen und Restriktionen zu tragen, z. B. ungenügende Zuteilung von Papier für parteieigene Zeitungen, Zensur, Einberufung ihrer Anhänger zur Armee usw. Neuere Detailforschungen an einzelnen Orten, z. B. in Hamburg, haben ergeben, daß die USPD zur wirklichen Massenpartei erst mit und nach der Revolution Ende 1918 wurde, als die vielfältigen Diskriminierungen, die das Ancien Régime auferlegt und im Krieg verschärft hatte, weggefallen waren.[4]

Die USPD vor und nach ihrer Konstituierung fand zwar wie-

3 Hartfried Krause: *USPD*, Frankfurt/Köln 1975, S. 86-92.
4 Volker Ullrich: *Die Hamburger Arbeiterbewegung vom Vorabend des Er-*

der zu einer schärfer marxistisch und damit revolutionär klingenden Sprache in ihrer Kritik an der Kriegspolitik. Aber in Wirklichkeit waren zumindest die Führer der USPD nicht revolutionär, etwa im Sinne ihrer linksradikalen Konkurrenz, vor allem des Spartakusbunds. Insgesamt war die USPD gegen die deutschen Annexionsabsichten und Kriegsziele und vertrat eine eher pazifistische Grundstimmung, wenn auch marxistisch gewendet. Vertreter der späteren USPD nahmen bereits an der Zimmerwalder Konferenz vom 5.-8. September 1915 in der Schweiz teil, auf der versucht wurde, die Sozialistische Internationale wenigstens auf der Basis der Linkssozialisten und Kriegsgegner unter den Sozialisten neu aufzubauen, ebenso an der Kienthaler Konferenz vom 24.-30. April 1916. Die Vertreter der halblinken Opposition stimmten zwar mit den Delegierten des Spartakusbundes für Resolutionen, die vor allem obligatorische Schiedsgerichtsbarkeit, Einschränkung der Rüstung und Demokratisierung der Außenpolitik als pazifistische Illusionen verwarfen, weil sie nur vom revolutionären Kampf zum Sturz des kapitalistischen und imperialistischen Systems ablenkten. Auf heimischem Boden aber wurde zusehends klar, daß sich tiefgreifende Differenzen zwischen den in die USPD einmündenden Oppositionellen und den Linksradikalen entwickelten.

Im Vordergrund des historischen Interesses stand in der Regel der Spartakusbund, weil er tatsächlich die wichtigste Keimzelle der späteren Kommunistischen Partei (KPD) wurde. Im Krieg selbst war der Spartakusbund jedoch zunächst nur eine unter mehreren linksradikalen Gruppen, die sich in Opposition zur Kriegsbewilligungs- und Burgfriedenspolitik der offiziellen Partei gebildet hatten. Die beiden anderen wichtigen Gruppen waren die sogenannten »Bremer Linksradikalen«, die von Bremen aus zumindest auf das benachbarte Hamburg ausstrahlten, und die »Revolutionären Obleute« in Berlin. Diese nahmen eine Schlüsselstellung ein, weil sie durch die Berliner Metallarbeiter als einzige direkten Kontakt zur Arbeiterschaft hatten, zudem noch auf dem so wichtigen Sektor der Rüstungsindu-

sten Weltkrieges bis zur Revolution 1918/19, 2 Teile, Diss. phil., Hamburg 1976.

strie und am Sitz der Regierung. Richard Müller und Emil Barth waren die bekanntesten Führer der Revolutionären Obleute, die im Januarstreik 1918[5] und im November/Dezember 1918 ihre größte Bedeutung gewannen.
Der Spartakusbund konstituierte sich 1916 aus den lockeren Organisationsversuchen der am 4. August 1914 zersprengten und deprimierten Parteilinken. Er litt von vornherein unter einem doppelten Handicap – mangelnder Kontakt zu den Massen und faktische Illegalität von Anfang an. Durch die Kriegssituation verlief der politische Prozeß nicht mehr normal, da Hunderttausende von Linken oder potentiellen Anhängern der Linken als Soldaten eingezogen und damit politisch mundtot waren, solange sie Uniform trugen, erst recht solange der Krieg noch nicht offensichtlich verloren war. Andererseits standen die Führer der extrem Linken noch stärker als die USPD unter politischem Ausnahmerecht: Rosa Luxemburg, der stärkste theoretische Kopf des Spartakusbunds, mußte Anfang 1915 eine Gefängnisstrafe antreten, die sie sich noch vor Kriegsbeginn mit ihrer Antikriegsagitation eingehandelt hatte. So saß sie während des Kriegs die meiste Zeit hinter Gittern und konnte sich nur durch aus dem Gefängnis herausgeschmuggelte Stellungnahmen in illegal erscheinenden Flugblättern und Broschüren zu Wort melden.[6]
Karl Liebknecht, eher ein politischer Praktiker, hatte als Reichstagsabgeordneter zunächst eine günstigere Ausgangsposition.[7] Er erkannte sofort den wahren Charakter des Ersten Weltkriegs als einen vom Deutschen Reich provozierten Angriffskrieg, den es anschließend als Eroberungskrieg zur Errichtung der deutschen Hegemonie zu benützen gedachte. Deshalb stimmte er seit dem 2. Dezember 1914 gegen die Bewilligung der Kriegskredite auch im Plenum des Reichstags, stets in Spannung zur halblinken Opposition in der SPD, die nach seinem Geschmack nicht weit genug ging und nicht konsequent genug gegen die offizielle Kriegspolitik Stellung bezog. Mit kleinen Anfragen im Reichstag stürzte er die Regierung wie die offizielle Parteiführung in große Ver-

5 Vgl. unten Kap. 13.
6 Vgl. J. P. Nettl: *Rosa Luxemburg,* Köln/Berlin 1967.
7 Vgl. unten Kap. 16.

legenheit. Nachdem er durch Wilhelm Pieck am 28. Mai 1915 eine Frauendemonstration vor dem Reichstag hatte organisieren lassen, wurde er zum Militär eingezogen und als Armierungssoldat zum Stellungsbau hinter den vordersten Linien an der deutschen Ostfront eingesetzt, wurde aber noch zu den Reichstagssitzungen beurlaubt. Nach der Teilnahme an einer weiteren Antikriegsdemonstration am 1. Mai 1916 auf dem Potsdamer Platz half ihm auch seine Immunität als Reichstagsabgeordneter nicht mehr: Karl Liebknecht wurde verhaftet und von einem Kriegsgericht zu zweieinhalb Jahren Zuchthaus verurteilt. Weitere Verhaftungen schwächten immer wieder die Führungsgruppe des Spartakusbundes auf Reichsebene wie auf lokaler Ebene. Erst der allgemeine Druck einer sich revolutionierenden Situation erzwang Ende Oktober 1918 die vorzeitige Entlassung der Spartakusführer im Rahmen einer allgemeinen Amnestie.

So klein der Spartakusbund war, so krampfhaft nachträgliche Versuche der kommunistischen Geschichtsschreibung wirken, seine revolutionäre Rolle irgendwie zu vergrößern, so bedeutsam war er doch; er hat gar keine nachträgliche Überhöhung und Stilisierung nötig. Aus der Randposition von ganz links formulierte er, in diesem Punkt in grundsätzlicher Übereinstimmung mit Lenin und den russischen Bolschewiki, durch die Kombination von Friedens- und Revolutionsparolen ein Programm, das am radikalsten und konsequentesten in Opposition zur offiziellen Politik des Deutschen Reiches und seiner Sozialdemokratie stand. Solange das Deutsche Reich militärisch und politisch unerschüttert schien, blieb sein Appell gegen den Krieg und für die proletarische Revolution scheinbar hoffnungslos utopisch. Erst die militärische Niederlage mit dem anschließenden politischen Zusammenbruch schien den Weg zu jener Revolution freizumachen, für die der Spartakusbund eintrat. Doch in der konfusen Situation um die Jahreswende 1918/19 erwies sich die revolutionäre Hoffnung als Illusion, die Rosa Luxemburg und Karl Liebknecht mit ihrem Leben bezahlten, ermordet von den Truppen der präfaschistischen Reaktion.[8]

8 S. dazu Elisabeth Hannover-Drück/Heinrich Hannover (Hg.): *Der Mord*

Die unmittelbare Bedeutung der linken Opposition für die deutsche Geschichte im Ersten Weltkrieg liegt daher in der Spaltung der SPD. Nachdem die linken Sozialisten, von den Spartakisten bis zu den Pazifisten, eingesehen hatten, daß die offizielle SPD-Führung weder von ihrer grundsätzlichen Unterstützung der Reichspolitik abzubringen noch während des Kriegs zu stürzen war, steuerten sie mehr oder weniger bewußt und konsequent auf die Parteispaltung zu. Ihre Rechtfertigung fanden sie in der Theorie, daß die SPD-Führer durch ihr Einschwenken auf die Burgfriedenspolitik die wahren Verräter am Parteiprogramm seien, so daß sie sich selbst außerhalb der sozialistischen und revolutionären Bewegung gestellt hätten, während die oppositionelle Minderheit die eigentliche revolutionäre Sozialdemokratie repräsentiere.

Wie immer man diesen Streit um die Repräsentanz der »wahren« Sozialdemokratie beurteilen mag – feststeht jedenfalls, daß sich mit der Opposition der Linken in der SPD die Trennung zwischen sozialdemokratischen und kommunistischen Kräften vollzog, mit tiefgreifenden Wirkungen auf die spätere historische Entwicklung. Der gleiche Mechanismus spielte sich auch in den sozialistischen Parteien der übrigen kriegsbeteiligten Länder ab, ja sogar in den Parteien neutraler Länder, wie in den Niederlanden und in der Schweiz, allerdings meist erst nach dem Weltkrieg, wie die Spaltung der französischen Sozialisten 1920 zeigt.

an Rosa Luxemburg und Karl Liebknecht. Dokumentation eines politischen Verbrechens, edition suhrkamp 233, Frankfurt/M 1967.

11. Die politische Krise ab 1916: vom Entschluß zum U-Bootkrieg bis zum Sturz Bethmann Hollwegs, Januar bis Juli 1917

Die Berufung des Feldherrnpaars Hindenburg-Ludendorff an die Spitze der deutschen Kriegsmaschine Ende August 1916 war das Ergebnis der tiefen Krise, in die sich das Deutsche Reich durch die militärische Situation des Sommers 1916 gestürzt sah – Verdun und Somme-Schlacht im Westen, verschleierte Niederlage der Hochseeflotte am Skagerrak, Brussilow-Offensive und Kriegseintritt Rumäniens im Osten. Nun sollte das enorme Prestige der beiden im Osten insgesamt so erfolgreichen Generale die Wende bringen.

Reichskanzler Bethmann Hollweg selbst hatte einst zu den Befürwortern der neuen Obersten Heeresleitung (OHL), der dritten im Kriege gehört[1], sollte aber sein Eintreten für Hindenburg und Ludendorff bald bitter büßen. Im Gegensatz zu Moltke und Falkenhayn vor ihm entwickelte Ludendorff, der eigentliche Kopf der 3. OHL, bald politische Ambitionen, die auch in den Kompetenzbereich des Kanzlers hineingriffen. Noch unter Bethmann Hollweg bereitete sich – sehr gegen seinen Willen – das vor, was nach seinem Sturz im Juli 1917 in die Geschichte als die verschleierte Ludendorff-Diktatur 1917/18 einging.

Die Verschleierung hatte viele Gestalten – Generalfeldmarschall von Hindenburg, formal Ludendorffs unmittelbarer Vorgesetzter, der Reichskanzler und die politische Reichsleitung, der Reichstag und schließlich die Krone. Trotzdem war die Ludendorff-Diktatur nicht weniger real. Der Mechanismus, mit dem sich Ludendorff noch unter Bethmann Hollweg seine kurzlebige politische Herrschaft über das Deutsche Reich aufbaute, war simpel genug: Soll die OHL die Verantwortung für den militärischen Sieg übernehmen, so darf die politische Führung ihr nicht die dafür notwendi-

---

1 Vgl.Karl-Heinz Janßen: *Der Kanzler und der General. Die Führungskrise um Bethmann Hollweg und Falkenhayn 1914-1916*, Göttingen/Berlin 1967.

gen Mittel jenseits der rein militärischen Sphäre vorenthalten. Im Deutschen Reich herrschte ohnehin bereits die Tendenz, daß sich die politische Führung, formal ähnlich der militärischen dem Souverän – dem Kaiser – annähernd gleichgestellt, in entscheidenden Fragen freiwillig der Weisheit des Militärs unterordnete. Nun öffnete sich für Ludendorff mit seiner auch politischen Interpretation seines militärischen Auftrags ein weites Feld ständiger Einmischung und Kompetenzüberschreitungen durch das Militär, vor allem bei der Organisierung der Rüstungsproduktion und des Durchhaltewillens im eigenen Land wie bei den Bundesgenossen. Damit war jedoch die Gesamtheit des politischen Prozesses umschrieben.

Der eiskalten Logik und dem eisernen Willen, mit denen Ludendorff immer neue Kompetenzüberschreitungen rechtfertigte, beugten sich die deutschen Politiker allemal: Hilfsdienstgesetz 1916, Zwangsrekrutierung belgischer Arbeiter für die deutsche Wirtschaft, Proklamation des Königreichs Polen zur Gewinnung polnischer Divisionen gegen Rußland 1916, unbeschränkter U-Bootkrieg gegen England 1917, Kriegszielpolitik, Preußisches Wahlrecht und zuletzt gar das Verbleiben des Kanzlers an der Spitze der Reichsleitung selbst – es gab kaum eine bedeutende politische Frage im Deutschen Reich jener Zeit, in der die 3. OHL nicht das letzte Sagen gehabt hätte, ohne jedoch dafür auch die politische Verantwortung zu übernehmen.[2]

Vielleicht am kompliziertesten war die Frage des U-Bootkriegs, zugleich auch buchstäblich die explosivste, in die sich die 3. OHL durch übereifrige Parlamentarier aktiv hineingezogen sah. Bethmann Hollweg hatte stets versucht, die endgültige Entscheidung über den unbeschränkten U-Bootkrieg hinauszuzögern, nachdem ein erster Versuch 1915 abgebrochen worden war, weil andernfalls der Kriegseintritt der USA gegen Deutschland unvermeidlich schien.[3] Mit dem

---

2 Vgl. G. Ritter: Staatskunst und Kriegshandwerk, Bd. III, 3. Teil, »Aufstieg der Obersten Heeresleitung zur politischen Hegemonie«, wo praktisch alle hier angesprochenen Fragen mehr oder minder ausführlich behandelt werden.
3 Am ausführlichsten dargestellt bei Karl Birnbaum: *Peace Moves and U-Boat Warfare,* Upsala 1958; vgl. die entsprechenden Kapitel bei F. Fischer, F. Klein, G. Ritter, Michaelis/Schraepler.

Anlaufen der deutschen U-Bootproduktion und nach dem Scheitern der deutschen Hochseeflotte am Skagerrak verschärfte sich der Druck auf den zögernden Kanzler, zunächst von den Alldeutschen ausgehend, den unbeschränkten U-Bootkrieg wieder aufzunehmen. Die breiten Rücken des Heldenpaars Hindenburg-Ludendorff schienen eher geeignet, eine solche Entscheidung zu decken.

In dieser Situation setzte die Resolution des Zentrumpolitikers Gröber vom 7. Oktober 1916 Bethmann Hollweg zusätzlich unter parlamentarischen Druck und führte schließlich zum Sturz des Kanzlers. Die Resolution der Zentrumfraktion konnte nämlich mit Zustimmung der Parteien rechts vom Zentrum – der Nationalliberalen und Konservativen – rechnen. Sie machte zwar »für die politische Entscheidung über die Kriegsführung« dem Reichstag gegenüber allein den Reichskanzler verantwortlich, machte ihn aber in seiner Entscheidung indirekt von der »Entschließung« der OHL abhängig und fügte hinzu: »Fällt die Entscheidung für die Führung des rücksichtslosen U-Bootkriegs aus, so darf der Reichskanzler des Einverständnisses des Reichstags sicher sein.«[4] Andernfalls also nicht. Mit anderen Worten: Entschied sich der Kanzler gegen den uneingeschränkten U-Bootkrieg, etwa gar trotz einem positiven Votum der OHL, so hätte er den gesamten Reichstag außer Linksliberalen und Sozialdemokraten gegen sich gehabt. Umgekehrt hieß das: Wollte sich der Kanzler die Zustimmung des Reichstags erhalten, so mußte er sich einem positiven Votum der OHL für den uneingeschränkten U-Bootkrieg fügen.

Zur Entlastung des Kanzlers schrieb ihm wenige Wochen später, am 25. Oktober, der fortschrittliche Abgeordnete Conrad Haußmann einen Brief, in dem er eine deutsche Anregung zu Friedensverhandlungen vorschlug, womit er jedoch bei Bethmann Hollweg nur offene Türen einrannte. Schon einen Tag später holte sich der Kanzler die Zustimmung zu einem solchen Schritt von der OHL, nachdem der Kaiser schon zugestimmt hatte.[5]

Eng verknüpft mit eventuellen Friedensverhandlungen war

---

4 F. Klein (Hg.): *Deutschland im ersten Weltkrieg,* Bd. II, S. 557.
5 Am ausführlichsten, aber unter Ausklammerung der ganzen Kriegszielproblematik, Wolfgang Steglich: *Bündnissicherung oder Verständigungsfrieden.*

natürlich die dahinter stehende Frage der deutschen Kriegsziele. In dieser Situation konnte die Reichsleitung das Verbot der öffentlichen Kriegszieldiskussion von August 1914[6] nicht mehr aufrechterhalten und hob es am 15. November 1916 auf.

In internen Aufzeichnungen und gegenüber dem Bundesrat, der Vertretung der Länder, vertrat der Kanzler ein Kriegszielprogramm, das bei aller Vagheit offensichtlich das Minimum der bisherigen Kriegszielsetzungen darstellte: Anerkennung Polens als selbständiges Königreich (allerdings unter deutscher Kontrolle), Annexion von Teilen Kurlands und Litauens, ferner des polnischen Grenzstreifens entlang der deutschen Ostgrenze; im Westen bilaterale Abmachungen mit Belgien; sollte keine Einigung zustandekommen, Annexion des Gebiets um Lüttich; Annexion von Longwy-Briey; nach Möglichkeit schließlich ein deutsches Zentralafrika.[7]

Die OHL stimmte dem Programm im Prinzip zu, solange die Aussicht bestand, durch ein eigenes Friedensangebot die Entente auseinanderzumanövrieren. Aus Prestigegründen bestand sie jedoch darauf, das Friedensangebot erst hinausgehen zu lassen, wenn die Deutschen wieder einen militärischen Erfolg aufzuweisen hatten. Der erhoffte Erfolg trat mit der Eroberung von Bukarest durch die Armeen der Mittelmächte am 6. Dezember 1916 ein. Nun aber verlangte die OHL plötzlich unter dem Druck des Admiralstabs, daß – unabhängig vom Ausgang der Friedensaktion – der uneingeschränkte U-Bootkrieg auf jeden Fall Ende Januar 1917 zu eröffnen sei. Admiralität und Generalstab nahmen damit das Risiko eines Bruchs mit den USA auf sich, den Bethmann Hollweg durch eine elastischere Handhabung des U-Bootkriegs und eine Diplomatie des scheinbaren Entgegenkommens noch vermeiden zu können hoffte.

Das deutsche Friedensangebot vom 12. Dezember 1916, formal von allen vier Mittelmächten vorgebracht, fand in der

---

Untersuchungen zum Friedensangebot der Mittelmächte vom 12. Dezember 1916, Göttingen/Berlin 1958.
6 Vgl. oben Kap. 6, S. 86.
7 F. Fischer: *Griff nach der Weltmacht,* 10. Kap., »Kriegszielprogramme«, S. 402-424 (258-268).

deutschen Öffentlichkeit begeisterte Zustimmung.[8] Aber schon in seiner Formulierung zeichnete sich seine taktische Alibi-Funktion ab: Sollte es scheitern, so würde das nur am Kriegswillen der Alliierten liegen und würde eine Verschärfung des Krieges von deutscher Seite rechtfertigen – eine indirekte Drohung mit dem uneingeschränkten U-Bootkrieg. Gleichwohl verdächtigten die Rechtskräfte im Deutschen Reich unter der Hand den »schlappen« Zivilisten-Kanzler, er meine es mit dem Friedensangebot insoweit ernst, als er dem militärischen Endsieg des Reichs durch einen »faulen« Kompromißfrieden zuvorkommen wolle. Davon kann jedoch keine Rede sein: Bethmann Hollweg sah nur klarer die Konsequenzen des Kriegseintritts der USA und wollte ihn daher auf jeden Fall vermeiden. Trotzdem wollte er noch ein gewisses Minimum seines September-Programms auch in einem Deutschland aufgenötigten Verhandlungsfrieden retten.

Die deutsche Kriegsentschlossenheit hatte nur eine Woche vor dem Friedensangebot im Erlaß des Gesetzes über den »vaterländischen Hilfsdienst« vom 5. Dezember 1916 neuen Ausdruck gefunden.[9] Dieses Gesetz brachte zwar die staatliche Anerkennung der Gewerkschaften, aber auch die faktische Militarisierung weiter Teile der deutschen Wirtschaft im Dienste der Rüstungsproduktion. Namentlich Arbeiter konnten nun wie Soldaten zwangsweise zur Arbeit herangezogen werden. Für den Fall des Scheiterns des Friedensangebots war somit auch nach innen angedeutet, was eine Verschärfung des Krieges für Deutschland bedeuten würde.

Die deutsche Taktik hinter dem Friedensangebot war zu durchsichtig, um den von der Reichsleitung und der OHL erhofften Erfolg zu bringen. Die Entente lehnte es als Manöver ab. Sobald sich das Scheitern abzeichnete, formulierten Admiralstab und OHL neue Kriegsziele gegenüber dem Reichskanzler, die in Wirklichkeit nur eine Rückkehr zu den ursprünglichen Kriegszielwünschen darstellten.[10] Die Moti-

---

8 Vgl. oben Anm. 5; kritisch dagegen F. Fischer, ebenda, S. 381-386 (250-252).
9 Wichtiges Material zur Einführung bei Michaelis/Schraepler (Hg.): *Ursachen und Folgen*, I, S. 1-26.
10 Vgl. oben Anm. 7.

vation dafür lag in dem Axiom der deutschen Annexionisten, nur ein lohnendes großes Ziel – Erweiterung des Deutschen Reichs – würde den Kriegswillen in Deutschland noch aufrechterhalten, um die neuen schweren Belastungen überhaupt ertragen zu können.

Mit der gleichen Logik drängte die Rechte – an der Spitze des Reichs nunmehr eindeutig vertreten vom dynamischen Ludendorff, assistiert vom Admiralstab – auf die baldige Wiedereröffnung des uneingeschränkten U-Bootkriegs. Er sollte England innerhalb weniger Monate in die Knie zwingen, noch bevor Amerika eingreifen könnte, sollte es wirklich Deutschland den Krieg erklären. Unter dem Druck einer von den Alldeutschen aufgepeitschten öffentlichen Meinung mußte sich Bethmann Hollweg am 9. Januar 1917 im Großen Hauptquartier dem Verlangen nach Einsatz der angeblich kriegsentscheidenden Waffe beugen: Am 1. Februar 1917 begann der uneingeschränkte U-Bootkrieg, womit natürlich alle Vermittlungs- und Friedensbemühungen des gerade wiedergewählten Präsidenten Wilson endgültig abgeschnitten waren. Das Bekanntwerden des berüchtigten Zimmermann-Telegramms, mit dem das Auswärtige Amt Mexiko gegen die USA in den Krieg hetzen wollte, um die USA auf dem eigenen Kontinent zu beschäftigen, beschleunigte nur den Kriegseintritt der USA kurz vor Ostern 1917.[11]

Der uneingeschränkte U-Bootkrieg wirkte sich kurzfristig auf Teile der deutschen Gesellschaft noch einmal wie eine Injektion aus, gleichsam als Neuauflage der Augustbegeisterung bei Kriegsausbruch. Der monatelange Rausch über »Erfolgsmeldungen« deutscher U-Boote, die zunächst weit über die vom Admiralstab als notwendig errechneten Versenkungsziffern von 600 000 t pro Monat hinausgingen, konnte für die Rechte, die unter dem Krieg materiell ohnehin am wenigsten litt, noch einmal von der Misere im eigenen Land ablenken. Nicht so bei denen, die die ganze Last des Krieges zu tragen hatten. Arbeiterschaft und Sozialdemokraten nahmen, mitten im schrecklichen »Kohlrübenwinter« 1916/17, den unbeschränkten U-Bootkrieg eher resigniert als begeistert hin, da sie, in diesem Punkt mit dem

---

11 Barbara W. Tuchmann: *The Zimmermann Telegramm,* New York 1958.

Kanzler einig, die Folgen sehr negativ beurteilten. Aber die Macht des Chauvinismus war in Deutschland so groß, daß Zustimmung von Seiten der SPD eher Schwächung für diejenigen bedeutete, die in der Reichsleitung nuancierende und dämpfende Töne anschlugen. So konnte z. B. Kurt Riezler, der wichtigste Kanzlerberater, nach dem Entschluß zum uneingeschränkten U-Bootkrieg seine vernichtende Kritik an dem ganzen System, dem er seit Jahren an einflußreicher Stelle gedient hatte, nur seinem intimen Tagebuch anvertrauen: »Hauptgefahr für das Reich der (in die Politik geratene) miles furiosus ... Die wenigen Sehenden in Deutschland haben insgeheim ein Kriegsziel, das ist die Vernichtung des preußischen Militarismus ... Niemand darf es sagen, weil es das englische Kriegsziel ist.« (12. 1. 1917)[12]
An Riezlers Tagebuch läßt sich auch gut die innere Spaltung und Polarisierung des Deutschen Reichs ablesen, die unter den Belastungen des langandauernden Krieges, des trügerischen Burgfriedens und der kurzlebigen Euphorie über die »Erfolge« der deutschen U-Boote schärfer denn je hervortraten: massivere Agitation der Alldeutschen ganz rechts, aus der im September 1917 die »Deutsche Vaterlandspartei« unter Tirpitz und Kapp entstand, Gründung der USPD zu Ostern 1917 ganz links, die mit der Spartakusgruppe bereits den Keim zur späteren Kommunistischen Partei enthielt.[13]
Vielleicht die beiden wichtigsten Streitpunkte waren außenpolitisch die Kriegsziele, innenpolitisch das preußische Drei-Klassenwahlrecht. Beide Komplexe rührten an die Grundsubstanz des preußisch-deutschen Reichs: Die offiziellen (gemäßigteren) Kriegsziele der Reichsleitung, erst recht die weiter ausgreifenden der extremen Rechten – vertreten durch die Alldeutschen als »nationale Opposition« innerhalb wie außerhalb des Parlaments, durch Ludendorff und die 3. OHL im Zentrum des Machtapparats – liefen auf Etablierung einer offenen deutschen Hegemonie auf dem europäischen Kontinent hinaus als Grundlage für die deutsche Weltmachtstellung. Eine solche Hegemonie hätte den in der imperialen Idee des Deutschen Reichs angelegten Anspruch

12 Vgl. oben Kap. 9, S. 143 f.
13 Vgl. oben Kap. 10, S. 152 f.

auf Vorherrschaft des Reichs erfüllt und zugleich durch den militärischen Erfolg das bestehende politisch-soziale System gefestigt.

Dem gleichen Ziel diente innenpolitisch die Erhaltung des Drei-Klassen-Wahlrechts in Preußen, dem Herzstaat des Deutschen Reichs, schon weil damit auch andere oligarchische Mehr-Klassen-Wahlrechte in anderen deutschen Bundesstaaten erhalten blieben, z. B. in Sachsen, Hamburg und Bremen. Schon in den letzten Vorkriegsjahren war die preußische Wahlrechtsfrage virulent geworden, als die Sozialdemokratie in mächtigen Kampagnen die Ersetzung des preußischen Drei-Klassen-Wahlrechts durch das allgemeine, gleiche und geheime Wahlrecht nach dem Muster des Reichstagswahlrechts gefordert hatte. Mit Kriegsausbruch war die Frage, wie viele andere innenpolitische Probleme, auf Eis gelegt worden. Aber im Laufe des Krieges wurde sogar den Verantwortlichen an der Reichsspitze klar, daß nach dem Krieg ein tiefgreifender Wandel würde eintreten müssen.

Unter dem Eindruck der Februarrevolution in Rußland brachen ab März 1917 beide Existenzprobleme des Deutschen Reichs mit neuer Virulenz wieder auf, womit sie den politisch-militärischen Vorteil, der sich aus jener ersten russischen Revolution für das Deutsche Reich ergab, wieder zunichtemachten. Angesichts der russischen Forderungen nach einem »Frieden ohne Annexionen und Entschädigungen« mußte das Deutsche Reich nunmehr offen Farbe bekennen. Während die OHL den Kanzler und die Verbündeten am 23. März 1917 auf ein massives Kriegszielprogramm mit direkten Annexionen und indirekten Herrschaftsformen in Ost und West festlegte[15], näherte sich selbst die Mehrheitssozialdemokratie unter dem doppelten Druck der russischen Revolution und ihrer Forderungen einerseits sowie der in Bewegung geratenen Arbeiterschaft im eigenen Lande andererseits immer mehr der russischen Formel. So spitzte sich im Frühling und Sommer 1917 die Kriegszielfrage auf die Formel »Hindenburgfriede oder Scheidemannfriede« zu, also auf die Alternative eines auf Eroberung und Unterwerfung

---

15 F. Fischer: *Griff nach der Weltmacht*, S. 447-476 (284-304).

beruhenden *Machtfriedens* mit dem (ausgesprochenen oder unausgesprochenen) Ziel einer europäischen Hegemonie oder eines *Verständigungsfriedens* mit dem nun demokratisch gewordenen Rußland, der Ausgangspunkt zu einem allgemeineren Verständigungsfrieden in Europa hätte werden können.

Dem entsprach im Innern die Alternative, die sich im Konflikt um das preußische Drei-Klassen-Wahlrecht ergab: Seine Beibehaltung kam einer Zementierung der antidemokratischen Kompromißlösung gleich, die in Preußen auf der Niederlage der Revolution von 1848/49 beruhte; seine Abschaffung würde mit zunehmender Demokratisierung des Wahlrechts in den Bundesstaaten langfristig dem alten Regime die politische Basis entziehen. Die Verfechter des alten Systems gerieten zudem 1917 immer mehr auch unter politisch-ideologischen Druck aus dem Westen, seitdem die USA nach ihrem Kriegseintritt auf seiten der Entente immer bewußter die Devise vom Kampf für die Demokratie vertraten.

Angesichts der inneren Polarisierung und der schwierigen äußeren Lage seit dem Kriegseintritt der USA versuchte die Regierung Bethmann Hollwegs, den inneren Druck durch eine Flucht nach vorn ein wenig zu mildern. Die Botschaft des Kaisers zu Ostern 1917 versprach in vagen Formulierungen für die Zeit nach dem Krieg die Aufhebung des Drei-Klassen-Wahlrechts in Preußen, ohne aber anzudeuten, was an seine Stelle treten sollte.[16] Solche Vertröstungen auf eine ungewisse Zukunft reichten jedoch nicht mehr für die Linke, während die Rechte in jedem Abrücken vom Drei-Klassen-Wahlrecht Verrat an den konservativen Prinzipien der preußischen Monarchie witterte – nun also auch beim Kanzler. Bethmann Hollwegs »Politik der Diagonale« ging nunmehr vollends in die Brüche, da sich aus den immer weiter auseinanderstrebenden politischen Kräften in Deutschland keine mittlere Linie mehr ziehen ließ, die er selbst noch vertreten und die ihn noch tragen konnte. So geriet er seit Frühjahr 1917 unaufhaltsam in die Schere der immer weiter auseinanderklaffenden Divergenzen im Deutschen Reich – immer

---

16 Materialien bei Michaelis/Schraepler, S. 307-341.

weiter und immer rascher, je aussichtsloser die Kriegslage wurde.
Die zunehmende Erschöpfung in Deutschland und bei seinem Bundesgenossen Österreich-Ungarn brachte die Krise zum Ausbruch, die Bethmann Hollwegs Sturz herbeiführte.[17] Unter der Notwendigkeit, die Kriegskredite zu erneuern, trat der Reichstag Anfang Juli 1917 erneut zusammen. Eine vom Kanzler selbst angeforderte sozialdemokratische Denkschrift über die innere Lage in Deutschland und eine dramatische Rede des Zentrumsabgeordneten Matthias Erzberger u. a. über die wachsende innere Schwäche Österreich-Ungarns, gehalten am 6. Juli im Hauptausschuß des Reichstags, brachten die Lawine ins Rollen. Bethmann Hollweg beschleunigte noch seinen Sturz: Er engagierte sich am 9. Juli im Kronrat so energisch für die Einführung des gleichen Wahlrechts in Preußen, daß ihm der Kaiser schon fast zustimmte. Zugleich stimmte der Kaiser auch einer Friedensresolution zu, die der nach Erzbergers Vorstoß im Reichstagshauptausschuß eingesetzte Interfraktionelle Ausschuß der drei neuen Mehrheitsparteien (Fortschrittliche, Zentrum, Mehrheitssozialdemokraten) ausgearbeitet hatte. Das aber war zuviel für die Rechten: Gegen Bethmann Hollwegs neue Position liefen sie Sturm, angeführt vom Kronprinzen und von Ludendorff. So brachte diese denkwürdige Koalition, unterstützt von Stresemann und Erzberger, aber auch stillschweigend geduldet von der Sozialdemokratie, den Kanzler am 13. Juli 1917 zu Fall: Die politische Krise des Deutschen Reichs gegen Ende des Weltkriegs gewann eine neue Dimension.

---

17 Ausführlicher dazu das nächste Kapitel.

12. Die Verschärfung der politischen Krise: vom Sturz Bethmann Hollwegs zum Frieden von Brest-Litowsk, Juli 1917 bis März 1918

Deutschlands Entschluß zum uneingeschränkten U-Bootkrieg war militärisch wie politisch ein Vabanquespiel: Kurzfristig schien es mit den zunächst überplanmäßig hohen Versenkungsziffern militärisch aufzugehen. Erst seit der Jahresmitte 1917 ließen alliierte Gegenmaßnahmen, vor allem die konsequente Durchführung des Konvoi-Systems, die von den deutschen U-Booten erzielten Versenkungsziffern wieder rapide absinken, bei rasch ansteigenden Verlusten an deutschen U-Booten.

Politisch aber war der uneingeschränkte U-Bootkrieg von vornherein für Deutschland eine einzige Katastrophe: Er provozierte den Kriegseintritt der USA und machte so die Niederlage Deutschlands unvermeidlich. Der Kriegseintritt der USA erfüllte die kriegsmüden Völker der Entente-Mächte mit neuer Hoffnung, während die Völker der Mittelmächte entsprechend entmutigt wurden, besonders die slawischen Nationalitäten in Österreich-Ungarn. Sie hatten sich nie für einen Krieg engagiert, der als »Strafaktion« gegen eine unabhängige südslawische Nation begonnen hatte. Im Frühjahr 1917 war die Situation in der Doppelmonarchie für die herrschenden Deutschen und Magyaren so verzweifelt geworden, daß der neue Kaiser Karl von einer zutiefst pessimistischen Denkschrift des österreich-ungarischen Außenministers, des Grafen Czernin, über die Notwendigkeit eines möglichst baldigen Friedensschlusses so beeindruckt war, daß er sie an den deutschen Zentrumsabgeordneten Matthias Erzberger weiterleitete.

Auch Erzberger war tief beeindruckt.[1] In Deutschland hatten die Enttäuschung über den U-Bootkrieg und die politischen Spannungen nach drei entbehrungsreichen Kriegsjah-

---

1 Vgl. Klaus Epstein: *Matthias Erzberger und das Dilemma der deutschen Demokratie,* Berlin 1962, S. 195.

ren im Sommer 1917 die Stimmung auf einen neuen Tiefpunkt gedrückt. Die Mehrheitssozialdemokratie stand unter wachsendem Druck ihrer linken Absplitterung, der USPD, und drohte erstmals mit Verweigerung der parlamentarischen Zustimmung zu den wieder anstehenden neuen Kriegskrediten. In dieser Situation ergriffen Erzberger und die MSPD Anfang Juli 1917 die parlamentarische Initiative, um den inneren Druck durch Angriffe auf Reichskanzler Bethmann Hollweg zu mildern. Philipp Scheidemann und Fritz Ebert, die beiden bedeutendsten Sprecher der bisher regierungstreuen Mehrheitssozialdemokratie, kritisierten im Hauptausschuß des Reichstags am 3. Juli den amtlichen Optimismus in der Beurteilung der Erfolgschancen für den uneingeschränkten U-Bootkrieg und die entsprechende Unterschätzung der USA durch die Regierung. Sie forderten den Reichskanzler auf, mit seinem Kriegszielprogramm auf die Friedensvorschläge der provisorischen russischen Regierung »Frieden ohne Annexionen und Kontributionen« einzugehen, und verlangten die Einführung des Reichstagswahlrechts in Preußen noch vor Kriegsende als Bedingung für das Verbleiben der MSPD in der Einheitsfront. Die MSPD hatte erstmals in aller Härte die Machtfrage im Reich gestellt, indem sie offen das Junktim Abschaffung des preußischen Dreiklassenwahlrechts gegen weitere Bewilligung der Kriegskredite herstellte. Am 4. und 6. Juli schloß sich Erzberger, zur Überraschung seiner eigenen Fraktion, dem sozialdemokratischen Vorstoß an. Er erklärte den uneingeschränkten U-Bootkrieg für gescheitert und schlug vor, den Reichstag einzuschalten, um zu einem baldigen Frieden »des Ausgleichs« zu gelangen, der »keine zwangsweise Unterdrückung von Völkern und Grenzteilen bringt«.[2]

Die zweite Erzberger-Rede hatte eine nachhaltige Wirkung, denn sie eröffnete die wohl verworrensten aller Regierungskrisen im Deutschen Kaiserreich, die sogenannte Julikrise 1917. In ihr waren äußere und innere Faktoren untrennbar miteinander verquickt – uneingeschränkter U-Bootkrieg, Kriegsziele, Kriegskredite, Wahlrechtsreform in Preußen, Parlamentarisierung des Reichs, die Angst der MSPD, von

2 Ebenda, S. 208-212; vgl. auch F. Fischer: *Griff nach der Weltmacht*, S. 522-25 (339-41).

der USPD bei weiterer politischer Passivität an die Wand gedrückt zu werden, die wachsende Polarisierung zwischen Rechts und Links. Die kurzfristigen Ergebnisse dieser Krise waren ein Votum des Preußischen Staatsministeriums für die Einführung des gleichen Wahlrechts (11. 7.), der Sturz Bethmann Hollwegs (13. 7.), die Friedensresolution des Reichstags (19. 7.) und, mit der Einsetzung des Interfraktionellen Ausschusses (6. 7.), der zögernde Übergang zu einer Parlamentarisierung des Reichs, die voll erst am 26. Oktober 1918 erreicht wurde.

Seit Frühjahr 1917 hatte sich Bethmann Hollweg, u. a. unter dem Eindruck der ersten russischen Revolution, in die Unvermeidbarkeit der Wahlrechtsreform in Preußen gefügt, und wenn nur zur Beschwichtigung der Arbeiterschaft und zur parteipolitischen Stärkung der MSPD gegen die radikalere USPD. Unter dem Druck des sozialdemokratischen Vorstoßes im Hauptausschuß des Reichstags überzeugte Bethmann Hollweg als preußischer Ministerpräsident seine zögernden Kollegen in der preußischen Regierung von der Notwendigkeit, noch vor Kriegsende das in der Arbeiterschaft so verhaßte Dreiklassenwahlrecht durch das gleiche Wahlrecht abzulösen. Bethmann Hollwegs Erfolg im Preußischen Staatsministerium war jedoch nur ein Pyrrhussieg, denn er brachte die OHL noch mehr gegen den ohnehin als »zaudernd« verschrienen Kanzler auf: Ludendorff und Hindenburg eilten nach Berlin und drohten mit ihrem Rücktritt, falls das gleiche Wahlrecht und die Friedensresolution, wie sie vom Interfraktionellen Ausschuß der drei neuen Mehrheitsparteien (Zentrum, Fortschrittspartei, MSPD) entworfen worden war, angenommen würden.

Andererseits scheute der Kaiser vor einer Entscheidung zurück, ohne vorher den Kronprinzen gehört zu haben, der allerdings uneingeschränkt reaktionär und alldeutsch eingestellt war. Der Kronprinz tat den ungewöhnlichen Schritt, die Führer der politischen Parteien im Reichstag zu befragen. Zu seiner großen Überraschung fand er alle Fraktionen, außer der Fortschrittspartei, gegen den Kanzler eingenommen: Konservative und Nationalliberale warfen ihm zu viele Konzessionen an die Linke und Schwäche in der Verfolgung einer energischen Kriegszielpolitik vor. Zentrum und MSPD

hielten ihn inzwischen für ein Hindernis auf dem Weg zum Frieden, weil er nicht eindeutig in der Kriegszielfrage war und schließlich Deutschland in den Krieg gebracht hatte.
Der Kronprinz berichtete seinem Vater triumphierend vom Ergebnis seiner Sondierungen. In einer hektischen und wirren Atmosphäre entließ der Kaiser daraufhin den Reichskanzler, noch bevor Ludendorff und Hindenburg herbeistürmen und ihren Souverän mit Rücktrittsdrohungen konfrontieren konnten. Als sie dann eintrafen, brauchte der Kaiser seinen überraschten Generalen nur noch den Rücktritt Bethmann Hollwegs mitzuteilen.[3]
So wurde Bethmann Hollweg von einer recht seltsamen Koalition gestürzt: Daß er sich die Feindschaft der Konservativen und der Obersten Heeresleitung zugezogen hatte, konnte nach Lage der Dinge nicht mehr überraschen. Aber Zentrum und MSPD wandten sich genau in dem Augenblick gegen ihn, als er ihr Programm – Wahlrechtsreform nach innen, gemäßigte Kriegsziele nach außen – übernommen hatte. Andererseits wäre es unter deutschen Verhältnissen einer Revolution gleichgekommen, hätte Bethmann Hollweg mit Hilfe einer Mitte-Links-Koalition im Reichstag seine neue Linie der Mäßigung gegen den Willen seines kaiserlichen Herrn durchsetzen wollen. Mithin war Bethmann Hollwegs Sturz in dieser Situation die einzig logische Konsequenz der eigenartigen politischen Struktur des Deutschen Reichs.
Neuerdings gilt Bethmann Hollwegs Sturz als Anfang des Parlamentarismus in Deutschland. Aber es war ein seltsamer Anfang, denn der »Sieg« des Parlaments war auf die konfuseste und unerwartetste Weise zustandegekommen, durch die Niederlage eines Kanzlers, der sich gerade anschickte, mit der neuen Mehrheit noch enger als bisher zusammenzuarbeiten. Bethmann Hollwegs Sturz löste gar nichts: Die Reichstagsfraktionen waren noch nicht einmal in der Lage, irgendeinen Nachfolger zu präsentieren, geschweige denn einen, der ihnen politisch zugesagt hätte. Aus der anhaltenden politischen Konfusion tauchte, zur Überraschung aller, als

---

3 Aufschlußreiche Details zur Julikrise 1917 finden sich in den Kriegstagebüchern des Admirals von Müller: *Regierte der Kaiser? . . .*, S. 300-304; ausführlich auch G. Ritter: *Staatskunst und Kriegshandwerk*, III, S. 551-84.

neuer Kanzler Georg Michaelis hervor, politisch eine Null, die nur der faktischen Militärdiktatur der 3. OHL unter Ludendorff als fadenscheiniges Mäntelchen diente.
Am 19. Juli verabschiedete die Mehrheit des Reichstags die Friedensresolution, nachdem sie zuvor in Verhandlungen mit Ludendorff und Michaelis abgeschwächt und schließlich von beiden gebilligt worden war. Aber selbst in ihrer ursprünglichen Form war sie – gegen den Hintergrund der amtlichen deutschen Kriegszielpolitik gesehen – alles andere als eine klare und aufrichtige Willenserklärung zumindest der Mehrheit des Reichstags, als Preis für den Frieden den status quo ante zu akzeptieren. Und was der verabschiedeten Resolution noch an Propagandawert nach außen (gegenüber den Entente-Mächten und den Neutralen) und innen (gegenüber den Arbeitern und der SPD) geblieben sein mochte, nahm ihr Michaelis in seiner ersten Reichstagsrede am 19. Juli mit seiner rasch berühmt gewordenen Einschränkung, er billige die Friedensresolution, »so wie ich sie auffasse«. Was er darunter verstand, erklärte er dem mißtrauischen Kronprinzen in einem Brief am 25. Juli 1917: »*Durch meine Interpretation . . . habe ich ihr die größte Gefährlichkeit geraubt. Man kann schließlich mit der Resolution jeden Frieden machen, den man will.*«[4]
Hinzu kam schließlich die wütende Reaktion der Rechten gegen die »Schwächlinge« im Reichstag, die schon zwei Monate später in die Gründung der »Deutschen Vaterlandspartei« unter Tirpitz und Kapp einmündete.
Die unmittelbare Wirkung des Sturzes Bethmann Hollwegs auf die Verfassungsentwicklung des Deutschen Reichs war zunächst gering. Zwar blieb der Interfraktionelle Ausschuß, der die Friedensresolution entworfen hatte, auch nach deren Verabschiedung weiter bestehen.[5] Aber seine qualvoll zu lesenden Debatten über Verfassungsreformen im Reich bewiesen nur seine Unfähigkeit, zu positiven und konstruktiven Ergebnissen zu gelangen, höchstens zu einigen Modifizierungen der Reichsverfassung, die nach außen den Eindruck erwecken sollten, als sei im Deutschen Reich das

---

4 F. Fischer: ebenda, S. 428f. (343f.).
5 Vgl. Erich Matthias/Rudolf Morsey (Hg.): *Der Interfraktionelle Ausschuß 1917/18*, Düsseldorf 1959.

friedfertigere Parlament an die Macht gekommen. Die neue Mehrheit war alles andere als revolutionär gestimmt, wollte weder die Republik noch ein demokratisches System errichten und konnte sich nicht einmal auf einen Frieden auf der Basis des status quo einigen, solange das Deutsche Reich militärisch noch mächtig schien. In den Tagen nach Unterzeichnung des deutschen Diktatfriedens von Brest-Litowsk (3.3.1918) und dem Beginn der zunächst erfolgreichen deutschen Westoffensive (21.3.) schwand selbst die äußerliche Mäßigung der angeblich friedensbereiten Mehrheit: Der Reichstag ratifizierte den für das geschwächte Rußland kaum noch erträglichen Friedensvertrag von Brest-Litowsk mit überwältigender Mehrheit am 23. März 1918 – nur die USPD stimmte dagegen, die MSPD enthielt sich der Stimme.

Außer Kanzlerwechsel, Friedensresolution und Interfraktionellem Ausschuß brachte die Julikrise 1917 politisch nur noch die Ernennung von einem preußischen Minister und je zwei Staatssekretären und Unterstaatssekretären auf Reichsebene als Vertrauensleute der neuen Reichstagsmehrheit. Aber selbst dieser scheinbare Beginn eines Übergangs zum Parlamentarismus wurde mehr als ausgeglichen durch die Tatsache, daß die neuen Vertrauensmänner in Preußen bzw. im Reich jeweils auf dem rechten Flügel ihrer Parteien standen. Noch massiver war die faktische Militärdiktatur Ludendorffs, die den Reichstag weitgehend wieder zum reinen Deklamationsorgan erniedrigte, zum Feigenblatt für ein weiterhin autokratisch-undemokratisches System. Die historische Bedeutung der neuen Reichstagsmehrheit, die sich über der Friedensresolution fand, lag daher woanders: In ihr zeichnete sich bereits die Mehrheit ab, die nur wenig später die Weimarer Republik prägen sollte, zunächst die Weimarer Koalition 1919, dann, nach Erweiterung durch die Stresemann-Partei (DVP), die Große Koalition der zwanziger Jahre.

Der Fortgang der russischen Revolution und ihre Rückwirkungen auf die erschöpften und kriegsmüden Mittelmächte machten den delikaten Verfassungskompromiß zwischen faktischer Militärdiktatur und pseudo-parlamentarischer Fassade auf die Dauer unhaltbar. Der Einfluß radikaler linker Gruppen, vor allem USPD, Spartakusbund und Revolutionäre Obleute, wuchs in der Arbeiterschaft, namentlich Berlins, aber auch unter Matrosen der Flotte. Andererseits faßte die »Vaterlandspartei« zahlreiche Organisationen und Gruppen zusammen, so daß sich das proto-faschistische Element in Deutschland erstmals formierte.

Während so der Krieg ohne Hoffnung auf einen baldigen Frieden weiterging, zerrieb die wachsende Polarisierung die politischen Strukturen des Deutschen Reichs von innen: Die extreme Rechte war empört über die formalen Konzessionen an die gemäßigte Linke und hielt sie für eine erste Etappe auf dem Weg zu Revolution und Sozialismus, die extreme Linke fürchtete (zu Recht), die kleinen politischen Veränderungen seien nur erfolgt, um eine wirkliche Strukturreform zu vermeiden und das System zu stützen, dessen undemokratischer Kern konserviert werden sollte.

Im Herbst 1917 traten diese Spannungen erstmals an die Öffentlichkeit und lösten den Sturz Michaelis aus. Bei all seiner politischen Unerfahrenheit war der neue Kanzler intelligent und aufgeschlossen genug, um zu erkennen, daß Deutschland auf der Basis der bisherigen amtlichen Kriegszielplanung niemals zum Frieden gelangen konnte. Deshalb forderte er am 11. September auf einem Kronrat unter Vorsitz des Kaisers im Berliner Schloß Bellevue, u. a. als Reaktion auf die päpstliche Friedensvermittlung, die Preisgabe Belgiens, um so einen Frieden zu ermöglichen.[6] Zur allgemeinen Überraschung zeigte Michaelis hier einen Grad an selbständigem und klarem Denken, den ihm niemand zugetraut hatte. Er machte sich dadurch freilich weder bei der OHL noch beim Kaiser beliebt, der ihn auch prompt bei nächster Gelegenheit fallen ließ.

Während der Debatten über die Friedensresolution war es unter Matrosen der deutschen Schlachtflotte zu einer Bewegung für einen Frieden ohne Annexionen und Entschädigungen gekommen, wie ihn in Deutschland am nachhaltigsten die USPD unterstützte. Die Bewegung wurde durch Verhaftungen, Kriegsgerichtsurteile und zwei Erschießungen (Reichpietsch, Köbis) im August 1917 unterdrückt. Bei sei-

---

6 F. Fischer: ebenda, S. 550-60 (361-69).

ner Abwehr von Angriffen der USPD im Reichstag am 9. Oktober erweckte Michaelis den Eindruck, als habe er vor, die USPD zu verbieten. Daraufhin wandten sich die Mehrheitsparteien aus prinzipiellen Gründen, nicht aus politischer Sympathie für die USPD, gegen den Kanzler, weil sie fürchteten, nach einem Verbot der USPD kämen sie an die Reihe, und erklärten dem Kanzler am 23. Oktober, in einem Schreiben an den Kaiser nach einer stürmischen Reichstagssitzung, ihr Mißtrauen. Nach der Reichsverfassung hätte eine solche Ablehnung des Kanzlers durch die Mehrheit des Reichstags zwar folgenlos bleiben können, aber die OHL tat nichts, um den seit dem Kronrat vom 11. September unbequem gewordenen Michaelis zu halten, und der Kaiser wollte die Parteien nicht verärgern, weil er sie für die Bewilligung der Kriegskredite brauchte. So reichte Michaelis am 31. Oktober seinen Rücktritt ein und wurde am 1. November 1917 entlassen.

Sein Nachfolger, der bayrische Ministerpräsident Graf Hertling, war schon 73 Jahre alt und fast erblindet. Bis 1912 einer der Führer der Zentrumsfraktion im Reichstag, mochte er nun als Vertreter des Zentrums gelten, obwohl ihn die Mehrheitsparteien oder das Zentrum nicht vorgeschlagen hatten. Hertling vertrat stets konservative Positionen. Er war zwar bereit, zur Beruhigung der Mehrheitsparteien an politischen Reformen (vor allem des preußischen Wahlrechts) mitzuwirken, aber er fühlte sich zuvörderst als Diener der Krone, unabhängig von Mehrheiten im Reichstag. Die OHL schwor den neuen Reichskanzler sofort auf ihre Kriegsziele ein, und die Reichsleitung übernahm es ihrerseits, die Österreicher auf einer gerade tagenden Konferenz darauf festzulegen, solange im Krieg zu bleiben, bis Deutschland seine Kriegsziele erreicht hätte.[7]

Die Konferenz mit den Österreichern fand in Berlin am 5. November 1917 statt. Am folgenden Tag übernahmen die Bolschewiki unter Lenin und Trotzki in Petrograd die Macht. Von nun an wurde die innere Situation im Deutschen Reich erst recht aussichtslos: Während sich die innere Polarisierung, beschleunigt durch diesen Erfolg der Linken,

---

7 Ebenda, S. 576-82 (380-83).

fortan ständig verschärfte, gelang es, die parlamentarische Fassade des Deutschen Reichs noch einmal zu verstärken, denn unter dem Bayern und Zentrumspolitiker Hertling wurde der linksliberale Württemberger v. Payer Vizekanzler. Es schien, als sollte das nicht-preußische, süddeutsche, katholisch-liberale Element nun doch noch das Deutsche Reich vor der drohenden Katastrophe bewahren. Aber das spektakuläre Vorzeigen von süddeutschen Liberalen und Katholiken änderte grundsätzlich nichts an der Reichspolitik, weder nach außen noch im Innern: Als US-Präsident Wilson im Januar 1918 seine 14 Punkte für einen Friedensschluß verkündete, lehnte Hertling sie ab, soweit sie Deutschland berührten. Und im großen Metallarbeiterstreik Ende Januar 1918 machte der Kanzler den Streikenden nicht die geringste Konzession.[8] Im Frühjahr 1918 zerbrach schließlich auch die neue parlamentarische Fassade, als Erzberger, immerhin Hauptinspirator der Friedensresolution, in der Ratifizierungsdebatte im Reichstag am 23. März 1918 erklärte, die Bedingungen von Brest-Litowsk seien durchaus mit der Friedensresolution vereinbar. Seine Haltung nahm sich wie eine nachträgliche Rechtfertigung der Position von Reichskanzler Michaelis aus, denn Erzberger lieferte damit die Interpretation in *seiner* Auffassung der Friedensresolution.

---

8 Vgl. das folgende Kapitel.

13. Deutschland in der vorrevolutionären Agonie: Brest-Litowsk und Januarstreik 1918

Um die Jahreswende 1917/18 nahm das Deutsche Reich eine zwiespältige Position ein: Einerseits war seine militärische Situation äußerlich so günstig wie nie zuvor im Ersten Weltkrieg, andererseits hatten sich hinter der Fassade schon zahlreiche Faktoren kumuliert, die auf die spätere Niederlage hinweisen.

Rußland war zwar seit der Oktoberrevolution 1917 faktisch aus dem Krieg ausgeschieden, und die USA hatten zu Lande – an der Westfront – noch nicht nennenswert eingegriffen. So setzte die OHL unter Hindenburg und Ludendorff alles auf die eine Karte einer mächtigen militärischen Offensive im Westen, bevor die materielle und personelle Überlegenheit der USA den Ausschlag zugunsten der Alliierten geben würde.

Ein schärferer Blick konnte jedoch auch damals bereits die wahre Lage des Deutschen Reichs erkennen. Mitten im Ringen um die Entscheidung über den uneingeschränkten U-Bootkrieg, Ende Juni 1916, hatte Kurt Riezler bereits in sein Kriegstagebuch notiert: »Auch wir treiben, allerdings langsam, der Revolution zu. Schlimmstes die U-Bootfrage.« Und seit Beginn des – zunächst scheinbar so erfolgreichen – uneingeschränkten U-Bootkriegs Anfang 1917 mehrten sich Riezlers hellsichtige Tagebucheintragungen über den möglichen oder gar nahe bevorstehenden Zusammenbruch des Kaiserreichs, gerade auch vor und während der großen deutschen Westoffensive im Frühjahr 1918.[1]

Der uneingeschränkte U-Bootkrieg hatte nur äußerlich als Stimulans gewirkt. Aber im Unterschied zur Augustbegeisterung 1914 blieb die anfängliche U-Boot-Begeisterung 1917 ganz auf das Bürgertum beschränkt, während die sozialistische Arbeiterschaft skeptisch bis ablehnend reagierte: Unter dem inneren Druck von Hunger und Entbehrungen

---

1 Vgl. oben Kap. 9, S. 143–146.

sowie dem äußeren Druck der Februarrevolution in Rußland kam es 1917 zu Demonstrationen und Streiks, kulminierend in den Aprilstreiks und im ersten Aufbegehren von Matrosen der Schlachtflotte im Sommer 1917, das als Meuterei behandelt und zunächst noch verheimlicht wurde. Die Gründung der USPD zu Ostern 1917 und die der Vaterlandspartei Anfang September 1917 ließen die innere Polarisierung nun auch nach außen deutlich werden: Sie markierten die ruckartige Ausweitung des politischen Spektrums nach links und rechts und wiesen bereits voraus auf die neu entstehenden Kräfte: Kommunismus und Faschismus.

Sobald das Stimulans des uneingeschränkten U-Bootkriegs selbst beim deutschen Bürgertum nicht mehr wirkte, machte sich Entmutigung über den Kriegseintritt der USA breit. Das vage Versprechen des Kaisers in seiner Botschaft zu Ostern 1917, er werde das preußische Dreiklassenwahlrecht irgendwann nach dem Kriege irgendwie reformieren, machte auf die Arbeiterschaft schon gar keinen Eindruck mehr. Der Sturz Bethmann Hollwegs im Juli, das anschließende Chaos im Regierungslager, die Friedensresolution und die sich nur zögernd artikulierende Parlamentarisierung machten schließlich die innere Krise auch nach außen vollends sichtbar.

Eine neue Dimension kam in die Entwicklung mit der russischen Oktoberrevolution 1917. Zwar hatte die deutsche Regierung aus taktischen Gründen die Revolution finanziell und mit der Durchschleusung Lenins und zahlreicher russischer Emigranten aus dem Schweizer Exil ins revolutionsgeschüttelte Rußland auch personell erleichtert und begünstigt.[2] Aber die erfolgreiche Revolution der Bolschewiki erwies sich für das Deutsche Reich als zweischneidiges Schwert: Kurzfristig brachte sie zwar militärische Entlastung im Osten für die große Offensive im Westen, aber die deutsche Führung nutzte die Schwäche Rußlands nun aus, um die deutschen Kriegsziele im Osten endlich durchzusetzen: territoriale Verstümmelung und ökonomische Durchdringung Rußlands, von Finnland bis Transkaukasien, mit der Ukraine als dem zentralen Verbindungsstück. Die deutsche

---

2 Vgl. Werner Hahlweg (Hg.): *Lenins Rückkehr nach Rußland 1917*. Die deutschen Akten, Leiden 1957.

Expansionspolitik schlug sich bereits in den Verhandlungen und im Vertrag von Brest-Litowsk im März 1918 nieder.[3] Sie hatte jedoch zwei Ergebnisse, die den kurzfristigen Vorteil der (scheinbar) freien Hand im Osten für den Westen wieder aufhoben: Die Durchsetzung der weitgespannten deutschen Expansionsziele band nämlich sehr viel mehr deutsche Truppen, als nach dem Separatfrieden mit Rußland eigentlich zu erwarten gewesen wäre, und sie provozierte Proteste aus dem eigenen Lager, erst aus der österreichisch-ungarischen, dann auch der deutschen Arbeiterschaft, gegen die kriegsverlängernden Ziele von Brest-Litowsk. Die Proteste verbanden sich mit der wachsenden Unzufriedenheit über die lange Dauer des Kriegs im allgemeinen und im besonderen über die sich immer weiter verschlechternde Versorgung gerade der städtischen Industriearbeiter.

Die Friedenssehnsucht vor allem in der Arbeiterschaft drückte sich schlagwortartig im Begriff des »Scheidemannfriedens« im Gegensatz zum »Hindenburgfrieden« aus.[4] Kriegsmüdigkeit und Friedenssehnsucht fanden seit der russischen Februarrevolution 1917 stets neue Nahrung an den Vorgängen in Rußland und an der von Rußland ausgehenden Friedenspropaganda. Ihr konnten sich auf die Dauer auch die deutschen Mehrheitssozialdemokraten nicht entziehen, wie die Formel des »Scheidemannfriedens« für einen Frieden ohne Annexionen und Kriegsentschädigungen zeigte. Wachsender Druck von unten war seit dem Frühjahr 1917 eine politische Konstante, die sich z.B. schon beim Sturz Bethmann Hollwegs und bei der Friedensresolution im Juli 1917 ausgewirkt hatte.

Nach dem Waffenstillstand im Osten vom 7./15. Dezember 1917 komplizierte sich die deutsche Situation durch die berühmten 14 Punkte des amerikanischen Präsidenten Wilson vom 8. Januar 1918. Als Antwort auf die Oktoberrevolution setzte Wilson gegen die kommunistische Konzeption der sozialen Revolution ein politisches Kontrastprogramm der parlamentarisch-bürgerlichen Demokratie. Beide Programme

---

3 Fritz Fischer: *Griff nach der Weltmacht,* Kap. 18, »Der Friedensschluß von Brest-Litowsk«, S. 627-74 (415-48).
4 Ebenda, Kap. 11, »Hindenburg-Frieden oder Scheidemann-Frieden?«, S. 425-46 (269-83).

enthielten jedoch als gemeinsamen Nenner, wenn auch mit unterschiedlichen Stoßrichtungen, die Forderung nach nationalem Selbstbestimmungsrecht. Im Laufe des Jahres 1918 wirkten sie sich auf die Mittelmächte als einander verstärkender Druck aus: Österreich-Ungarn und die Türkei, Deutschlands größte Verbündete, waren vor allem von der nationalen Komponente betroffen, alle drei Imperien zugleich von der demokratischen Komponente, gleichgültig ob mehr bürgerlich-nationalen oder mehr proletarisch-kommunistischen Charakters.

Alle hier genannten Faktoren wirkten zusammen, um in der zweiten Hälfte des Januar 1918 in Österreich-Ungarn und in Deutschland zum ersten Mal ausgedehnte Massenstreiks auszulösen[5], denen sich in Österreich-Ungarn Anfang Februar erstmals auch eine Marinemeuterei in Cattaro anschloß.[6] Der große Streik in Österreich-Ungarn von Mitte Januar 1918 mit Schwerpunkt in Wien richtete sich u. a. gegen die kriegsverlängernden deutschen Forderungen in Brest-Litowsk und diente zugleich als anspornendes Beispiel für die anschließende Streikbewegung in Deutschland mit Schwerpunkt Berlin. Antriebs- und Hauptkraft der Streiks war in beiden Ländern die Metallarbeiterschaft, vor allem in der Rüstungsindustrie. Neben der allgemeinen Friedenssehnsucht erscheint auch in Deutschland der Protest gegen die offizielle wie alldeutsche Kriegszielpolitik, die sich gerade in den Forderungen gegenüber den Vertretern des revolutionären Rußland in den Verhandlungen von Brest-Litowsk enthüllt hatte.

Die USPD war im politischen Vorfeld des Januarstreiks an der Protestbewegung gegen Brest-Litowsk beteiligt, scheute aber insgesamt noch vor Initiativen zu einem politischen Massenstreik zurück.[7] Hauptinitiatoren und Organisatoren

---

5 Rudolf Neck (Hg.): *Arbeiterschaft und Staat im Ersten Weltkrieg 1914-1918*, I, Bd. 2: 1917-1918, 3. Abschnitt »Die große Streikbewegung im Jänner 1918«, Wien 1968, S. 183-338.
6 Richard G. Plaschka: *Cattaro-Prag. Revolte und Revolution. Kriegsmarine und Heer Österreich-Ungarns im Feuer der Aufstandsbewegungen vom 1. Februar und 28. Oktober 1918*, Köln/Graz 1958; allgemein vgl. R. G. Plaschka/Horst Haselsteiner/Arnold Suppan: *Innere Front. Militärassistenz, Widerstand und Umsturz in der Donaumonarchie 1918*, 2 Bde., München 1974.
7 Allgemein dazu Leo Stern (Hg.): *Die Auswirkungen der Großen sozialisti-*

des Januarstreiks waren daher die Revolutionären Obleute, eine betriebsräteähnliche Organisation radikaler Gewerkschafter in der Berliner Metallindustrie, die in der Regel auf dem linken Flügel der USPD standen, ferner der Spartakusbund. Trotz seiner zahlenmäßigen Schwäche und seiner permanenten Illegalität hatte der Spartakusbund in Berlin einen strategischen Vorteil: Anders als die USPD besaß er selbst eine illegale Druckerei und konnte viel rascher mit Flugblättern reagieren als die größere und legalere USPD.

Seit Mitte Januar 1918 agitierte der Spartakusbund für Massenstreiks mit revolutionären Konsequenzen zur Beendigung des Krieges. Am 17. Januar brachte er – einseitig vorpreschend, ohne sich an Vereinbarungen mit den Revolutionären Obleuten zu halten – das erste den Streik ankündigende Flugblatt heraus: »Am Montag, dem 28. Januar, beginnt der Massenstreik!« Am 28. Januar folgten dem Aufruf in Berlin tatsächlich rund 400 000 Arbeiter und Arbeiterinnen, in den nächsten Tagen, auf dem Höhepunkt des Streiks, rund eine halbe Million und etwa eine weitere Million im übrigen Reich. So ließ sich erkennen, wie sehr die lange Kriegsdauer und der Einfluß der Oktoberrevolution bereits die Stellung der Regierung, der offiziellen Gewerkschaften und der Mehrheitssozialdemokratie unterhöhlt hatten, die natürlich alle gegen einen Streik während des Krieges waren, zumal in der Rüstungsindustrie.

In Berlin wählten am 28. Januar vormittags die Streikenden in den ganz oder teilweise bestreikten Betrieben Delegierte, etwa einen auf 500 Streikende, die sich am Nachmittag als Arbeiterrat im Berliner Gewerkschaftshaus konstituierten. Anschließend wurde aus den 414 Delegierten ein Aktionsausschuß als zentrale Streikleitung gewählt, zunächst elf Revolutionäre Obleute, mit Richard Müller als ihrem bekanntestem Vertreter. Bis auf einen, der Mitglied des Spartakusbundes war, gehörten alle dem linken USPD-Flügel an. Die USPD-Führung hatte Hugo Haase, Georg Ledebour und Wilhelm Dittmann als Beobachter ins Gewerkschaftshaus
schen Oktoberrevolution auf Deutschland, 4 Bde., Berlin (DDR) 1959, S. 925-1126, mit umfangreichem Aktenmaterial; die ausführlichste Skizze des Januarstreiks in Deutschland und seiner unmittelbaren Vorgeschichte bei F. Klein (Hg.): *Deutschland im ersten Weltkrieg*, III, Kap. IV, »Der Januarstreik in Deutschland«, S. 135-178.

entsandt. Nach Aufforderung der Delegierten ließen sie sich in die Streikleitung wählen, so daß die USPD nunmehr offiziell mit dem Streik identifiziert war. Nach einigem Zögern folgte auch die Führung der MSPD, vertreten durch Ebert, Scheidemann und Otto Braun. Gegen den Widerstand von Ledebour, aber mit Unterstützung von Richard Müller, entschied sich die Mehrheit der Delegierten für die Aufnahme der MSPD in die Streikleitung. Die Mehrheitssozialdemokraten hatten allerdings von vornherein die Absicht, den Streik möglichst bald zu beenden, im Einklang mit ihrer bisherigen Linie, den Burgfrieden einzuhalten. Ihr erster Versuch, die Streikleitung sofort umzubilden und paritätisch zwischen USPD und MSPD aufzuteilen, wurde allerdings ebenso abgelehnt wie ihr Wunsch, weitreichende politische Forderungen aus dem Aufruf der Streikleitung herauszunehmen. So blieb es bei den sieben Forderungen der Streikleitung:

»1. Schleunige Herbeiführung des Friedens ohne Annexion, ohne Kriegsentschädigung, auf Grund des Selbstbestimmungsrechtes der Völker, entsprechend den Ausführungsbestimmungen, die dafür von den russischen Volksbeauftragten in Brest-Litowsk formuliert wurden.
2. Zuziehung von Arbeitervertretern aller Länder zu den Friedensverhandlungen.
3. Ausgiebigere Nahrungsversorgung durch Erfassen der Lebensmittelbestände in den Produktionsbetrieben wie in den Handelslagern zwecks gleichmäßiger Zuführung an alle Bevölkerungskreise.
4. Der Belagerungszustand ist sofort aufzuheben. Das Vereinsrecht tritt vollständig wieder in Kraft, ebenso das Recht der freien Meinungsäußerung in der Presse und in Versammlungen. Die Schutzgesetze für Arbeiterinnen und Jugendliche sind schleunigst wieder in Kraft zu setzen. Alle Eingriffe der Militärverwaltung in die gewerkschaftliche Tätigkeit sind rückgängig zu machen und neue zu verhindern.
5. Die Militarisierung der Betriebe ist gleichfalls aufzuheben.
6. Alle wegen politischer Handlungen Verurteilten und Verhafteten sind sofort freizulassen.
7. Durchgreifende Demokratisierung der gesamten Staatsein-

richtungen in Deutschland, und zwar zunächst die Einführung des allgemeinen, gleichen, direkten und geheimen Wahlrechts für alle Männer und Frauen im Alter von mehr als 20 Jahren für den preußischen Landtag.«

Versuche einer Delegation der Streikleitung am nächsten Tag, mit der Regierung Verhandlungen aufzunehmen, scheiterten an der Bedingung des Staatssekretärs des Innern, Wallraf, nur mit den Reichstagsabgeordneten (Haase und Scheidemann) zu verhandeln, sowie an der Weigerung der Delegation, sich so spalten zu lassen. Daraufhin wurde die Streikleitung offiziell verboten. Sie tagte aber illegal an verschiedenen Orten weiter, so am 30. Januar morgens im Wartesaal 2. Kl. des Bahnhofs Friedrichstraße.
Die Regierung antwortete auf die Streikbewegung mit einem allgemeinen Verbot von Versammlungen, »in denen öffentliche Angelegenheiten, insbesondere Angelegenheiten, die mit dem gegenwärtigen Streik zusammenhängen, erörtert werden«. Ferner wurde die Vorzensur für »Nachrichten über den Verlauf der gegenwärtigen Arbeitseinstellung und über die damit im Zusammenhang stehenden Vorgänge« eingeführt. Als Strafe für die Veröffentlichung der Forderungen der Streikenden wurde der sozialdemokratische *»Vorwärts«* am 29. Januar verboten, worauf sich nun auch die Berliner Drucker dem Streik anschlossen, so daß einige Zeitungen nicht erscheinen konnten.
Trotz Versammlungsverbot fanden in Berlin vom 29. bis 31. Januar auf verschiedenen öffentlichen Plätzen zahlreiche Versammlungen und Demonstrationen der Streikenden statt, die meistens früher oder später von der Polizei gewaltsam aufgelöst wurden. Im Treptower Park sprachen am 31. Januar u. a. Friedrich Ebert, der die Arbeiter an ihre Pflicht erinnerte, Munition und Waffen für die Front herzustellen, und Wilhelm Dittmann, der allerdings sofort verhaftet wurde. Bei den Demonstrationen kam es immer wieder zu Zusammenstößen zwischen Polizei und Demonstranten, einmal sogar zu Schießereien auf beiden Seiten – Arbeiter aus Waffenfabriken kommen eben leichter an Schußwaffen heran als andere. Insgesamt wurden sechs Arbeiter getötet, mehrere Hundert verletzt.

Als die Streikbewegung am 31. Januar immer noch nicht abgeflaut war, verhängte das für Berlin zuständige Oberkommando in den Marken den verschärften Belagerungszustand. Außerdem wurde die Berliner Polizei durch 5000 Unteroffiziere verstärkt. Die Infanterie des Gardekorps und drei weitere Armeekorps wurden mit einem Geheimbefehl in Alarmbereitschaft versetzt, um notfalls Berlin zu besetzen und einen allgemeinen Aufstand niederzuwerfen. Schließlich wurden am 1. Februar sieben ausgewählte Großbetriebe unter militärische Aufsicht gestellt, um so die rasche Wiederaufnahme der Rüstungsproduktion zu erzwingen: Arbeiter, die nicht spätestens am 4. Februar morgens zur Arbeit zurückkehrten, mußten mit schweren Strafen rechnen und, falls sie bisher vom Militärdienst zurückgestellt worden waren, mit der sofortigen Einberufung in die Armee. Am 2. Februar nahmen die unter dem verschärften Belagerungszustand eingesetzten außerordentlichen Kriegsgerichte ihre Tätigkeit gegen verhaftete Demonstranten und Redner auf, u. a. gegen Dittmann.
Am 2. Februar begann die Streikbewegung schon etwas abzubröckeln. Trotzdem ließ das Oberkommando zur Einschüchterung der Streikenden zwei schwerbewaffnete Jägerbataillone durch Berlin marschieren, vor allem durch die Arbeiterviertel – Vorboten der bürgerkriegsähnlichen Zustände nur ein knappes Jahr später. Unter dem Eindruck der Repressalien und der militärischen Demonstration beschloß die Streikleitung dann tatsächlich am Sonntag, dem 3. Februar, den Streik abzubrechen. Trotzdem wurde am folgenden Tag noch in einigen Betrieben weitergestreikt, so daß erst am 5. Februar die Arbeit allgemein wieder weiterging.
Äußerlich und kurzfristig war der Januarstreik somit auch in Deutschland gescheitert: Der Krieg ging weiter, und die deutsche Kriegszielpolitik vollendete sich gen Osten mit Brest-Litowsk, ratifiziert durch den Reichstag am 23. März, zwei Tage nach Beginn der zunächst so erfolgreichen deutschen Westoffensive. Vor allem die Zentrumspartei war wieder von ihrer scheinbar verständigungsbereiten Position vom Juli 1917 abgerückt, denn sogar Erzberger rechtfertigte seine Zustimmung zum Vertrag von Brest-Litowsk mit dem Argument, er läge durchaus auf der Linie der Friedensreso-

lution. Die Reichstagsfraktion der MSPD enthielt sich der Stimme, weil sie nicht gegen den ersten Friedensschluß im Weltkrieg stimmen wollte.

Tatsächlich war jedoch der Januarstreik das bisher klarste Anzeichen für den bevorstehenden revolutionären Ausbruch der inneren Spannungen, die der Burgfriede nur mühsam verdeckte: Blutige Zusammenstöße zwischen Polizei und Streikenden und die Bildung eines, wenn auch nur kurzlebigen Arbeiterrats wiesen in die unmittelbare Zukunft. Über den Streik hinaus wirkten zwei weitere Momente: Die 50 000 streikenden Arbeiter, die strafweise in die Armee eingezogen wurden, trugen langfristig kaum zur Hebung der Kampfmoral in der deutschen Armee bei, zumal nach dem Scheitern der letzten Westoffensiven. Und die Organisationsform zur Vorbereitung und Auslösung des Januarstreiks war gleichsam die Generalprobe zur Auslösung der Revolution Anfang November 1918. Auch sie wurde im Zusammenspiel zwischen Revolutionären Obleuten, Spartakusbund und linkem Flügel der USPD angestrebt, wenn sie dann auch anders ausbrach und verlief als ursprünglich geplant.[8] Aus seiner intimen Kenntnis der deutschen Verhältnisse brachte Kurt Riezler das Dilemma der deutschen Misere nach Beginn der deutschen Westoffensive Mitte April 1918 auf eine präzise Formel: »Alles hängt von der Offensive ab – glückt sie völlig, so kommt die freudig vom Volke ertragene Militärdiktatur – glückt sie nicht, eine schwere moralische Krise, die friedlich zu bewältigen wohl keiner der jetzigen Regierungsmänner die Kunst hat.«[9]

---

8 Vgl. unten Kap. 15.
9 Tagebucheintrag vom 15.4.1918.

14. Die Endkrise des Deutschen Kaiserreichs: vom »schwarzen Freitag« zum Waffenstillstandsgesuch und zur Parlamentarisierung, August bis Oktober 1918

Nach dem nur mühsam niedergeschlagenen Januarstreik 1918, nach dem äußerlichen, in Wahrheit eher selbstentlarvenden Triumph der deutschen Kriegszielpolitik im Diktatfrieden von Brest-Litowsk, bei dessen Ratifizierung im Reichstag die einstige Friedensresolutionsmehrheit zerfiel, trieb das Deutsche Reich, als schließlich auch noch die Westoffensive im Juli/August 1918 scheiterte, unreformiert in seine nächste – letzte – politische Krise: Deutschland war noch erschöpfter, die Stimmung war noch verzweifelter als selbst im Juli 1917. Die letzten Illusionen über den uneingeschränkten U-Bootkrieg, über die kriegsentscheidende Wirkung des Friedens im Osten und der deutschen Offensiven im Westen waren endgültig zerstört. Die alliierten Gegenoffensiven seit Juli 1918, vor allem seit dem 8. August, dem sogenannten »schwarzen Freitag«, hatten sogar Ludendorff die letzte Hoffnung geraubt, den Krieg militärisch gewinnen zu können. Doch im Herbst 1918 fing das Ende des Krieges nicht im Westen an, sondern dort, wo er vor mehr als vier Jahren begonnen hatte: auf dem Balkan.
Am 15. September durchbrach die alliierte Saloniki-Armee die mazedonische Front, Bulgarien kapitulierte am 29. September. Damit hing die Türkei strategisch in der Luft, zumal am 22. September die Alliierten bereits die türkisch-deutsche Palästina-Front durchstoßen hatten und in Syrien einmarschiert waren. So war es nur noch eine Frage der Zeit, wann auch die Türkei und Österreich-Ungarn militärisch zusammenbrechen würden, nachdem ihr innerer Zerfall schon recht weit vorangeschritten war. Im Westen mochten die Deutschen sich noch so gut halten – im Südosten und Süden bot das Reich nach einem Zusammenbruch Österreich-Un-

garns offene Flanken, in welche die alliierten Armeen von Italien über Tirol und von Böhmen her mühelos würden einfallen können. Als am 28. September die Nachricht von Bulgariens Zusammenbruch eintraf, war es für Ludendorff nicht mehr schwer, sich die künftigen Ereignisse vorzustellen, die Deutschlands Lage strategisch unhaltbar machten. Nun erst räumte er ein, daß Deutschland den Krieg verloren hatte.

In dem verzweifelten Versuch, zu retten, was noch zu retten war, befahl Ludendorff am 29. September nach innen die Parlamentarisierung des Reichs, nach außen den Abschluß eines sofortigen Waffenstillstands, bevor die Westfront auch noch zusammenbrechen würde. Hertling als konsequenter Konservativer weigerte sich, die Parlamentarisierung mitzumachen und trat zurück. Der geschlagene Militärdiktator, am Ende seines Lateins, schob jedoch hauptsächlich der Linken die Schuld für das sich abzeichnende Debakel zu. Am 1. Oktober, einen Tag nach Hertlings Rücktritt, erklärte er seinen engsten Mitarbeitern, warum er die Parlamentarisierung des Reichs nun plötzlich für nötig hielt, warum er dem Kaiser vorgeschlagen hatte, »jetzt auch diejenigen Kreise an die Regierung zu bringen, denen wir es in der Hauptsache zu verdanken haben, daß wir soweit gekommen sind. Wir werden also diese Herren jetzt in die Ministerien einziehen sehen. Die sollen nun den Frieden schließen, der jetzt geschlossen werden muß. Sie sollen die Suppe jetzt essen, die sie uns eingebrockt haben!«[1] Noch bevor die deutschen Armeen die Waffen niederlegten, war die »Dolchstoßlegende« geboren. Der Oberst im Generalstab v. Thaer, der Ludendorffs Worte in seinem Tagebuch festhielt, schrieb am 1. Oktober:

»Als wir versammelt waren, trat L. in unsere Mitte, sein Gesicht von tiefstem Kummer erfüllt, bleich, aber mit hocherhobenem Haupt. Eine wahrhaft schöne germanische Heldenge-

---

[1] Siegfried Kaehler: *Zur Beurteilung Ludendorffs im Sommer 1918*, in: *Nachrichten der Akademie der Wissenschaften in Göttingen, phil.-hist. Klasse*, Jg. 1953, Nr. 1, S. 26 ff.; die für diesen Zusammenhang entscheidenden Passagen aus dem Thaer-Tagebuch nachgedruckt bei Michaelis/Schaepler (Hg.), II, S. 322-324.

stalt! Ich mußte an Siegfried denken mit der tödlichen Wunde im Rücken von Hagens Speer.«

Nach Tagen hektischer Suche war ein neuer, der letzte kaiserliche Reichskanzler gefunden, wiederum nicht nominiert vom kurz vor seinem Verfassungssieg stehenden Reichstag. Prinz Max von Baden war nicht einmal Parteipolitiker oder Parlamentarier im üblichen Sinn. Er galt jedoch als liberal und hatte als Thronfolger und Präsident der 1. badischen Kammer einige parlamentarische Erfahrungen gesammelt. In seiner Wahl zum letzten kaiserlichen Reichskanzler lag eine gewisse historische Logik: Der Großherzog von Baden war einst einer der wichtigsten süddeutschen Verbündeten Bismarcks bei der Reichsgründung 1870/71 gewesen. Nun wurde kurz vor dem Ende des Kaiserreichs ein Mitglied des badischen Herrscherhauses nach Berlin berufen, um den Untergang in letzter Minute noch abzuwenden. Prinz Max von Baden erzielte tatsächlich einen halben Erfolg: Er konnte zwar die Monarchie nicht mehr retten, weil sich Wilhelm II. bis zuletzt an die Krone klammerte, als ihn kaum noch jemand in Deutschland als Kaiser wollte. Aber es gelang ihm, das Deutsche Reich noch einmal für fast eine Generation zu konservieren und seine soziale Ordnung im wesentlichen intakt zu halten, indem er die Reichsverfassung großzügig auslegte und am 9. November einfach sein Amt als Reichskanzler an einen süddeutschen Mehrheitssozialdemokraten, Friedrich Ebert aus Heidelberg, übergab.

Am 3. Oktober wurde Prinz Max von Baden zum Kanzler ernannt. Payer blieb Vizekanzler, einige bekannte Reichstagsabgeordnete traten in die Regierung als Staatssekretäre ein, unter ihnen Scheidemann für die MSPD, Erzberger für das Zentrum. Die politischen Neuerungen in der Regierungsspitze wurden am 26. Oktober durch Verfassungsänderung untermauert: Der Reichskanzler war fortan vom Vertrauen der Reichstagsmehrheit (und nicht mehr vom Kaiser) abhängig, die Parlamentarisierung des Reichs war eröffnet, Deutschland in einen »Volksstaat« und eine konstitutionelle Monarchie umgewandelt – aber nur unter massivstem Druck von außen und innen: durch drohende militärische Niederlage und Revolution.

Den Ausschlag hatte das Ringen um einen baldigen Waffenstillstand gegeben: Nach dem deutschen Waffenstillstandsersuchen vom 3. Oktober hatte Präsident Wilson in seiner dritten Note am 23. Oktober mitgeteilt, daß er nicht bereit sei, mit dem alten autokratischen Regime zu verhandeln. Als Antwort kam nur drei Tage später die Verfassungsänderung in Deutschland – mit einer taktischen Behendigkeit, die nach 47 Jahren vorausgegangener Immobilität überraschen mußte.

Der wahre Grund dafür ist heute jedoch leicht zu erkennen: Nachdem Ludendorff eingesehen hatte, daß der Krieg nicht mehr zu gewinnen war, drängte er auf das Tempo: Im Innern erreichte er ohne große Mühe sein Ziel einer parlamentarisch breiter fundierten Regierung, die er für das Desaster verantwortlich machen wollte. Aber es war schon schwieriger, diese neue Regierung von der Notwendigkeit eines sofortigen Waffenstillstandsgesuchs zu überzeugen, weil sich die Mehrheitsparteien nicht mit der moralischen Verantwortung für das Eingeständnis der Niederlage belastet sehen wollten. Erst nach einer Sondersitzung mit den Vertretern aller Reichstagsfraktionen, also auch den Polen und der USPD, am 2. Oktober, als Major Freiherr von dem Bussche im Auftrag der OHL den konsternierten Parteiführern endlich reinen Wein über die wahre militärische Lage einschenkte[2], beugte sich die politische Führung dem Druck der Militärs: Am folgenden Tag unterschrieb die Regierung Prinz Max von Baden als praktisch erste Amtshandlung ein Gesuch um sofortigen Waffenstillstand.[3]

Noch in der Stunde der Niederlage versuchte das Deutsche Reich, das Beste aus seiner verzweifelten Lage zu machen: Die deutsche Waffenstillstandsnote akzeptierte nun plötzlich Wilsons 14 Punkte als Grundlage für einen Friedensschluß und richtete sich nicht an die Alliierten, sondern nur an die USA, die als »assoziierte Macht« formal nicht dem Kriegsbündnis gegen die Mittelmächte angehörten. Wilsons 14 Punkte, die die deutsche Führung erst vor neun Monaten abgelehnt hatte, sollten jetzt der Rettungsbalken für das

---

[2] Zum Vortrag von dem Bussches vor den Parteiführern am 2.10.1918 vgl. ebenda, S. 327-330.
[3] Umfangreiches Material für die Entwicklung zum Waffenstillstand und zur Revolution in Deutschland bei Michaelis/Schraepler, ebenda.

Deutsche Reich werden, und die Wahl Wilsons als Adressaten sollte dem Ehrgeiz des US-Präsidenten als Friedensbringer schmeicheln.
Unterdessen ging der Krieg weiter – zu Lande und zu Wasser (U-Bootkrieg). Auf ihrem Rückzug an der Westfront wandten die deutschen Armeen die Politik der »verbrannten Erde« an, um durch systematische Zerstörungen in Nordostfrankreich und Belgien den Vormarsch der nachrückenden alliierten Armeen zu erschweren – wie sich herausstellte mit erheblichem Erfolg.[4] Auf Wilsons Verlangen stellte Deutschland zwar den U-Bootkrieg ein, aber nicht die Zerstörungen, da sie angeblich nicht gegen das Völkerrecht verstießen. So handelten sich die Deutschen noch in der Niederlage gegen kurzfristige militärische Vorteile eine zusätzliche psychologisch-politische Belastung ein.
In letzter Minute wurde der Waffenstillstand noch einmal von deutscher Seite gefährdet: In seiner dritten Note vom 23. Oktober erklärte Wilson u. a., für die USA und die Alliierten sei ein Waffenstillstand nur annehmbar, wenn er es Deutschland unmöglich mache, die Feindseligkeiten wiederaufzunehmen. Erneut warf Ludendorff das Steuer herum: Plötzlich fand er Deutschlands militärische Lage gar nicht mehr so düster, wie er sie noch wenige Wochen zuvor hingestellt hatte, und überhaupt sei es besser, Deutschland gehe in Ehren unter, als daß es einen schmachvollen Frieden abschloß. Ludendorff sprach für einen Teil der deutschen Führungsschicht, der mit dem Gedanken eines »Massenaufgebots« zur Verteidigung des Vaterlandes bis zum letzten Blutstropfen spielte, gleichsam als Vorwegnahme des »Volkssturms« am Ende des Zweiten Weltkriegs. Sogar Walter Rathenau und Friedrich Meinecke stimmten in den Chor derer mit ein, die ein Kriegsende befürworteten, das eher der »Götterdämmerung« als einem Akt rationaler Politik geglichen hätte. Schon damals machte ein Wort die Runde, das Goebbels einen Weltkrieg später in einer noch

---

4 Vgl. das Gutachten des Generals von Kuhl (»Der Dolchstoß«) für den Parlamentarischen Untersuchungsausschuß über die *Ursachen des Deutschen Zusammenbruchs im Jahre 1918,* 4. Reihe, Bd. IV. S. 3ff., jetzt neu bei Michaelis/Schraepler, ebenda, S. 335-337.

verzweifelteren Situation wieder aufgreifen sollte: »Lieber ein Ende mit Schrecken als ein Schrecken ohne Ende!«[5]
Diesmal aber widersetzte sich die politische Führung dem Verlangen Ludendorffs nach einer heroisch-demagogischen Geste. Kollektiver Selbstmord war nicht möglich für ein 65-Millionenvolk, wie es ein Minister ausdrückte: Ludendorff wurde am 26. Oktober entlassen. Er floh inkognito nach Schweden, um politisch zu überwintern und sein Comeback zum geeigneten Augenblick vorzubereiten. So entzog er sich zugleich der politischen Verantwortung für den Waffenstillstand. Sein Nachfolger war ein weiterer Süddeutscher, General Groener, während Hindenburg formal an der Spitze der OHL blieb.

Die letzten Zweifel an der Notwendigkeit des Waffenstillstands beseitigte dann die Entwicklung bei den noch übriggebliebenen Verbündeten, namentlich Österreich-Ungarn. Das Türkische Reich, militärisch bereits zusammengebrochen, kapitulierte und zerfiel auch politisch. Ähnlich vollzog sich der Untergang der Donaumonarchie: Das kaiserliche Manifest vom 16. Oktober versprach verspätet die volle Gleichberechtigung der zahlreichen Nationalitäten in einem Bundesstaat, öffnete damit aber erst recht die Schleusen für die national- und sozialrevolutionäre Flut, die das Habsburgerreich davonschwemmte. Die österreich-ungarische Armee lief auseinander, die Doppelmonarchie zerfiel in mehrere Staaten. Am 27. Oktober bot Kaiser Karl den USA einen Sonderfrieden an, drei Tage später auch Italien den Waffenstillstand, der am 3. November unterzeichnet wurde: Die Österreicher mußten ihre Straßen und Eisenbahnen den Alliierten zum Vormarsch gegen Deutschland zur Verfügung stellen. So stand Deutschland nun nach Südosten offen und hatte früher oder später eine alliierte Schlußoffensive zu erwarten – durch Böhmen nach Sachsen, durch Tirol nach Bayern.

Das Schreckgespenst eines Krieges auf deutschem Boden beschleunigte das Kriegsende auch für Deutschland: Vier Jahre lang hatten die Deutschen überwiegend auf fremdem Boden Krieg geführt. Nun wollte die Mehrheit den Krieg mit

---

5 Vgl. M. Balfour: *Der Kaiser*, S. 436.

seinen Zerstörungen wenigstens vom eigenen Land fernhalten. Aber dazu gab es nur noch ein Mittel: möglichst rasche Kapitulation. – Aus diesen Zusammenhängen erklärt sich übrigens, daß die Novemberrevolution, nach dem Matrosenaufstand von Kiel, zuerst an der äußersten südlichen Peripherie begann, in Bayern, und Berlin erst zuletzt am 9. November erreichte.

Für die Reichsführung kam es jedoch darauf an, die totale Niederlage im Westen zu vermeiden, einen geordneten Rückzug in Frankreich zu erreichen, um die innere Auflösung und eine sozialistische Revolution nach dem Vorbild der Oktoberrevolution zu vermeiden, zumal unter dem Druck der Meuterei in der Hochseeflotte, deren Matrosen sich am 29. und 30. Oktober weigerten, zu einer letzten selbstmörderischen Seeschlacht und in den heroischen Untergang à la Ludendorff auszulaufen.[6] So kam es schließlich zu einem Wettlauf von zwei miteinander rivalisierenden Bewegungen zur Beendigung des Krieges – einer von oben und einer von unten. Die offizielle Bewegung von oben, im wesentlichen getragen von der alten Kriegskoalition (OHL, Bürokratie, Industrie, bürgerliche Mehrheitsparteien des Reichstags), drängte auf baldigen Waffenstillstand, um den politischen und sozialen status quo soweit wie möglich aufrechtzuerhalten. Die Bewegung von unten, bestehend im wesentlichen aus einfachen Soldaten und Arbeitern, hoffte umgekehrt, dem Krieg und zugleich dem alten Regime durch revolutionären Druck ein Ende zu machen, um zumindest ein demokratisches und nach Möglichkeit auch ein – wie immer geartetes, noch erst genauer zu klärendes – sozialistisches System zu errichten. Die offizielle Bewegung von oben hatte bereits am 29. September mit dem Entschluß zu Waffenstillstand und Parlamentarisierung eingesetzt und hatte somit einen zeitlichen Vorsprung vor der spontanen, unkoordinierten Bewegung von unten. Wilsons Verzögerungspolitik in der Waffenstillstandsfrage bewirkte jedoch, daß, zumal unter dem Druck der Kapitulation der Türkei und Österreich-Ungarns, die Friedenssehnsucht in der Bevölkerung unwiderstehlich wurde und das amtliche Kalkül für den

---

6 Genauer dazu das nächste Kapitel.

Waffenstillstand über den Haufen warf: Die revolutionäre Welle erreichte die Reichshauptstadt Berlin zwar erst am 9. November, aber immer noch zwei Tage vor dem Abschluß des Waffenstillstands im Wald von Compiègne am 11. November 1918.

15. Zusammenbruch und Revolution: Oktober/November 1918

Die Novemberrevolution 1918 in Deutschland war, ähnlich wie in Österreich-Ungarn, ein Produkt der militärischen Niederlage und der durch sie freigesetzten, zugleich auch verschärften inneren Widersprüche. Sie ging zwar in die Geschichte als Revolution ein, aber tatsächlich bewirkte sie, gemessen an den großen historischen Revolutionen – von der Französischen 1789 bis zur Russischen 1917 – nur relativ oberflächliche Veränderungen in der Verfassung des Deutschen Reichs. Sie war ein außerordentlich komplexer Vorgang, so daß sie – auch nur als Abschluß des Ersten Weltkriegs für Deutschland, als der sie hier vorrangig interessiert – nur schwer auf engem Raum einigermaßen angemessen zu skizzieren ist.

Deutschlands Zusammenbruch, besiegelt im Waffenstillstand vom 11. November 1918, war nicht das Ergebnis des angeblichen »Dolchstoßes« in den Rücken, sondern der physischen und moralischen Erschöpfung des deutschen Volkes nach mehr als vier Kriegsjahren und der plötzlichen Isolierung des Deutschen Reichs nach dem Zusammenbruch seiner Verbündeten Bulgarien, Türkei und Österreich-Ungarn im September/Oktober 1918, womit es im Süden und Südosten der drohenden Offensive der Alliierten, spätestens ab Frühjahr 1919, offenstand.

Aber der militärische und politische Zusammenbruch nach einer so langen und kostspieligen Kraftanstrengung war noch nicht die Revolution selbst, sondern leitete erst eine revolutionäre Situation ein. Die Motive der Massen Ende Oktober/Anfang November waren durchaus nicht revolutionär, sondern von elementarer Einfachheit – sie wollten Frieden, Brot und Arbeit. Auch die politischen Ziele der meisten Führer der Linken waren relativ beschränkt – Parlamentarisierung, Demokratisierung. Die wirklichen Revolutionäre auf der äußersten Linken waren schwach und längst nicht so erfolgreich, wie der äußere Schein der Ereignisse zunächst vermuten ließ. Faktisch wurden sie von der revolutionären Dyna-

mik mehr getrieben, als daß sie die Entwicklung selbst gestaltet hätten.
Durch die vorausgegangene politische Entwicklung in den letzten Wochen des Kaiserreichs hatte sich Anfang November 1918 eine paradoxe Situation ergeben: Die ausschlaggebende Kraft, die zunächst die Revolution zu führen schien – die MSPD – war schon längst, im Grunde bereits seit August 1914, zur inoffiziellen Regierungspartei geworden und saß seit Anfang Oktober 1918 tatsächlich in der damals noch kaiserlichen Regierung. So entstand die seltsame Lage, daß diejenigen, die die Revolution zu machen schienen, die Revolution nicht wollten, während diejenigen, die sie wollten, die Revolution nicht machten. Bis zu einem gewissen Grade war die deutsche Novemberrevolution ein historisches Mißverständnis, ausgelöst durch die Hartnäckigkeit, mit der Kaiser Wilhelm II. bis zuletzt seine Abdankung verweigerte – anstatt die Monarchie zu retten durch einen frühzeitigen Rücktritt, der den Weg frei gemacht hätte für einen Frieden ohne die untragbare Belastung, zu der dieser Kaiser längst geworden war.
Bis zum 9. November 1918 war im Grunde nur die äußerste Linke wirklich für Abschaffung der Monarchie: Die Konservativen und Agrarier klammerten sich an die Monarchie aus Gründen der politischen und sozialen Selbsterhaltung – »Kein König, kein Junker«, um Jakobs I. berühmten Ausspruch von 1604 (»No bishop, no king, no aristocracy«) sinngemäß auf die deutsche Situation Ende 1918 abzuwandeln. Das liberale Bürgertum hatte mit der Verfassungsreform vom Oktober 1918 – parlamentarische Demokratie in Gestalt einer konstitutionell gewordenen Monarchie – sein politisches Programm von 1848/49 bereits erreicht. Das Schicksal der deutschen Monarchie lag daher Anfang November 1918 bei Wilhelm II. und bei der deutschen Arbeiterschaft sowie ihren politischen Führern, die überwiegend sozialdemokratisch eingestellt waren. Die SPD war zwar in der Theorie für die Republik, aber die offene Spaltung der Sozialdemokraten lähmte ihr Engagement, so daß zumindest die MSPD in der konkreten Situation bei Kriegsende von sich aus nichts für den Sturz der Monarchie getan hätte.
Im November 1918 war der Zustand der sozialistischen Ar-

beiterbewegung chaotisch. Die Bewilligung der Kriegskredite seit dem 4. August 1914 hatten Einheit, Disziplin und Stärke der Vorkriegssozialdemokratie zerstört. Seit April 1917 war die Sozialdemokratie auch formal in zwei eigenständige Parteien gespalten – MSPD und USPD, ungefähr identisch mit dem früheren rechten Flügel und dem Zentrum der alten SPD unter Ebert und Scheidemann bzw. mit dem stärker marxistischen linken Flügel unter Haase.[1] Innerhalb der USPD stand schon mit dem ihr nur noch formal zugehörigen Spartakusbund unter Karl Liebknecht und Rosa Luxemburg der wichtigste Kern für die spätere KPD bereit, der sich wenige Wochen nach Kriegsende verselbständigte, so daß für Anfang November 1918 faktisch bereits von drei Parteien auszugehen ist, die als Spaltungsprodukte der Vorkriegssozialdemokratie unter den Belastungen des Krieges entstanden waren.

Aber auch nach Dreiteilung der alten SPD waren die so entstandenen Parteien keineswegs einigermaßen in sich geschlossen. Vielmehr wiesen alle drei jeweils rechte und linke Flügel auf sowie tiefgreifende Differenzen zwischen politischer Führung und Massenbasis bzw. Mitgliedern, so daß es teilweise zu Überlappungen in den Positionen der rechten und linken Flügel aller drei Parteien kam, die neue Komplikationen und innere Konflikte entstehen ließen:[2] In allen drei Parteien stand die offizielle Führung mehr oder weniger auf dem rechten Flügel, während die Massen- bzw. Mitgliederbasis jeweils stärker nach links tendierte. So lagen die Massen der MSPD und die Führer der USPD ungefähr auf derselben Linie, während die Führer beider Parteien sich jeweils von ihrer eigenen Basis weiter entfernt hatten.

Ähnlich nahmen Karl Liebknecht und Rosa Luxemburg mit ihrem Votum für die Teilnahme an den Wahlen zur Nationalversammlung eine gemäßigte Position im Spartakusbund ein, die sie eher in die Nähe des linken Flügels der USPD rückte als in die des aktionistisch-putschistischen Flügels der jungen KPD, der sich Anfang Januar 1919 gegen sie durchsetzte.

1 Vgl. oben Kap. 10.
2 Vgl. dazu die brillante Analyse von Arthur Rosenberg: *Geschichte der Weimarer Republik*, Frankfurt/M. 1961, S. 15-26.

Die komplizierten Spaltungen und politischen Positionsverschränkungen zwischen und innerhalb MSPD, USPD und Spartakusbund/KPD erhöhten nur noch die Verwirrung der sozialistischen Arbeiterbewegung und lähmten sie in der sich entfaltenden revolutionären Situation: Verschreckt durch die Ausstrahlungen der russischen Oktoberrevolution und die revolutionäre Agitation der äußersten Linken, scheute die MSPD vor jeder tiefgreifenden Veränderung zurück, so daß sie in der Endkrise der Monarchie ihrem traditionellen Ideal der Republik nur noch Lippendienst leistete. Namentlich Ebert versuchte die Monarchie bis zum letzten Moment zu retten. Als Scheidemann am 9. November spontan von einem Fenster des Reichstags aus die Republik ausrief, um Karl Liebknecht zuvorzukommen, herrschte ihn Ebert an: »Ich hasse die Revolution wie die Sünde!« Ähnlich wie das liberale Bürgertum war auch die MSPD mit den Verfassungsreformen vom 26. Oktober im Grunde zufrieden. Alles weitere, namentlich die Entscheidung über die künftige Staatsform Deutschlands – Monarchie oder Republik –, aber auch über weitergehende Sozialreformen, wollten die Führer der MSPD den Wahlen nach Kriegsende und den aus ihnen hervorgehenden Umgruppierungen oder neuen Parteien überlassen. Der linke Flügel der MSPD und die Führer der USPD drängten dagegen stärker darauf, die revolutionäre Situation zu einer Umwandlung Deutschlands in einen sozialistischen Staat zu nutzen, allerdings auch auf dem Boden einer Verfassung, die eine allgemein, frei und geheim zu wählende Nationalversammlung ausarbeiten sollte.

Allein der linke Flügel der USPD, der später zur KPD überging (1920), und der Spartakusbund samt ähnlichen Gruppen (Bremer Linksradikale, Revolutionäre Obleute) wollten die revolutionäre Situation des November 1918 zu einer wirklichen Revolution weitertreiben, sollte sich die Gelegenheit dazu bieten. Aber die bekanntesten Führer des Spartakusbundes, Rosa Luxemburg und Karl Liebknecht, waren durch ihr Eintreten für die Beteiligung der KPD an den Wahlen zur Nationalversammlung auch bereit, als linkssozialistisch-kommunistische Opposition in einem parlamentarisch-demokratischen Deutschland zu agieren, sollten sie, wie sie realistisch erkannten, die politische Macht in

Deutschland nicht erringen oder behaupten können. Dagegen bestanden die Anhänger und Mitglieder des Spartakusbundes, später der KPD, meistens aus gerade erst durch die vorrevolutionäre Gärung kurz vor Kriegsende politisierten Kräften. Sie waren überwiegend ohne systematische oder konsistente politische Schulung, aktionistisch-putschistisch, für die revolutionäre Aktion um ihrer selbst willen, ohne die Aussichten ihres Tuns realistisch abzuwägen.

Obwohl der Spartakusbund Anfang November 1918 nur einige hundert Mitglieder zählte, ging seine Wirkung in der revolutionären Entwicklung weit über die lächerlich kleine Zahl hinaus. Trotzdem trat die akute revolutionäre Situation mit Ereignissen ein, die außerhalb der Kontrolle auch der extremsten Linken standen: mit der Flottenmeuterei von Wilhelmshaven. Die Ereignisse überstürzten sich seitdem so, daß die gesamte Linke, von der MSPD bis zum Spartakusbund, geistig wie organisatorisch auf den tatsächlichen Ausbruch der Revolution nicht oder nur ungenügend vorbereitet war. Diese Tatsache allein ist Beweis genug, um die alte Dolchstoßlegende zu widerlegen, wonach die Novemberrevolution das Ergebnis einer systematischen Planung gewesen sei, wie tatsächlich ein Jahr zuvor in Rußland.

Für das Verständnis der revolutionären Entwicklung ist zunächst von der Friedensfrage und der Parlamentarisierung des Reichs auszugehen. Die Parlamentarisierung veränderte kaum etwas an den realen Lebensbedingungen der Massen. Aber der gleichzeitige Kampf um die Beendigung des Krieges brachte den Stein endgültig ins Rollen, da der Waffenstillstand zuletzt, nach Ludendorffs neuerlichem Stellungswechsel aufgrund der Wilson-Note vom 23. Oktober, doch noch gegen das immer stärker diskreditierte Militär und die gleichgesinnte Admiralität durchgesetzt werden mußte. Immer noch herrschte der Belagerungszustand, und die Regierungsbeteiligung der MSPD konnte sich in den wenigen noch verbleibenden Wochen bis zum Ausbruch der Revolution nicht mehr stabilisierend auswirken. An der Westfront vermehrten sich die Symptome der inneren Auflösung; in der Heimat verschärfte sich die Debatte um Krieg und Frieden, bald auch um Abdankung des Kaisers und Beibehaltung der Monarchie. Noch vor Ludendorffs Sturz am 26. Oktober lockerte sich der eiserne Zugriff des Militärs, als aus politischen Gründen, befürwortet u. a. von Konrad Adenauer, dem damaligen Oberbürgermeister von Köln, am 21. Oktober alle politischen Gefangenen in einer Amnestie freigelassen wurden. Unter ihnen waren auch Rosa Luxemburg und Karl Liebknecht, der am 23. Oktober in Berlin eintraf. Aber er war enttäuscht und entsetzt über die mangelnde Vorbereitung seiner Genossen auf die Revolution, deren Kommen er deutlich fühlte.

Tatsächlich war das revolutionäre Element in Deutschland noch sehr schwach. Die paar hundert Mitglieder des Spartakusbundes waren über das ganze Reich zerstreut, mußten unter Bedingungen einer faktischen Illegalität arbeiten und waren durch die Inhaftierung ihrer erfahrensten Köpfe bis zuletzt führerlos. Außerhalb des Spartakusbundes gab es zwei weitere Kräfte, die sich auch schon im Januarstreik bemerkbar gemacht hatten: die Bremer Linksradikalen und die Revolutionären Obleute in Berlin.[3] Letzteren und dem Spartakusbund fiel eine strategische Schlüsselrolle zu, da die Bewegung in Berlin am stärksten war, die Arbeiter der Rüstungsindustrie für sich hatte und am ehesten direkten Druck auf die Regierung ausüben konnte.

Gleich nach seiner Entlassung aus dem Gefängnis nahm Liebknecht am 23. Oktober in Berlin Verbindung zu den Genossen vom Spartakusbund und von verbündeten Gruppen auf. In einer ersten gemeinsamen Sitzung am 2. November wurde der Aktionsplan für den herannahenden Ausbruch der Revolution besprochen. Aus einem Generalstreik sollte sich die Revolution von Berlin aus spontan weiterentwickeln. Aber der 4. November war dafür zu früh, der 6. und 7. kamen ebenfalls nicht in Frage, weil Donnerstag und Freitag Zahltage für die Arbeiter in den Betrieben waren, und so wurde der 11. November als Termin für den Generalstreik mit erhofften revolutionären Konsequenzen festgelegt – wie sich herausstellen sollte zwei Tage zu spät, nachdem die Revolution, ausgelöst in der Provinz, am 9. November endlich auch Berlin erreicht hatte. So wurden die einzigen, die die Revolution in Berlin wirklich wollten und zu planen versucht hatten, in Wirklichkeit von den Ereignissen überrollt.

3 Vgl. oben Kap. 10.

Ausgelöst wurde die Revolution, wie schon erwähnt, durch Vorgänge, die – jenseits direkter Einwirkungsmöglichkeiten der revolutionären Linken – mit dem allgemeinen Problem von Krieg und Frieden zusammenhingen. Das Schwanken der Obersten Heeresleitung zwischen Eingeständnis der Niederlage und Forderung nach einem Endkampf à la Götterdämmerung war nicht dazu angetan, die Kampfmoral in den letzten Kriegswochen zu heben. Der einfache Soldat hatte keine Lust mehr, sein Leben noch länger für eine klar verlorene Sache aufs Spiel zu setzen. Als Ludendorff, gedeckt von Hindenburg, auf die 3. Wilson-Note vom 23. Oktober mit der Forderung nach Widerstand bis zum letzten antwortete, wurde er zwar am 26. Oktober entlassen. Aber in seinem Geiste bereitete nun die Admiralität einen Vorstoß der Kriegsflotte vor, um in einer letzten großen Seeschlacht die »Ehre« der deutschen Marine zu retten.
Erst diese Entscheidung brachte die revolutionäre Lawine endgültig ins Rollen, denn am 29. und 30. Oktober verweigerten zahlreiche Matrosen der Hochseeflotte in Wilhelmshaven den Gehorsam und löschten das Feuer in den großen Dampfkesseln der Schlachtschiffe, so daß die Flotte nicht auslaufen konnte. Die Flottenführung mußte die geplante Operation abbrechen und befahl die Verteilung der versammelten Geschwader auf die verschiedenen Kriegshäfen. Der Versuch, hart durchzugreifen, provozierte weitere Unruhen in allen Häfen, die die Geschwader befehlsgemäß anliefen. In Kiel vereinigte sich am 4. November die Bewegung auf den Schiffen mit der Bewegung auf dem Lande, denn Kiel war nicht nur ein bedeutender Kriegshafen, sondern hatte auch eine starke Garnison und eine bedeutende Industrie. Bei dem Versuch der Gegenseite, eine große Demonstration von Matrosen, Soldaten und Arbeitern militärisch niederzuwerfen, wurden zwar anfangs einige Demonstranten erschossen und viele verletzt, doch danach weigerten sich die meisten Soldaten, weiter auf Demonstranten zu schießen, so daß der Versuch scheiterte. Ein Arbeiter- und Soldatenrat übernahm die Macht in Kiel. Doch wie wenig revolutionär gestimmt er tatsächlich war, läßt sich daran ablesen, daß er als Beauftragten der Berliner Regierung zur Wiederherstellung

der Lage den rechten Sozialdemokraten Gustav Noske akzeptierte und mit ihm zusammenarbeitete.[4]
Gleichwohl breitete sich die Bewegung rasch aus, da zahlreiche Matrosen, die aus dem Innern des Landes stammten und nun einfach nach Hause wollten, zur Sicherung ihrer weiterhin illegalen Situation darauf angewiesen waren, die bisherige Marinemeuterei zur Revolution auszuweiten. So kam es, daß die Novemberrevolution in den großen Städten des Reichs häufig auf den Bahnhöfen begann, ausgelöst von heimkehrenden Matrosen. Freilich verdankten sie ihre leichten Erfolge nur der Tatsache, daß die allgemeinen Bedingungen in der Armee und unter den Arbeitern längst den Boden bereitet hatten, so daß ihre Ankunft nur der berühmte Funke war, der das Pulverfaß zur Explosion brachte.

Eine neue Dimension erreichte die revolutionäre Bewegung am 7. November in München. Dort stürzte erstmals eine regionale Dynastie, die der Wittelsbacher, nachdem Kurt Eisner, der Führer der Münchner USPD, eine riesige Massendemonstration von Arbeitern und Soldaten zustandegebracht hatte.[5] Ihm gelang es, ganze Einheiten aus den Kasernen zum Anschluß zu bewegen. Außerdem fand Eisner Unterstützung im anti-preußischen Ressentiment des liberalen, antiklerikalen Bürgertums sowie des gleichgestimmten liberalen Flügels der bayrischen Bauernschaft, ferner in der Angst vor einem Krieg auf deutschem Boden.[6] Das Bürgertum befürchtete eine Bombardierung Münchens und Augsburgs, die Bauern eine Invasion der Alliierten aus Tirol.
Nach Kiel brachte somit München den entscheidenden

---

4 Grundlegend zur Geschichte der Rätebewegung in der Novemberrevolution (und mit großer Wirkung auf die weitere Forschung) Eberhard Kolb: *Die Arbeiterräte in der deutschen Innenpolitik 1918-1919,* Düsseldorf 1962; allgemein zur Einführung auch ders. (Hg.): *Vom Kaiserreich zur Weimarer Republik,* NWB 49, Köln 1972, besonders der ausführliche Literaturbericht von Helga Grebing: *Konservative Republik oder soziale Demokratie. Zur Bewertung der Novemberrevolution in der neueren westdeutschen Historiographie,* ebenda, S. 386-403.
5 Vgl. Franz Schade: *Kurt Eisner und die bayrische Sozialdemokratie,* Hannover 1961, S. 54-64; Allan Mitchell: *Revolution in Bayern 1918/19,* München 1967; Karl Bosl (Hg.): *Bayern im Umbruch. Die Revolution von 1918, ihre Voraussetzungen, ihr Verlauf und ihre Folgen,* München 1969.
6 Vgl. dazu das vorige Kapitel, S. 188f.

Durchbruch der revolutionären Bewegung, denn von nun an übernahmen Arbeiter- und Soldatenräte überall in Deutschland die örtliche Macht, zuletzt in Berlin am 9. November. Dort hatte sich eine seltsame Lage entwickelt: Die Arbeiterschaft befand sich, wie überall, in einer allgemeinen revolutionären Erregung, doch ihre Forderungen konzentrierten sich vorerst nur auf die Abdankung Wilhelms II., um günstigere Friedensbedingungen für Deutschland zu erhalten.[7] Die MSPD, die seit dem 3. Oktober in der letzten kaiserlichen Regierung saß, wollte zwar die Monarchie retten, wie Ebert dem General Groener am 6. November erklärte, hielt aber die Abdankung des Kaisers für das beste Mittel dazu. Als Groener ablehnte, sich für diese Lösung einzusetzen, stellte die Führung der MSPD ein Ultimatum und forderte die Abdankung des Kaisers bis zum 9. November. Gleichzeitig nahm sie Verbindung zur USPD auf, um die Kontrolle über die Berliner Arbeiterschaft, die der MSPD weitgehend entglitten war, wieder zurückzugewinnen.

So herrschte am 9. November in Berlin eine gespannte und erregte Atmosphäre. Als trotz Ultimatum immer noch nichts von der Abdankung des Kaisers zu hören war, traten die Staatssekretäre der MSPD aus der Regierung Prinz Max von Baden aus und eröffneten damit die letzte Regierungskrise des kaiserlichen Deutschland. Andererseits strömten Zehntausende von Menschen, vor allem Arbeiter, in die Innenstadt, ins Regierungsviertel und vor den Reichstag, in gespannter Erwartung der kommenden Ereignisse. Prinz Max war von den spontan zusammengekommenen Massen tief beeindruckt und ergriff zwei Initiativen, die den revolutionären Prozeß ungewollt weiter beschleunigten:

1. Als um 11 Uhr morgens noch keine Nachricht vom Kaiser vorlag, verkündete er einfach aus eigener Machtvollkommenheit die Abdankung Wilhelms II., als wäre sie schon vollzogen worden. Tatsächlich beugte sich Wilhelm II., auch unter dem Druck seiner militärischen Berater im Großen Hauptquartier von Spa, dem fait accompli.

2. Um 12 Uhr trat Prinz Max von Baden als Reichskanzler

---

[7] E. Matthias/R. Morsey (Hg.): *Die Regierung des Prinzen Max von Baden*, Düsseldorf 1962; Prinz Max von Baden: *Erinnerungen und Dokumente*, neu herausgegeben von Golo Mann, Stuttgart 1968, S. 322-612.

zurück und übergab sein Amt dem Führer der MSPD, Friedrich Ebert, der in die Reichskanzlei gekommen war, um die Forderungen seiner Partei vorzutragen. Ebert nahm das Amt an.
Um 14 Uhr rief Scheidemann, aus einem Fenster des Reichstags vor eher sozialdemokratisch eingestellten Massen, die sich vor dem Reichstagsgebäude eingefunden hatten, die Republik aus und kam damit Karl Liebknecht um zwei Stunden zuvor, der vor dem kaiserlichen Schloß vor eher kommunistisch orientierten Massen die »Sozialistische Republik« ausrief.
Diese drei Vorgänge – des Kanzlers Prinz Max von Baden eigenmächtige Ankündigung der noch nicht vollzogenen Abdankung Kaiser Wilhelms II., die ebenso eigenmächtige Übergabe seines Kanzleramts an Ebert und die doppelte Ausrufung der Republik – machten zusammen den politischen Umsturz des 9. November aus, denn sie vollzogen sich außerhalb der damals gültigen Reichsverfassung. Alles weitere geschah im Prinzip auf dem Boden der neuen, revolutionären Legalität, wenn auch häufig turbulent und gewaltsam – erst recht nachdem der Kaiser tatsächlich abgedankt hatte und an seiner Stelle der Zentralrat der Arbeiter- und Soldatenräte in Berlin am 10. November die höchste Gewalt, d. h. die Souveränität in Deutschland für sich beanspruchte, als oberste Instanz zur Legitimation der neuen Provisorischen Revolutionären Regierung.
Ursprünglich wollte Ebert am 9. November nur eine Regierung auf der alten politischen Basis bilden, also eine Koalition aus MSPD, Zentrum und Fortschrittspartei. Aber die MSPD konnte sich dem Druck von unten nicht entziehen, der – unter der Parole »Proletarische Einheit« – ein politisches Zusammengehen von MSPD und USPD verlangte. So kam es zu ersten Gesprächen über die Bildung einer Regierung aus den beiden sozialdemokratischen Parteien. Kurz darauf traten im Reichstag die Berliner Soldatenräte zusammen und vertagten sich auf den nächsten Tag in den Zirkus Busch, um dort einen Zentralrat der Arbeiter- und Soldatenräte zu bilden.
Am 10. November frühmorgens traf der gestürzte Wilhelm II. in Holland ein, wo er den Rest seines Lebens im

Exil verbrachte.[8] Friedrich Ebert, der sich weiterhin »Reichskanzler« nannte, bildete eine neue Regierung, die sich paritätisch aus je drei Mitgliedern der MSPD und der USPD zusammensetzte: aus ihm selbst, Scheidemann und Landsberg, Haase, Dittmann und Barth. Die tatsächliche Macht lag freilich bei Ebert in der Reichskanzlei, der seinen ihm aufgenötigten Kollegen mißtraute und jede revolutionäre Bewegung bereits für »Bolschewismus« hielt. Doch die Versammlung der Arbeiter- und Soldatenräte, die am selben Tage im Zirkus Busch zusammengetreten waren, proklamierte die neue Regierung als Produkt der Revolution, und seitdem hieß sie nach sowjetischem Vorbild »Rat der Volksbeauftragten«.

Ungeachtet der revolutionären Bezeichnung hatten sich allerdings noch am Abend des 9. November die politischen Gewichte zuungunsten der Revolution verschoben, als General Groener um 23 Uhr aus Kassel, dem neuen Hauptquartier der OHL, auf einer Geheimleitung die Reichskanzlei anrief und dort Ebert antraf. Groener bot ihm die »loyale« Mitarbeit der Armee an, unter der Bedingung, daß die neue Regierung energisch gegen jede Art von »Bolschewismus« vorging. Ebert willigte in das Bündnis ein. Von nun an besprach er mit Groener allabendlich die politische Situation und die zu ergreifenden Maßnahmen. Ebert hatte sich und die MSPD zu politischen Gefangenen der Militärs gemacht.[9] Zwei Tage später, am 11. November, unterzeichnete Erzberger an der Spitze der deutschen Waffenstillstandsdelegation im Wald bei Compiègne den Waffenstillstand. Damit war der Erste Weltkrieg formal beendet, wenn auch eine Reihe von Konflikten, die durch ihn neu ausgebrochen waren, verdeckt oder offen weitergingen.[10]

Die Reaktion der Deutschen auf Niederlage, Entbehrungen, Erschöpfung und Enttäuschungen bewegte sich im Rahmen

---

8 Sigurd von Ilsemann: *Der Kaiser in Holland. Aufzeichnungen des letzten Flügeladjutanten Kaiser Wilhelms II.,* hrsg. v. Harald von Koenigswald, 2 Bde., München 1967/68.
9 Allgemein vgl. Richard N. Hunt: *Friedrich Ebert und die deutsche Revolution 1918,* in: Eb. Kolb (Hg.): *Vom Kaiserreich zur Weimarer Republik,* S. 120-37.
10 Vgl. oben Kap. 1, S. 40.

des Normalen – Sturz der politischen Ordnung, die für die gescheiterte Weltpolitik und den verlorenen Weltkrieg verantwortlich war, doch ohne bereits, wie in Rußland, gleichzeitig eine soziale Revolution einzuleiten, die nach Lage der Dinge, aus inneren wie äußeren Gründen, damals weder möglich war noch sich gegen eine militärische Intervention der Alliierten hätte behaupten können. Aus der in sich gebrochenen Revolution von 1918/19 ergab sich die Problematik der Weimarer Republik als Zwischenstufe zwischen Zweitem und Drittem Reich, zwischen Erstem und Zweitem Weltkrieg – das Problem der Kontinuitäten und Brüche in der deutschen Geschichte des 20. Jahrhunderts. Aber es wäre unsinnig und wissenschaftlich unhaltbar, wollte man an die Stelle der alten, endlich wohl überwundenen Dolchstoßlegende nun eine neue »revolutionäre« Dolchstoßlegende setzen und behaupten, nur eine korrumpierte oder »verräterische« SPD-Führung unter Ebert habe die eigentlich schon fast siegreiche oder zumindest aussichtsreiche sozialistische Revolution in Deutschland verhindert.[11]

---

11 So als Grundtenor der DDR-Wissenschaft die Thesen des ZK der SED von 1958, abgedruckt bei Eb. Kolb (Hg.), ebenda, S. 369-85; dazu als westdeutsche Variante Sebastian Haffner: *Die verratene Revolution 1918/19*, Bern/München 1969.

16. Karl Liebknecht

Karl Liebknecht wurde in Leipzig am 13. August 1871 geboren – sieben Monate nach Gründung des Zweiten Deutschen Reiches, neunzig Jahre vor Errichtung der Berliner Mauer. In der Spannung, deren Pole diese beiden Daten markieren, vollzog sich sein Leben und Sterben. Er kam zur Welt, als das Bismarck-Reich entstand, dem Wilhelm Liebknecht, Karls Vater – als Mitgründer der SPD eine der bedeutendsten politischen Gestalten der zweiten Hälfte des neunzehnten Jahrhunderts – folgendes Horoskop stellte: »Auf dem Schlachtfeld geboren, das Kind des Staatsstreichs, des Krieges und der Revolution von oben, muß es ruhelos von Staatsstreich zu Staatsstreich, von Krieg zu Krieg eilen und entweder auf dem Schlachtfeld zerbröckeln oder der Revolution von unten erliegen. Das ist Naturgesetz.«[1]

Wilhelm Liebknechts hellsichtige Prognose hat sich bestätigt. Punkt für Punkt: Die deutsche Staatskunst des Zweiten und Dritten Reiches dachte in Zeiten der (selbstverschuldeten) Krisen immer nur an Staatsstreich von oben, fabrizierte zur Durchsetzung ihrer reaktionären Pläne zwei Weltkriege, an deren Ende die Selbstzerstörung des Deutschen Reichs in zwei Raten stand – 1918 und 1945. Das Jahr 1918 brachte die erste Erschütterung, den Beginn einer Revolution von unten; nach 1945 folgte die Aufteilung von Rumpfdeutschland in zwei Staaten. Einer davon, die DDR, begreift sich als Gemeinschaft der Erben von Karl Liebknecht. Die Mauer, welche die DDR am 13. August 1961 quer durch Berlin errichten ließ, zementierte buchstäblich die deutsche Spaltung, weil sich die staatlich geeinten Deutschen als unfähig erwiesen hatten, ihre inneren Probleme anders als durch Aggression nach außen zu lösen.

Karl Liebknecht wurde als Sohn eines führenden Sozialdemokraten hart an der inneren Bruchlinie des neuen Deutschen Reiches geboren. Als linker Flügelmann der SPD und Mitbegründer der KPD wurde er zur verhaßten Verkörpe-

---

[1] *Der Leipziger Hochverratsprozeß von 1872,* neu hrsg. von Karl-Heinz Leidigkeit, Berlin (DDR) 1962, S. 256f.

rung der Gegenkraft zu Reaktion und Militarismus. Zusammen mit seiner Kampfgefährtin Rosa Luxemburg wurde er das erste prominente Mordopfer der rückwärts gewandten Kräfte, die schließlich im Nationalsozialismus auf deutschem Boden ihre konsequenteste, ihre adäquate Repräsentation fanden. Seitdem geistern Karl Liebknecht und Rosa Luxemburg durch die politischen Wahnphantasien des deutschen Bürgertums, verteufelt in »wissenschaftlichen« Darstellungen und Schulbüchern, in Zeitungsartikeln und persönlichen Gesprächen. Das definitive Ende des Deutschen Reiches und der Sturz des deutschen Faschismus im Jahr 1945 änderten im westlichen Deutschland an dieser Verteufelung zunächst sehr wenig, während die DDR beide in ihre revolutionäre Ahnengalerie aufnahm. Erst seit wenigen Jahren erlebt Karl Liebknecht, zusammen mit Rosa Luxemburg, eine Renaissance in Kreisen der linken, vor allem der jungen Intelligenz. So beginnt sich allmählich eine neue differenzierte Beurteilung des Mannes durchzusetzen, auf den das Schiller-Wort über Wallenstein so zutrifft wie auf wenige andere: »Von der Parteien Gunst und Haß verwirrt, schwankt sein Charakterbild in der Geschichte.«

Wer also war dieser Karl Liebknecht? – Niemand kann erwarten, daß in einem kurzen Gedenkartikel ein auch nur einigermaßen vollständiges Bild gezeichnet werden kann. Es gibt noch keine befriedigende, wissenschaftlich erarbeitete Biographie.[2] Seine weitverstreuten Schriften und Reden sind zwar in einer neunbändigen Ausgabe erschienen, aber nur in der DDR.[3]

Karl Liebknecht entstammte einer ursprünglich hessischen Bürgerfamilie, in der intellektuelle Berufe seit langem üblich waren. Schon sein Vater, Wilhelm Liebknecht, hätte es sich daher mit einer »normalen« bürgerlichen Karriere in seinem Leben leichter machen können. Er gehörte aber 1848 zu den konsequenten Revolutionären, was er mit bitteren Jahren der Emigration in England bezahlen mußte. Dort lernte er Karl Marx und Friedrich Engels kennen. Nach seiner Rück-

---

2 Vgl. inzwischen die parteioffiziöse Biographie von Heinz Wohlgemuth: *Karl Liebknecht. Eine Biographie,* Berlin (DDR), 2. Aufl. 1975.
3 *Gesammelte Reden und Schriften,* Berlin 1958-72; im Westen *Reden und Aufsätze in zwei Bänden,* Marxistische Taschenbücher, Frankfurt/Main 1972.

kehr wurde er, zusammen mit August Bebel, Gründer der deutschen Sozialdemokratie. Im neuen Deutschen Reich durchlief er alle Stationen des existentiellen Spießrutenlaufens, welche das Deutsche Reich damals für seine einzige konsequente Opposition bereithielt: im Dezember 1870 Gefängnis wegen Ablehnung der propagierten Annexion von Elsaß-Lothringen, 1872 bis 1874 Festungshaft wegen seines Eintretens im Reichstag für die Pariser Kommune. Ab 1878 Verfolgung und Schikanen unter dem Sozialistengesetz.

So wurde Karl Liebknecht schon von Kindheit an für seinen späteren politischen Weg konditioniert. Politik wurde sein tägliches, stets hartes Brot. Als Sohn des Wilhelm Liebknecht dürfte er es am Gymnasium und an der Universität nicht leicht gehabt haben. Trotzdem schaffte er 1893 an der Berliner Universität sein Examen als Justizreferendar. Anschließend wurde er zu den Gardepionieren in Potsdam eingezogen, wo er bis 1894 praktischen Anschauungsunterricht für das erlebte, was er fortan, bis zu seinem gewaltsamen Tod, bekämpfen sollte – den preußisch-deutschen Militarismus. 1897 promovierte er in Würzburg und eröffnete 1899, gemeinsam mit seinem Bruder Theodor, in Berlin eine Rechtsanwaltspraxis. Die beiden Brüder spezialisierten sich auf politische Strafprozesse und agierten zum Beispiel beim Königsberger Prozeß gegen führende deutsche Sozialdemokraten, die wegen aktiver Unterstützung russischer Revolutionäre angeklagt waren. Mit der Wahl in die Berliner Stadtverordnetenversammlung im November 1901 begann Karls parlamentarische Laufbahn, die er 1908 als Abgeordneter im preußischen Abgeordnetenhaus, 1912 als Reichstagsabgeordneter fortsetzte.

Karl Liebknecht stand von Anfang an auf dem linken Flügel der SPD. Ende 1906 erregte er mit einem Referat vor der neugegründeten Sozialistischen Arbeiterjugend in Mannheim solches Aufsehen, daß die gedruckte und erweiterte Fassung, die unter dem Titel »Militarismus und Antimilitarismus unter besonderer Berücksichtigung der internationalen Jugendbewegung« erschien[4], ihm den ersten Hochverratsprozeß vor dem Reichsgericht in Leipzig und anderthalb

---

4 Neuabgedruckt u. a. in *Reden und Aufsätze in zwei Bänden,* I, S. 61-224.

Jahre Festung einbrachte. Karl Liebknecht war damit in die Fußstapfen seines Vaters getreten. Für Freund und Feind war er ein gezeichneter Mann.

Seine Stärke war nicht die tiefschürfende theoretische Analyse, sondern die Agitation in offener Feldschlacht: gegen Militarismus, reaktionäres Dreiklassenwahlrecht und offizielles Sympathisieren mit dem Zarismus in Rußland, für den politischen Massenstreik im Fall eines europäischen Krieges – das waren vor 1914 seine Hauptthemen in Hunderten von öffentlichen Versammlungen. An intellektueller Kraft trat er gewiß hinter der brillanten Theoretikerin Rosa Luxemburg zurück, die als Leiterin der SPD-Parteischule einen erheblichen, zumindest indirekten Einfluß auf den radikalen Parteinachwuchs hatte. Karl Liebknecht war mehr der erfahrene Praktiker in Wahlversammlungen und Parlamenten, zumal seit seiner Wahl in den Reichstag. Zu seiner eigentlichen historischen Bedeutung stieg er freilich erst im Weltkrieg auf, stets in erbitterter Opposition zu den etablierten Obrigkeiten, den staatlichen wie den innerparteilichen.

Liebknecht gehörte von vornherein zu den wenigen konsequenten Gegnern der offiziellen Burgfriedenspolitik, wie sie sich in der bedingungslosen Bewilligung der Kriegskredite durch die SPD-Reichstagsfraktion am 4. August 1914 ausdrückte. Vergebens versuchte er, die Reichstagsfraktion umzustimmen, deren Mehrheit aus patriotischer Überzeugung oder Furcht vor den sonst sicheren Repressalien die Anpassung an die kaiserliche Obrigkeit wählte. Nur vierzehn Abgeordnete stimmten in der Fraktionssitzung gegen die Kreditbewilligung. Alle fügten sich, wenn auch schweren Herzens, der verhängten Fraktionsdisziplin im Plenum des Reichstags am 4. August, unter ihnen auch Liebknecht. Später betrachtete er seine Stimmabgabe vom 4. August als Fehler und litt schwer darunter. Denn so klar, so illusionslos wie einst sein Vater im Jahr 1872 den Charakter des Deutschen Reiches durchschaut hatte, erkannte Karl im August 1914 das wahre Gesicht des vor allem von Deutschland verursachten Krieges. Mit seinem durch Erfahrung und marxistische Theorie geschulten Blick erfaßte er im schieren Ablauf der Ereignisse vom Juli 1914 und in der jubelnden Zustimmung der Reaktion die Motive und Absichten.

Ende November 1914 schrieb er zur Begründung seiner oppositionellen Haltung in seinen »Thesen«: »Die Einzelheiten der Vorgeschichte des Krieges wird die Zukunft enthüllen. Die Grundzüge stehen schon heute fest. Wir haben unsere Auffassung darüber nicht vom 29. Juli bis zum 1. August 1914 umgestürzt. – Es handelt sich um einen imperialistischen Krieg reinsten Wassers, und zwar vor allem auf deutscher Seite, mit dem von mächtigsten Kreisen beharrlich verfolgten Ziel von Eroberungen großen Stils. Es handelt sich – vom Gesichtspunkt des Wettrüstens aus – bestenfalls um einen von der deutschen und österreichischen Kriegspartei gemeinsam hervorgerufenen Präventivkrieg, zu dem die Gelegenheit günstig erschien, als die große Wehrvorlage verabschiedet und ein technischer Vorsprung gewonnen war. Das Attentat von Sarajevo war als demagogischer Vorwand ausersehen. Das österreichische Ultimatum an Serbien vom 23. Juli war der Krieg. Alle späteren Friedensbemühungen waren nur Dekoration und diplomatische Winkelzüge, gleichviel, ob sie von einzelnen Mitwirkenden ernst gemeint waren oder nicht... Dieser Krieg ist nicht für die Wohlfahrt des deutschen Volkes entbrannt. Er ist kein deutscher Verteidigungskrieg und kein deutscher Freiheitskrieg, sondern ein kapitalistischer Angriffs- und Eroberungskrieg...«[5]

In den Grundzügen seiner Analyse hatte Liebknecht völlig recht. Das wußten die Machthaber im Deutschen Reich nur zu gut. Deshalb versuchten sie, den unbequemen Kritiker mundtot zu machen, zunächst durch die eigene Partei. Dem Vorwurf, gegen den Fraktionszwang verstoßen zu haben, begegnete Liebknecht mit dem Hinweis auf die übergeordneten Beschlüsse der Internationalen und der SPD-Parteitage, an denen die SPD-Reichstagsfraktion Verrat begangen habe. Als er trotz schärfster Diffamierungen von seiten der regierungstreuen Mehrheit in Parteiführung und Reichstagsfraktion nicht klein beigab, gar noch am 28. Mai 1915 vor dem Reichstag eine Frauendemonstration durch Wilhelm Pieck organisieren ließ, griff die staatliche Obrigkeit auf ein probates Mittel zurück. Liebknecht wurde auf Grund der allgemeinen Wehrpflicht eingezogen; er war damals immer-

---

[5] *Gesammelte Reden und Schriften,* VIII, S. 161-171, das Zitat S. 164; auch in der 2-bändigen Auswahl, II, S. 5-13.

hin schon dreiundvierzig Jahre alt. Bedenkt man, mit welchen Argumenten wesentlich jüngere Männer während des ganzen Krieges auf Antrag ihrer politischen Vorgesetzten zurückgestellt wurden, nur weil sie wichtige politische Arbeit im Sinne der SPD-Mehrheit und damit des Burgfriedens leisteten, so wird man den gezielten diskriminierenden Charakter dieser Maßnahme richtig beurteilen.

Liebknecht war zwar »nur« Armierungssoldat, aber seine Pioniereinheit arbeitete 1915 die meiste Zeit unmittelbar hinter oder direkt an der deutschen Ostfront Stellungen aus und erlitt erhebliche Verluste durch Artillerie- und Maschinengewehrfeuer. Liebknecht hatte das Glück, daß ihn keine russische Kugel traf, was sicherlich nur allzu viele gern gesehen hätten; er konnte sogar in den wenigen Ruhestunden, wenn andere schliefen, oder während des Wachdienstes Zeitungen lesen und Briefe schreiben. Seine politische Wirksamkeit war jedoch erheblich reduziert. Zu Sitzungen des Reichstags und des Abgeordnetenhauses mußte er zwar beurlaubt werden, aber die Kommunikation über die Feldpost nach Hause und mit den Genossen war beschwerlich und wegen der Briefzensur unsicher. Seine Briefe vom Dünabogen geben wertvolle Einblicke in die Verhältnisse wie in das Wesen Karl Liebknechts. Das Politisieren konnte er auch dort nicht lassen. So schrieb er am 23. September 1915 an seine Frau: »Die Stimmung der Armierungssoldaten ist sehr erregt, ja empört. Ich traf viele alte Landstürmer, Bekannte, deren Zustand tief ergreifend war. Alle haben die Schweinerei gründlich satt. – In den ersten Tagen gleich tauchten allerhand Offiziere bei mir auf, darunter zwei Prinzen, um mit mir beim Kanonendonner zu diskutieren; das geschah von mir mit aller Deutlichkeit und war ganz amüsant. Ich sagte ihnen die ganze Wahrheit ins Gesicht und erhielt das Zugeständnis des deutsch-österreichischen Angriffs, eine Apologie des Kronprinzenmordes von Sarajevo als eines wahren Segens, die ungenierte Verfechtung des Eroberungszieles und von einem das Bekenntnis, daß er seit Jahren für den Krieg gearbeitet habe und der Krieg noch ein bis zwei Jahre dauern müsse . . .«[6]

---

6 *Ges. Reden und Schriften*, VIII, S. 318f.

Das schlimmste Hemmnis für Liebknecht war aber das Verbot jeder politischen Betätigung während seiner Dienstverpflichtung in der Armee, auch während der Freizeit und im Urlaub. Liebknecht hatte gleich am Abend des 4. August 1914 die erste Fühlung zu linken Gesinnungsgenossen außerhalb der Reichstagsfraktion aufgenommen, um die zersprengte Linksopposition wieder aufzubauen – die spätere Spartakusgruppe. Allen Behinderungen zum Trotz gelang ihm die Organisierung einer Protestdemonstration zum 1. Mai 1916 auf dem Potsdamer Platz in Berlin. Liebknecht nahm selbst daran teil und wurde von der Polizei verhaftet, weil er ausrief: »Nieder mit dem Krieg! Nieder mit der Regierung! Es lebe der Friede!« Am 28. Juni 1916 wurde er von einem Kriegsgericht zu zweieinhalb Jahren Zuchthaus verurteilt. Da Rosa Luxemburg ebenfalls im Gefängnis war, hatte die Spartakusgruppe in der zweiten Hälfte des Krieges ihre bekanntesten Köpfe vorübergehend verloren.

Hinter Zuchthausmauern mußte Liebknecht die weitere Entwicklung mühsam verfolgen. Unter dem Druck der sich revolutionierenden Situation wurde er am 21. Oktober 1918 im Zuge einer allgemeinen politischen Amnestie in die Freiheit entlassen. Mit gewohntem Elan warf er sich wieder in den politischen Kampf. Er hatte nur noch wenige Wochen zu leben. Die Revolution brach in Berlin am 9. November ohne Liebknechts Zutun aus, nach seinen Plänen zwei Tage zu früh.[7] Seinen alten Gegnern aus den Kriegstagen – vor allem Ebert und Scheidemann – traute er keine revolutionäre Ehrlichkeit zu. Mit dem Mut der Verzweiflung versuchte er, die Revolution auf einen ähnlichen Weg zu lenken, wie ihn die Bolschewiki in Rußland unter Lenin beschritten hatten. Daher rief er am Nachmittag des 9. November vor dem kaiserlichen Schloß in Berlin die »Sozialistische Republik« in Deutschland aus und bekämpfte die Regierung der Volksbeauftragten unter Ebert.

Die politische Basis für Liebknecht und Rosa Luxemburg war jedoch denkbar schwach. Sie hatten nur wenige Anhänger, selbst in den Arbeiter- und Soldatenräten. Der alte Haß aus der Kriegszeit verfolgte sie auch jetzt, erst recht nach

---

7 Vgl. oben S. 196.

Gründung der KPD am 1. Januar 1919. Beide hatten sich auf der Gründungskonferenz für die Teilnahme an den bevorstehenden Wahlen zur Nationalversammlung ausgesprochen, wurden aber von den meist jüngeren Delegierten überstimmt.[8] Aus Demonstrationen entwickelte sich Anfang Januar 1919 ein schlecht organisierter Aufstandsversuch, den die Regierung mit Hilfe von Freikorpsverbänden unter Noske mit Leichtigkeit niederwarf. Seitdem waren Karl Liebknecht und Rosa Luxemburg praktisch vogelfrei. Am 15. Januar 1919 wurden beide von Angehörigen der Gardeschützenkavalleriedivision verhaftet und ermordet.[9]

So endeten Karl Liebknecht und Rosa Luxemburg, deren Schicksal sich spätestens seit Anfang November 1918 verflochten hatte. Selbst wer ihre politischen Positionen und Ziele nicht teilen mag, müßte heute anerkennen, daß beide aus klarer Einsicht in die Verhältnisse ihrer Zeit handelten, aus intellektueller Redlichkeit und Mut zu persönlichen Konsequenzen. Und sie handelten mit einer Lauterkeit der Gesinnung, die ihren verhetzten Mördern und deren intellektuellen Hintermännern ebenso abzusprechen ist wie denen, die die Ermordeten heute noch schmähen.

---

8 Hermann Weber (Hg.): *Der Gründungsparteitag der KPD. Protokolle und Materialien*, Frankfurt/Main 1969.
9 Vgl. dazu E. Hannover-Drück/H. Hannover (Hg.): *Der Mord an Rosa Luxemburg und Karl Liebknecht*, Frankfurt 1967.

17. Wilhelm II.

In vorgerückten und feucht-fröhlichen Stunden wollen viele Deutsche ihren »alten Kaiser Wilhelm wiederhaben«. Mag das bekannte Lied, wie der Nachsatz zeigt (»aber den mit dem Bart«), auch ursprünglich den ersten Wilhelm gemeint haben, so gehen solche feinen Nuancen doch leicht verloren, und die meisten werden, wenn sie die Liedzeile schmettern, wohl nur an Wilhelm II. denken (falls sie sich überhaupt etwas dabei denken). Da die wenigsten ihn noch erlebt haben können und die Jüngeren zweifellos nur ein verschwommenes Bild von ihm haben, zumal es in Deutschland keine allseitig anerkannte gute Biographie über Wilhelm II. gibt, wird das phänomenale Weiterleben des letzten deutschen Kaisers im deutschen Unterbewußtsein um so erstaunlicher. Oder liegt es eben am Fehlen einer Darstellung, die unpathetisch Legenden und Klischeevorstellungen zerstören müßte und somit buchstäblich ernüchternd wirken könnte?
Der Grund für das Zögern der deutschen Historiker ist relativ leicht zu erkennen: Unter ihnen, wenigstens in der noch vorherrschenden älteren Generation, war die Klage über den Verlust der Monarchie noch so häufig anzutreffen, daß ihre Gefühle als trauernde Hinterbliebene und die Verpflichtung zur historischen Wahrheit miteinander in Konflikt geraten mußten. Das Resultat ist entweder literarische Enthaltsamkeit oder ein Kompromiß zwischen Apologie der Monarchie und nachträglicher ideologischer Manöverkritik am letzten deutschen Kaiser, weil er zur Zerstörung der Monarchie beigetragen habe.
Das beste Beispiel für die Klage über verlorenen Glanz der Kronen bietet wahrscheinlich die jüngste deutsche biographische Skizze über Wilhelm II. Der Autor, Professor Dr. Wilhelm Schüssler, geboren im gleichen Jahr 1888, in dem Wilhelm seine »herrliche Zeiten« verheißende Regierung antrat, umreißt seine ideologische Position im Vorwort mit zwei Sätzen:
»Doch gibt es auch heute Menschen, die im letzten Kaiser

eine nicht zu tilgende und nicht zu vergessende Verkörperung des monarchischen Prinzips erblicken, einer aristokratischen Welt, einer richtigen Staatsführung, die dem deutschen Volke in seiner langen Geschichte am besten entsprochen habe ... Und dazu fand das wahre Prinzip der mehrtausendjährigen germanischen und deutschen Monarchie im letzten Kaiser eine problematische Verkörperung, die auch die mildesten Beurteiler nicht von der Schuld – aber nicht Hauptschuld – freisprechen können, durch verfehlte Maßnahmen, durch falsche Haltung und Politik, durch die Auswüchse eines nur schwer zu bändigenden Temperaments, durch menschliches Versagen, selbst zum Untergang der deutschen Monarchie beigetragen zu haben.«[1]
Es liegt auf der Hand, daß im Dilemma zwischen sentimentaler Verehrung für die Monarchie und der – wenn auch blutenden Herzens – vorgetragenen Kritik am gekrönten Zerstörer der Monarchie in Deutschland keine wirklich kritische Geschichtsschreibung gedeihen kann.
Die einzig wirklich brauchbare Biographie, die in Deutschland einigermaßen anerkannt wird, stammt daher von einem Außenseiter. Außenseiter in mehrfacher Hinsicht: Erich Eyck war von Haus aus nicht Historiker, sondern Jurist, war überzeugter Liberaler und lebte Jahrzehnte in England, in der Emigration. Die Außenseiterstellung des Autors beeinträchtigt auch die Wirkung seines Buches, ebenso wie die ihm zugrunde liegende These, die schon im Titel zum Ausdruck kommt: »Das persönliche Regiment Wilhelms II.«[2]
Das 50jährige »Jubiläum« des Kriegsausbruchs 1914 fiel mit einem kleinen literarischen Kaiser-Boom zusammen. Während aber in England 1963 gleich zwei gewichtige Biographien erschienen[3], reichte es in der Bundesrepublik bisher nur zu einer unwissenschaftlichen Publikation. Kurt Zentners »Kaiserliche Zeiten« gibt zwar vor, ein auf zeitgenössische Fotografien und Dokumente gestütztes »vorurteilfreies

---

[1] Wilhelm Schüssler: *Kaiser Wilhelm II., Schicksal und Schuld,* Göttingen/Berlin/Frankfurt 1962.
[2] Erich Eyck: *Das persönliche Regiment Wilhelms II., Politische Geschichte des Deutschen Kaiserreichs 1890-1914,* Zürich 1948.
[3] Michael Balfour: *The Kaiser and His Times,* London 1963; Virginia Cowles: *The Kaiser,* London 1963; beide inzwischen auf deutsch erschienen.

Bild des letzten deutschen Kaisers und der Ära, die wir mit seinem Namen verbinden«, gewinnen zu wollen (so der Klappentext)[4], aber tatsächlich handelt es sich um einen verspäteten Hofbericht, dessen post-wilhelminische Byzantinismen nur ein einziges modernes Element aufweisen – das Layout.

So bleibt der Deutsche, der sich über Wilhelm II. rasch und ohne royalistische Ideologiebeigabe informieren will, vorläufig auf einen anderen deutschen Außenseiter angewiesen – auf Emil Ludwig. Seine Biographie des Kaisers erschien zwar schon im Jahre 1925, aber sie ist noch immer das Beste und Lesbarste, was in Deutschland zu dem Thema geschrieben wurde. Sie ist, und das müßten auch die eingefleischtesten Monarchisten einräumen, nicht ohne Verständnis für die komplizierte Persönlichkeit eines Mannes geschrieben, für den man am Ende eher Mitleid als Haß oder Verachtung empfindet. Ludwigs Biographie des letzten deutschen Kaisers stellt nämlich eine psychologisch glänzende Analyse dar und verdient schon deshalb, der Vergessenheit wieder entrissen zu werden.[5]

Gleichwohl ist die Neuauflage eines vor fast einem halben Jahrhundert publizierten Buchs ein gewisses Wagnis, das seine Rechtfertigung in den Qualitäten der Studie von Emil Ludwig und in dem oben skizzierten beklagenswerten Mangel findet. Da sich ihm über Nacht nicht abhelfen läßt, andererseits die Zeit zur Neubesinnung reif ist, erscheint es besser, den Rückgriff auf Emil Ludwig zu wagen, als noch länger im peinlich selbstenthüllenden Schweigen zu verharren. Denn Emil Ludwigs Buch eignet sich noch immer zur ersten Information und als Anstoß zu einer neuen Diskussion auf das vorzüglichste, erst recht, wenn man sich seiner Grenzen stets bewußt bleibt.

Eine Grenze der Kaiser-Biographie von Emil Ludwig liegt natürlich im Mangel an zeitlicher und innerer Distanz zu seinem Sujet. 1925 war zwar bereits ein erheblicher Teil der

---

4 Kurt Zentner: *Kaiserliche Zeiten. Wilhelm II. und seine Ära in Bildern und Dokumenten*, München 1964.
5 Emil Ludwig: *Wilhelm der Zweite*, Neuausgabe München 1964, als Taschenbuch (Fischer-Bücherei 913) Frankfurt/Main 1968. (Die vorliegende Skizze entstand als Nachwort zu dieser Neuausgabe.)

verfügbaren Quellen erschienen, aber manche wichtige Quellen sind erst später zugänglich geworden, so Bülows Denkwürdigkeiten (1930), der Nachlaß Holsteins (1956/62), die Kriegstagebücher Admiral von Müllers (1959). Auch läuft die systematische Erschließung der preußischen und deutschen Archive aus der Wilheminischen Ära jetzt erst richtig an. Um so mehr wird man heute staunen, wie exakt der Autor schon vor vierzig Jahren das Bild des letzten deutschen Kaisers zeichnete, so daß die neuen Quellen es im wesentlichen nur noch bestätigen können, selbst wenn sie an manchen Stellen einzelne Details modifizieren oder korrigieren. Eine nachträgliche Einarbeitung des neuen Materials hätte die Ursprünglichkeit des Originaltexts beeinträchtigt, weshalb der generelle Hinweis hier genügen mag.

Vielleicht wichtiger als diese Einschränkung erweist sich der mangelnde innere Abstand. Gelegentlich sieht Emil Ludwig seinen »Helden« noch gar zu sehr aus der Perspektive patriotischer Manöverkritik, so im Zusammenhang mit der Entlassung Bismarcks (den er sicherlich zu sehr idealisiert), dem Schlieffenplan, der Marneschlacht und der Zurückhaltung der deutschen Schlachtflotte zu Beginn des Weltkriegs. Inmitten der Weimarer Republik forderte der deutsche Patriotismus seinen Tribut eben auch von einem Emil Ludwig, wollte er nicht von vornherein auf publizistische Wirkung verzichten.

Im Licht der jüngsten englischen Beiträge über Wilhelm gewinnen auch manche andere Details aus seinem Leben eine neue Färbung, vor allem das Verhältnis zu seiner Mutter, der »Kaiserin Friedrich«. Nach Balfour scheint Ludwig das Ausmaß der anfänglichen Abneigung Victorias, der ewigen Kronprinzessin, gegen ihren körperlich mißratenen Sohn zumindest übertrieben zu haben. Ähnlich hat Ludwig auch, der damaligen deutschen Anschauung entsprechend, die Rolle des schottischen Arztes Mackenzie, der als medizinische Kapazität zur Konsultation bei der Halserkrankung des Kronprinzen hinzugezogen wurde, gar zu finster gemalt, den persönlichen Ehrgeiz und die innere Abhängigkeit Victorias von ihrer englischen Heimat etwas übertrieben. Balfours Darstellung, die zur Ergänzung herangezogen werden müßte, vermittelt hier ein nuancierteres und abgewogeneres Bild.

Von einem gewissen Punkt an verwandelt sich allerdings Ludwigs Stärke – seine psychologische Einfühlungsgabe – zu einer Schwäche. Die heute nicht mehr allein befriedigende individuell-psychologisierende Methode gibt nämlich kaum einen Begriff von Wilhelms Stellung in der deutschen Geschichte, von seiner historischen Funktion. So überbewertet Emil Ludwig etwas die Bedeutung der Erbanlagen Wilhelms, seines physischen Defekts, seiner unsteten Persönlichkeit, seiner ihn durch Schmeicheleien noch weiter korrumpierenden höfischen Umgebung. Zu den wenigen Längen des Buchs gehört die Darstellung der intrigenreichen Beherrschung des Reichs für ein Jahrzehnt durch das Dreieck Eulenburg-Holstein-Bülow, zumal bei Ludwig zu wenig herauskommt, daß diese Art des verantwortungslosen Herumregierens bei der chaotischen, erratischen Regierungsweise des Reichs durchaus ins System paßte.[6] Alle diese Einzelheiten sind natürlich wichtig und gehören zum Verständnis des letzten deutschen Kaisers; wichtiger als die individuell-biographische Dimension sind freilich die sich daraus ergebenden historischen Bezüge allgemeiner Art.

Die historisch-politische Dimension aus der Distanz eines halben Jahrhunderts im neuen, republikanisch-demokratischen Geist nachzuliefern, würde jedoch die Möglichkeiten einer knappen Skizze übersteigen. Deswegen müssen der Hinweis auf die schon mehrfach erwähnte Biographie von Michael Balfour und einige weiterführende Überlegungen an dieser Stelle genügen.

Die Welt stand lange Zeit vor einem Rätsel: War Wilhelm II. ein blutdürstiger und kriegslüsterner Despot? Bei näherem Zusehen läßt sich diese Vorstellung nicht aufrechterhalten. Wilhelm II. war auch nicht gerade das Gegenteil: Zwar kein reißender Wolf, aber auch kein sanftes Lämmchen – was sonst?

Im Grunde war der Kaiser eine schwache Persönlichkeit, zusammengesetzt aus durchaus achtbaren Gaben und aus Fehlern, die zu seinem Sturz beitrugen. Der Katalog der kaiserlichen Schwächen ist allzugut bekannt, zu oft zitiert, als

---

6 Hierzu inzwischen John C. G. Röhl: *Deutschland ohne Bismarck. Die Regierungskrise im Zweiten Kaiserreich 1890-1900*, Tübingen 1969.

daß es notwendig wäre, noch länger darauf einzugehen; nur einige wenige seien deshalb hier genannt.

Zunächst fällt die Vorliebe des Kaisers für ein martialisches Auftrumpfen auf, unterstützt durch eine verheerende Fähigkeit, zündende Parolen und plastische Bilder aus dem Stegreif zu erfinden, eine Gabe, die heute jedem Texter einer (kommerziellen oder politischen) Publicity-Firma zu Ehren und zu hohem Lebensstandard gereichen würde: »Der Dreizack gehört in unsere Faust«, »Unsere Zukunft liegt auf dem Wasser«, »Völker Europas, wahrt eure heiligsten Güter« – diese und andere Sprüche zeugen nicht nur von einer phantastischen Formulierungskraft, sondern auch von einem bodenlosen Leichtsinn und einer regelrechten Verantwortungslosigkeit, auch gegenüber Idee und Institution der von ihm selbst so hochgehaltenen Monarchie. Denn der Anblick eines von seinem autokratischen Gottesgnadentum überzeugten Monarchen, dessen Berater jedesmal, wenn er sich mündlich oder schriftlich äußerte, bei dem Gedanken zitterten, er könne wieder einmal blamabel entgleisen, ist die wirksamste und grausamste Parodie des monarchischen Prinzips.

Wilhelm II. fühlte sich von einer bösen Welt stets mißverstanden, weil sie seine Worte ernst nahm. Aber er und die Anhänger des monarchischen Gedankens hätten empört aufgeschrien, wenn man den Kaiser als das bezeichnet hätte, was er wirklich war: ein ebenso redseliger wie redegewaltiger Prahler, ein intellektuelles Irrlicht an der Spitze des Volkes der Dichter und Denker, ein Feigling als oberster Kriegsherr der militärischsten Nation der Welt, ein unbeherrschter, aber selbstherrlicher Herrscher, der in seiner permanenten Infantilität eigentlich nicht für voll zu nehmen gewesen wäre.

Wilhelms persönliches Pech war vielleicht, daß er nun einmal Souverän eines mächtigen Staates war und trotz seiner offenkundigen Unfähigkeit von diesem verantwortungsschweren Amt weder abberufen wurde noch freiwillig zurücktrat, daß er verehrt (und nicht nur erduldet) ein strebsames, begabtes, aber politisch unterentwickeltes Volk anführte, dem die Welt allmählich so viele Wundergaben zutraute, daß es tatsächlich beinahe fähig wurde, die verhüllten wie die unverhüllten Drohungen seines undisziplinierten Monarchen in

bekannter Disziplin in die Tat umzusetzen. So entpuppt sich Wilhelm II. nachträglich als ein Schaf im Wolfspelz, umgeben von Wölfen, das aus Angst vor seiner Gesellschaft mit diesen Wölfen heult, in der Hoffnung, sie würden seinen abartigen Charakter nicht bemerken und es nicht zerreißen. Wie aber hätte die Welt diesen etwas ungewöhnlichen Sachverhalt schon zu Kaisers Zeiten durchschauen sollen?
Bei der langen Liste der Fehler Wilhelms fällt auch seine mangelnde Arbeitslust auf, die offenbar konstitutionelle Unfähigkeit des deutschen Kaisers und preußischen Königs zu ernsthafter und konsequenter Arbeit, also das, was man bei weniger hochstehenden Persönlichkeiten schlicht und prosaisch Faulheit nennen würde. In der Tat muß es überraschen, daß sich die fleißigen Deutschen in ihrer ersten Periode einer spektakulären Industrialisierung von einem Monarchen repräsentieren ließen, der im modernsten Industriestaat des Kontinents eine regelrechte Drohnenexistenz führte, der inmitten eines permanenten feudalen Mummenschanzes seine Zeit mit Hoffesten und Jagden totschlug, auf zahlreichen Vergnügungsreisen, bei denen er sich von seinem aufreibenden Nichtstun erholte, länger und intensiver als jeder Deutsche vom arbeitenden Teil der Nation.
Und selbst seine wenigen »Arbeitstage« verbrachte der deutsche Reise-Kaiser in einem dröhnenden und leeren Nichts. Selbst dann reduzierte sich seine eigentliche Arbeitszeit auf wenige Stunden am Tage. Wie sein bedeutendster Nachfolger als deutsches Staatsoberhaupt, Adolf Hitler (mit dem er so manche Eigenschaften teilte, z. B. ein phänomenales Gedächtnis, das eine weitläufige Bildung vortäuschte, die Vorliebe für die theatralische Pose und für das Schauspielern, die Angst vor dem Alleinsein, die Haß-Liebe zu England u. a.), haßte Wilhelm II. solide und seriöse Arbeit an den Akten, weshalb schon er einen erratischen Regierungsstil mit mündlichen Anweisungen oder schriftlichen Randbemerkungen kultivierte. Seine unzähligen Randbemerkungen geben einen instruktiven Einblick in seine jeweilige politische Seelenlage, und in der Regel zeugen sie von seiner ewigen Unreife, seinem Mangel an gedanklicher Disziplin und seinem hemmungslosen Haß gegen die Demokratie und ihre Repräsentanten.

Allerdings konnte der Kaiser höchst intensive Aufmerksamkeit seinen »Kameraden« in den Offizierskasinos widmen, oder so lebenswichtigen Dingen wie Uniformen seiner geliebten Armee, dem Bau von Schiffen für sein Lieblingsspielzeug – die Flotte – oder dem Arrangement von Kostümfesten, bei denen er mit Vorliebe selbst in der Uniform brandenburg-preußischer Vergangenheit auftrat, z. B. als »Großer Kurfürst«. Im Krieg hatte er es sich zwar zur Gewohnheit gemacht, täglich etwas Holz zu sägen und zu hacken, aber diese ostentative Arbeit, die er in seinem Exil fortsetzte, hatte gesundheitliche Gründe und diente dazu, die jämmerliche Leere seines kaiserlichen Tageslaufs zu verdecken. Hätten sich die Deutschen, wie ihnen in der Schule tausendfach empfohlen wurde, den Kaiser tatsächlich zum Vorbild genommen, sie wären nie zur industriereichsten Nation des Kontinents aufgestiegen.

Nach 1918 hat Friedrich Naumann, vor dem Krieg selbst einer der Schönredner der Monarchie, der sie durch sein »soziales Kaisertum« modernisieren und damit dauerhafter machen wollte, sich und die Deutschen empört gefragt: Wie war es möglich, daß dieser Mann so lange an der Spitze des Reiches stehen konnte? Die Antwort, die Naumann und alle Vertreter einer modernisierten Monarchie niemals zugeben würden, fällt uns heute leichter als den noch in der Monarchie groß gewordenen einstigen Untertanen Wilhelms II.: Abgesehen von seinen »undeutschen« Eigenschaften (wie seiner notorischen Faulheit) und den übrigen Schwächen, die ihn zur lebenden Karikatur des »wahren Prinzips der mehrtausendjährigen germanischen und deutschen Monarchie« machten, verkörperte der Kaiser so sehr die politischen Vorstellungen seiner Untertanen, erfüllte er (scheinbar) so ihr Ideal eines schneidigen, autokratischen Monarchen, der sie von so unheimlichen und unbequemen Phänomenen wie Demokratie und Parlamentarismus verschonte, daß sie überhaupt nicht von sich aus auf die Idee kamen, sich dieses Kaisers zu entledigen. Mögen noch so viele aus seiner engeren und weiteren Umgebung erkannt haben, daß Wilhelm II. die Monarchie in Deutschland ruinieren werde – das Geheimnis wurde im streng monarchietreuen Deutschland von monarchietreuen Männern ängstlich gehütet. Selbst als sich mit der »Daily Telegraph«-Affäre (1908) die theoretische Möglichkeit eröffnet hätte, ihn mit Anstand loszuwerden, forderte niemand seinen Rücktritt. Das monarchische Prinzip, das schließlich hoch über allen Schwächen des jeweiligen konkreten Monarchen stand, wäre ja in Gefahr geraten. Außerdem stand hinter dem Kaiser mit Kronprinz Wilhelm ein Nachfolger bereit, dem man schon eher zutrauen konnte, daß er seine alldeutschen Ideen auch in die Tat umsetzen werde, womit sich der politische Bankrott der Erbmonarchie bereits zehn Jahre vor ihrem endgültigen Untergang andeutete.

Entscheidend waren nicht die persönlichen Fehler, die dem Kaiser heute seine letzten Anhänger ankreiden, sondern die Tatsache, daß er die fast perfekte Verkörperung der politischen Ideen darstellte, die die damals herrschende Elite Preußen-Deutschlands vertrat. Von diesen Ideen meint Michael Balfour, sie hätten besser in die Steinzeit als in das 20. Jahrhundert gepaßt.[7] Dies ist gewiß nicht richtig, denn es ist zweifelhaft, ob eine steinzeitliche Horde einen so unfähigen Anführer so lange an ihrer Spitze geduldet hätte, und Wilhelms Vorstellung von einer autokratischen Monarchie ist eher mit dem altorientalischen Großkönigtum der Assyrer oder Babylonier zu vergleichen. Aber der Versuch, das monarchische und aristokratische Prinzip in einer sich rapide demokratisierenden Welt noch einmal anzuwenden und durchzusetzen, war dermaßen anachronistisch und absurd, daß der Kaiser, je konsequenter er sich darin bemühte, um so sicherer scheitern mußte. Die politische Elite Preußen-Deutschlands jubelte ihm aber gerade deswegen zu, weil er ihren politischen Vorstellungen entsprach. So war der Kaiser das Produkt seiner Umgebung und beeinflußte seinerseits sein Milieu, so daß die Frage, was historisch bedeutsamer war, fast so müßig ist wie die Frage, ob die Henne oder das Ei zuerst da waren.

Daher wird es auch beinahe unerheblich, ob Wilhelm II. die angemaßte oder von ihm geforderte Rolle auf Grund seiner persönlichen Fähigkeiten auch wirklich hätte durchhalten können. Wäre die deutsche Geschichte grundlegend anders

---

7 *The Kaiser and His Time*, S. 369.

verlaufen, wenn Wilhelm II. tatsächlich immer die Anforderungen als quasi-autokratischer Monarch von Gottes Gnaden erfüllt und jene Koordinierung an der Reichsspitze kontinuierlich gewährleistet hätte, die die monarchietreuen Kritiker seiner Regierungszeit vermissen? Wäre damit das anachronistische, chaotische und antiquierte deutsche Regierungssystem um ein Jota moderner in Form und Inhalt geworden? Wäre das Reich – mit Wilhelm II. nicht nur als geschäftigem Handlungsreisenden, sondern als tatsächlichem Chef-Manager seiner »Weltpolitik« – nicht erst recht in den Weltkrieg hineingerannt, eben weil es auf hoffnungslos veralteten politischen Prinzipien beruhte? Hätte das Reich mit einem tüchtigeren Kaiser an der Spitze den Ersten Weltkrieg gewinnen können (oder gar sollen)?

Immerhin: Wenigstens dreimal hat Wilhelm II. in entscheidenden Situationen durchaus die von ihm erwartete Funktion als Koordinator von Staatskunst und Kriegshandwerk gemäß der monarchischen deutschen Verfassungstheorie erfüllt: Anfang Juli 1914, Anfang Januar 1917 und am 13. Februar 1918. Jedesmal fiel – angesichts von Divergenzen zwischen Reichsleitung und Militär – die Entscheidung durch den Kaiser, jedesmal übrigens zugunsten der Militärs. Anfang Juli 1914 wies er mit seiner Parole »Jetzt oder nie« die allgemeine Richtlinie für die Reichspolitik in der Julikrise 1914, an die sich Reichskanzler Bethmann Hollweg auch dann noch hielt, als der Kaiser sie um des Friedens willen am 28. Juli wieder preisgeben wollte. Anfang Januar 1917 entschied sich der Kaiser für die Wiederaufnahme des uneingeschränkten U-Bootkrieges, am 13. Februar 1918 für den weiteren Vormarsch in Rußland, um die Russen (jetzt unter Lenin/Trotzki) zur Annahme der exorbitanten Bedingungen von Brest-Litowsk zu zwingen. Jedesmal entsprach die Entscheidung der Grundstimmung im politisch ausschlaggebenden Teil der Nation, hätte also selbst in einem voll-parlamentarischen System die Billigung von Parlament und Regierung gefunden.

Wilhelms Position wurde bis zum Herbst 1918 nie in Frage gestellt, weil sich die Elite der Deutschen in ihren politischen Aspirationen mit ihrem Kaiser derart identifizierte, daß sie großzügig über seine persönlichen Schwächen hinwegsehen konnte. In glücklicheren Tagen hat Friedrich Meinecke – noch einer der relativ unabhängigsten Geister unter den Monarchisten vor und nach 1918 – die weitgehende prinzipielle Übereinstimmung zwischen Kaiser und Nation in seiner Freiburger Festrede »Deutsche Jahrhundertfeier und Kaiserfeier« am 14. Juni 1913 vielleicht am deutlichsten umrissen:

»Das Regierungsjubiläum des dritten deutschen Kaisers sieht das deutsche Volk vereint um alle Errungenschaften seines letzten Jahrhunderts und seiner letzten Jahrzehnte. Das ist das erste, was wir unserem Kaiser heute zurufen, daß wir in der nationalen Monarchie den Grund- und Eckstein unseres Staatslebens erblicken, an den wir nicht rühren lassen. Sie ist uns kein bloßer Vernunftwert, sondern ein unersetzlicher Gefühlswert ...

Unseres Kaisers Schicksal ist unser Schicksal, sagte ich. Unsere Empfindungen und Urteile konnten wohl oft auseinandergehen, denn als freie Menschen dienen wir der Monarchie. Aber wir lassen nicht von ihm und er nicht von uns. Wir dienen gemeinsam jenem großen Ideale von Nation, das über das Dasein und die Interessen der heute lebenden Volksgenossen so hoch hinausragt, und freudig dürfen wir es aussprechen, daß der Schwung dieses Ideals ihn bis in die Tiefen seiner Seele erfüllt ...

Wer nur an den Einzelzügen seines Wesens haftet, ist geneigt, einen Widerspruch zu finden zwischen seinem modern gerichteten Willensdrange und seiner historischen Romantik. In Wahrheit sind ihm auch seine geschichtlichen Ideale und Symbole geistige Werkzeuge, um die Tatkraft seiner Zeitgenossen zu beschwingen und um die flutende Bewegung des modernen Lebens in heilsamen Schranken zu halten ...

Unsere Herzen umfassen das ganze geschichtliche Geflecht des deutschen National- und Staatslebens und die kostbaren Werte der Treue zwischen Fürst und Volk, die zu diesen Wurzeln gehören. Wir folgen unserem Kaiser auf dem steilen Wege zu den umwölkten Höhen unserer Zukunft. Gott segne und schirme Deutschland und seinen Herrscher!«[8]

8 Friedrich Meinecke: *Preußen und Deutschland im 19. und 20. Jahrhundert. Historische und politische Aufsätze*, München/Berlin 1918, S. 35 ff.

Wilhelm II. repräsentierte somit den Wilhelminismus und die deutschen Aspirationen jener Zeit in der glänzendsten und frappierendsten Weise. Zugleich war er auch Symbol für das zweite Kaiserreich, dessen Dauer er mit seiner Lebenszeit mehr als umspannte: Begabt, nicht ohne einen gewissen Charme, mit einer lebhaften Phantasie, die sich politisch auf die aristokratisch-monarchische Vergangenheit, praktisch auf die industrielle Gegenwart richtete; die Linke schon bei der Geburt verkrüppelt, so daß das Reich stets rechtslastig war und daran u. a. auch schließlich zugrunde ging. Das Reich mit seiner fatalen Diskrepanz zwischen moderner Wirtschaftskraft und hoffnungslos antiquiertem politischen Denken fand in Wilhelm II. die wahrhaft adäquate Verkörperung. Und selbst im holländischen Exil stellte er noch auf seine Weise ein Stück Kontinuität in der jüngeren deutschen Geschichte dar: In der großen Krise der Republik versprach sich Wilhelm II. vom Sieg Hitlers offensichtlich für Deutschland und die Zukunft der Monarchie einige Vorteile, weshalb er seinen Söhnen Oskar und August Wilhelm (»Auwi«) ein aktives Engagement in der Hitlerbewegung gestattete. Im Juni 1940 gratulierte der deutsche Exkaiser dem siegreichen – und scheinbar erfolgreicheren – Führer des nationalsozialistischen Deutschland zur Einnahme von Paris, nicht anders übrigens sein Sohn, Exkronprinz Wilhelm. Danach hatten Soldaten der Wehrmacht fast ein Jahr lang Gelegenheit, den Exkaiser in Doorn zu besuchen, ihn gleichsam wie ein noch lebendes Leitfossil einer schon längst versunkenen Epoche staunend zu besichtigen.[9]

Umgekehrt verrät das selbstmörderische Festhalten der Deutschen an Monarchie und Kaiser bis zum bitteren Ende, bis zum November 1918, als sie beides fahrenließen in der Hoffnung, dadurch einen glimpflicheren Frieden von den siegreichen Demokratien zu erreichen, eine strukturelle Unfähigkeit, aus eigenem Antrieb zu einer vernünftigen und modernen Staatsverfassung und zu einer realistischen Vorstellung von ihrem Platz in der Welt zu kommen. Immerhin bedurfte Deutschland erst eines ganzen Weltkriegs, bis endlich das byzantinische Regime des Wilhelminismus beseitigt

---

9 Für die Exilzeit 1918-1941 vgl. jetzt Sigurd von Ilsemann: *Der Kaiser in Holland*, 2 Bde., München 1967/68.

werden konnte. Aber sogar danach konnten sich Demokratie und Republik nur kümmerlich dahinschleppen, u. a. weil die deutsche Elite noch immer zur Monarchie zurückschielte. In der Krise von 1930/32 erkor sie sich, faute de mieux, Hitler als Reichskanzler, u. a. weil er anfänglich die Restauration der Monarchie zu versprechen schien, und wiederum bedurfte es eines ganzen Weltkriegs, bis die Anstrengungen der gesamten Welt uns und die Welt vom NS-Regime zu befreien vermochten.

Wo liegt die bleibende Leistung Wilhelms? Da der letzte deutsche Kaiser, gemessen an seinem Wollen und Tun, in die Geschichte als »the most brilliant failure« eingehen wird, wie ihn schon sehr bald nach seinem Regierungsantritt sein britischer Onkel Eduard VII. bezeichnet hatte, wird man zur Beantwortung dieser Frage ohne Dialektik nicht auskommen können: Wilhelm II. führte die längst überholten politischen Ideen, auf denen das zweite Kaiserreich beruhte, einer staunenden – erst leicht amüsierten, dann immer mehr irritierten – Welt hoch zu Roß überheblich vor und ritt sie mit seiner »Weltpolitik« in gestrecktem Galopp, später in einer selbstmörderischen Attacke zu Tode. Deshalb liegt sein bedeutendster, wenn auch unfreiwilliger Beitrag zur neueren deutschen Geschichte darin, daß er das vieltausendjährige aristokratisch-monarchische Prinzip wenigstens für Deutschland eigenhändig ad absurdum geführt hat – womit der letzte deutsche Monarch zugleich mit dem seinen noch weitere Throne umstürzte. Auf dem blutigen Umweg zweier Weltkriege hat er indirekt dem republikanisch-demokratischen Prinzip endlich auch auf deutschem Boden zum Durchbruch verholfen, damit auch der Chance, daß wir Deutsche uns wenigstens jetzt eine realistischere, das heißt bescheidenere Vorstellung vom Platz Deutschlands in der Welt bilden. Daß Wilhelm II. die Monarchie selbst auf so unnachahmbare Weise persiflierte, wie es kein noch so boshaftes Kabarett hätte tun können, daß er ihr selbst den Todesstoß versetzte, sollte ihm ein stilles Gedenken im Herzen aller überzeugten Republikaner und Demokraten Deutschlands sichern.

Literaturverzeichnis

I Quellen

British Documents on the Origins of the War, 1898-1914, hrsg. von G. P. Gooch/H. W. V. Temperley, 11 Bde., London 1926/38

Briefwechsel Hertling-Lerchenfeld 1912-1917. Dienstliche Privatkorrespondenz zwischen dem bayrischen Ministerpräsidenten Georg Graf von Hertling und dem bayrischen Gesandten in Berlin Hugo Graf von und zu Lerchenfeld, hrsg. und eingeleitet von Ernst Deuerlein, 2 Teile, Boppard 1973

Imanuel Geiss (Hg.): *Julikrise und Kriegsausbruch 1914.* Eine Dokumentensammlung, 2 Bde., Hannover 1963/64

Salomon Grumbach: *Das annexionistische Deutschland,* Lausanne 1917

Walter Görlitz (Hg.): *Regierte der Kaiser?* Kriegstagebücher, Aufzeichnungen und Briefe des Chefs des Marine-Kabinetts Admiral Georg Alexander von Müller 1914-1918. Göttingen/Berlin/Frankfurt 1959

Werner Hahlweg (Hg.): *Lenins Rückkehr nach Rußland 1917.* Die deutschen Akten, Leiden 1957

E. Hannover-Drück/H. Hannover (Hg.): *Der Mord an Rosa Luxemburg und Karl Liebknecht. Dokumentation eines politischen Verbrechens,* ed. suhrkamp 233, Frankfurt/Main 1967

Sigurd von Ilsemann: *Der Kaiser in Holland.* Aufzeichnungen des letzten Flügeladjutanten Kaiser Wilhelms II., hrsg. von Harald von Koenigswald, 2 Bde., München 1967/68

Karl-Heinz Leidigkeit (Hg.): *Der Leipziger Hochverratsprozeß von 1872,* neu herausgegeben, Berlin-Ost 1962

Erich Matthias/Rudolf Morsey (Hg.): *Der Interfraktionelle Ausschuß 1917/18,* Düsseldorf 1959

ders.: *Die Regierung des Prinzen Max von Baden,* Düsseldorf 1962

Michaelis/Schraepler (Hg.): *Ursachen und Folgen. Vom deutschen Zusammenbruch 1918 und 1945 bis zur staatlichen Neuordnung Deutschlands in der Gegenwart,* Eine Urkunden- und Dokumentensammlung zur Zeitgeschichte, 24 Bde., Berlin 1958-1964, Bd. 1 und 2

Georg A. v. Müller: *Der Kaiser.* Aufzeichnungen des Chefs des Marinekabinetts Admiral Georg Alexander v. Müller über die Zeit Wilhelms II., hrsg. von Walter Görlitz, Berlin und Frankfurt/Main 1965

ders.: *Regierte der Kaiser?* Kriegstagebücher von Admiral G. A. v. Müller
Rudolf Neck (Hg.): *Arbeiterschaft und Staat im Ersten Weltkrieg 1914-1918*, Bd. 2, 1917-1918, Wien 1968
Kurt Riezler: *Tagebücher, Aufsätze, Dokumente.* Eingel. und hrsg. von Karl-Dietrich Erdmann, Göttingen 1972
Leo Stern (Hg.): *Die Auswirkungen der großen Sozialistischen Oktoberrevolution auf Deutschland*, 4 Bde., Berlin (DDR) 1959
Hermann Weber (Hg.): *Der Gründungsparteitag der KPD (Kommunistische Partei Deutschlands)*, Protokolle und Materialien, Frankfurt/Main 1969
Der Weltkrieg 1914 bis 1918. Bearbeitet im Reichsarchiv, 14 Bde., Berlin 1925-44

II Monographien, Sammlungen etc.

Prinz Max von Baden: *Erinnerungen und Dokumente.* Neu herausgegeben von Golo Mann und Andreas Burckhardt. Mit einer Einleitung von Golo Mann, Stuttgart 1968
Detlev Bald: *Deutsch-Ostafrika 1900-1914. Eine Studie über Verwaltung, Wirtschaft und Interessengruppen*, Freiburg 1970
Corelli Barnett: *The Swordbearers. Studies in Supreme Command in the First World War*, London 1963
Walter Bartel: *Die Linken in der deutschen Sozialdemokratie im Kampf gegen Militarismus und Krieg*, Berlin (DDR) 1958
Volker Berghahn: *Der Tirpitz-Plan. Genesis und Verfall einer innenpolitischen Krisenstrategie unter Wilhelm II.*, Düsseldorf 1971
A. J. Berlau: *The German Social Democratic Party 1904-1921*, New York 1949
Karl Birnbaum: *Peace Moves and U-Boot Warfare*, Upsala 1958
Helmut Bley: *Kolonialherrschaft und Sozialstruktur in Deutsch-Südwestafrika 1894-1914*, Hamburg 1968
Graf Bogdan Hutte-Czapski: *60 Jahre Gesellschaft und Politik*, 2 Bde., Berlin 1936
Karl Bosl (Hg.): *Bayern im Umbruch. Die Revolution von 1919, ihre Voraussetzungen, ihr Verlauf und ihre Folgen*, München 1969
Bernhard Fürst von Bülow: *Denkwürdigkeiten*, 4 Bde., Berlin 1930/32
Roger Chickering: *Imperial Germany and a World without War. The Peace Movement and German Society, 1892-1914*, Princeton 1975
Werner Conze: *Polnische Nation und Deutsche Politik im Ersten Weltkrieg*, Köln/Graz 1958

Klaus Epstein: *Matthias Erzberger und das Dilemma der deutschen Demokratie*, Berlin 1962

Fritz Fischer: *Griff nach der Weltmacht. Zur Kriegszielpolitik des kaiserlichen Deutschland*, Düsseldorf 1961, Kurzfassung 1977

ders.: *Krieg der Illusionen. Die deutsche Politik von 1911 bis 1914*, Düsseldorf 1969, 2. Aufl. 1970

H. W. Gatzke: *Germany's Drive to the West. A Study of Western War Aims during the First World War*, Baltimore 1950

Imanuel Geiss: *Der polnische Grenzstreifen. Ein Beitrag zur deutschen Kriegszielpolitik im Ersten Weltkrieg 1914-1918*, Hamburg/Lübeck 1960

ders.: *Juli 1914. Die europäische Krise und der Ausbruch des Ersten Weltkriegs*, dtv 293, München 1964

ders.: *Studien über Geschichte und Geschichtswissenschaft*, Frankfurt/Main 1972

Sebastian Haffner: *Die verratene Revolution 1918/19*, Bern/München 1969

George W. F. Hallgarten: *Das Schicksal des Imperialismus im 20. Jahrhundert*, Drei Abhandlungen über Kriegsursachen, Frankfurt/Main 1969

Karin Hauser: *Deutsche Kolonialherrschaft in Afrika, Wirtschaftsinteressen und Verwaltung in Kamerun vor 1914*, Freiburg 1970

W. O. Hernderson: *Studies in German Colonial History*, London 1962

Hans Herzfeld: *Die deutsche Rüstungspolitik vor dem Weltkriege*, Bonn/Leipzig 1923

ders.: *Die deutsche Sozialdemokratie und die Auflösung der nationalen Einheitsfront*, Leipzig 1928

ders.: *Der Erste Weltkrieg*, dtv-Weltgeschichte des 20. Jahrhunderts, Bd. 1. München 1968

Walther Hubatsch: *Deutschland im Weltkrieg 1914-1918*, Frankfurt/Main und Berlin 1966

Karl-Heinz Janßen: *Macht und Verblendung. Kriegszielpolitik der deutschen Bundesstaaten 1914-1918*, Göttingen 1963

ders.: *Der Kanzler und der General. Die Führungskrise um Bethmann Hollweg und Falkenhayn 1914-1916*, Göttingen/Berlin 1967

Wilhelm van Kampen: *Studien zur deutschen Türkeipolitik in der Zeit Wilhelm II.*, Diss. phil., Kiel 1968

Hermann Kantorowicz: *Gutachten zur Kriegsschuldfrage 1914*, aus dem Nachlaß hrsg. und eingeleitet von I. Geiss, Frankfurt/Main 1967

Peter Graf Kielmannsegg: *Deutschland und der Erste Weltkrieg*, Frankfurt/Main 1968

Fritz Klein (Hg.): *Deutschland im Ersten Weltkrieg*, 3 Bde., Berlin (DDR) 1968/69

Jürgen Kocka: *Klassengesellschaft im Krieg 1914-1918*, Göttingen 1973

Eberhard Kolb: *Die Arbeiterräte in der deutschen Innenpolitik 1918-1919*, Düsseldorf 1962

ders. (Hg.): *Vom Kaiserreich zur Weimarer Republik*, NWB 49, Köln 1972

Hartfried Krause: *USPD. Zur Geschichte der USPD*, Frankfurt/Köln 1975

L. Krieger (Hg.): *The Responsibility of Power*, New York 1958

A. Kuhn: *Die Schreckenstage von Neidenburg in Ostpreußen, Kriegserinnerungen aus dem Jahre 1914*, Minden i. Westf. 1915

Karl Liebknecht: *Gesammelte Reden und Schriften*, 9 Bde., Berlin (DDR) 1958-72; bzw. 2 Bde., Frankfurt/Main 1972

A. J. Marder: *From the Dreadnought to Scapa Flow*, 5 Bde., London 1961 ff.

Friedrich Meinecke: *Werke*, Stuttgart 1962

H. C. Meyer: *Mitteleuropa in German Thought and Action, 1815-1945*, 1954

Susanne Miller: *Burgfrieden und Klassenkampf. Die deutsche Sozialdemokratie im Ersten Weltkrieg*, Düsseldorf 1974

Allan Mitchell: *Revolution in Bayern 1918/19*, München 1967

Karl Alexander v. Müller: *Mars und Venus*, Erinnerungen, Stuttgart 1954

J. P. Nettl: *Rosa Luxemburg*, Köln/Berlin 1967

Richard G. Plaschka: *Cattaro-Prag. Revolte und Revolution. Kriegsmarine und Heer Österreich-Ungarns im Feuer der Aufstandsbewegungen vom 1. Februar und 28. Oktober 1918*, Köln/Graz 1958

ders./Horst Haselsteiner/Arnold Supplin: *Innere Front. Militärassistenz, Widerstand und Umsturz in der Donaumonarchie 1918*, 2 Bde., München 1974

Kurt Riezler: *Die Erforderlichkeit des Unmöglichen. Prolegomena zu einer Theorie der Politik und zu anderen Theorien*, München 1913

Gerhard Ritter: *Staatskunst und Kriegshandwerk. Das Problem des »Militarismus« in Deutschland*, 4 Bde., München 1954-68

ders.: *Der Schlieffenplan. Kritik eines Mythos*, München 1956

ders.: *Europa und die deutsche Frage. Betrachtungen über die geschichtliche Eigenart des deutschen Staatsdenkens*, München 1948: als 2. Auflage unter dem neuen Titel: *Das deutsche Problem. Grundfragen deutschen Staatslebens gestern und heute*, München 1962

John C. G. Röhl: *Zwei deutsche Fürsten zur Kriegsschuldfrage. Lichnowsky und Eulenburg und der Ausbruch des Ersten Weltkriegs*, Düsseldorf 1971

Arthur Rosenberg: *Geschichte der Weimarer Republik*, Frankfurt/Main 1961

Paul Roth: *Die Entstehung des polnischen Staates*, Eine völkerrechtliche Untersuchung, Berlin 1926

J. J. Ruedorffer (= Kurt Riezler): *Grundzüge der Weltpolitik in der Gegenwart*, Stuttgart/Berlin 1914

Franz Schade: *Kurt Eisner und die bayerische Sozialdemokratie*, Hannover 1961

Wolfgang Schieder (Hg.): *Der Erste Weltkrieg. Ursachen, Entstehung und Kriegsziele*, NWB 32, Köln 2. Aufl. 1972

Carl E. Schorske: *German Social Democracy 1905-1917. The Development of the Great Schism*, Cambridge, Mass. 1955

Bernd-Felix Schulte: *Die deutsche Armee 1900-1914. Zwischen Beharren und Verändern*. Düsseldorf 1977

Wolfgang Steglich: *Bündnissicherung oder Verständigungsfrieden. Untersuchungen zum Friedensangebot der Mittelmächte vom 12. Dezember 1916*, Göttingen/Berlin 1958

Fritz Stern: *Bethmann Hollweg und der Krieg: Die Grenzen der Verantwortung*, Tübingen 1968

A. J. P. Taylor: *Germany's First Bid for Colonies*, London 1938

Rainer Tetzlaff: *Koloniale Entwicklung und Ausbeutung, Wirtschafts- und Sozialgeschichte Deutsch-Ostafrikas 1885-1914*, Berlin 1970

Mary Townsend: *The Rise and Fall of Germany's Colonial Empire*, New York 1930

Barbara Tuchman: *August 1914*, Stuttgart o. J.

dies.: *The Zimmermann Telegramm*, New York 1958

Alfred von Wegerer: *Der Ausbruch des Weltkrieges 1914*, 2 Bde., Hamburg 1939

Klaus Wernecke: *Der Wille zur Weltgeltung. Außenpolitik und Öffentlichkeit im Kaiserreich am Vorabend des Ersten Weltkriegs*, Düsseldorf 1970

Heinz Wohlgemuth: *Karl Liebknecht. Eine Biographie*, Berlin (DDR) 2. Aufl. 1975

Egmont Zechlin: *Bismarck und die Grundlegung der deutschen Großmacht*, Stuttgart/Berlin 1930, 2. Aufl. 1960

III Aufsätze

Rudolf Augstein: *Bethmann – einen Kopf kürzer?*, in: *Die Zeit*, Nr. 37, 15.9.1964

Carina Burbach-Müller: *Die deutschen Mittelafrikapläne bis 1914*, in: *Ergebnisse. Hefte für historische Öffentlichkeit*, Heft 1, Jan. 1978, S. 70-129

Wilhelm Deist: *Die Armee in Staat und Gesellschaft 1890-1914*, in: M. Stürmer (Hg.): *Das Kaiserliche Deutschland*, S. 312-339

Karl Dietrich Erdmann: *Zur Beurteilung Bethmann Hollwegs*, in: GWU, 15/9, 1964, S. 525-540; neu abgedruckt bei W. Schieder (Hg.): *Der Erste Weltkrieg*, NWB 32, Köln, 2. Aufl. 1971, S. 205-221

ders.: *Bethmann Hollweg, Augstein und die Historiker-Zunft*, in: *Die Zeit*, Nr. 39, 25.9.1964

ders.: *Begehrtes Tagebuch. Wurde die Wahrheit über den Juli 1914 verschleiert? Eine Entgegnung*, in: *Die Zeit*, 12.1.1968

ders.: *Die Zeit der Weltkriege*, in: Bruno Gebhardt (Hg.): *Handbuch der deutschen Geschichte*, 9. Aufl. hrsg. von Herbert Grundmann, Bd. 4, 1. Teilband, Stuttgart 1973, S. 5-144

Imanuel Geiss: *Zum polnischen Grenzstreifen 1914-1918*, in: GWU, 1/1962, S. 32-39

ders: *Die Stellung des modernen Imperialismus in der Weltgeschichte*, in: J. Radkau/I. Geiss (Hg.): *Imperialismus im 20. Jahrhundert. Gedenkschrift für George W. F. Hallgarten*, München 1976, S. 1941

Helga Grebing: *Konservative Republik oder Soziale Demokratie? Zur Bewertung der Novemberrevolution in der neueren westdeutschen Historiographie*, in: Eberhard Kolb (Hg.): *Vom Kaiserreich zur Weimarer Republik*, NWB 49, Köln 1973, S. 386-403

Heinz Günther (= Heinz Günther Sasse): *Keine Polenvertreibung im Ersten Weltkrieg*, in: *Außenpolitik*, 9/1961, S. 600-611

Hans Herzfeld: *Zur deutschen Politik im Ersten Weltkrieg. Kontinuität oder permanente Krise?* in: *Histor. Zeitschr.* 191 (1960) S. 67-82; auch in Ernst W. Graf Lynar (Hg.): *Deutsche Kriegsziele 1914-1918*, Ullstein 616, Frankfurt/Main und Berlin 1964, S. 84-101

ders.: *Die deutsche Kriegszielpolitik im Ersten Weltkrieg*, in: *Vierteljahreshefte für Zeitgeschichte*, 10 (1963), S. 224-245

Andreas Hillgruber: *Riezlers Theorie des kalkulierten Risikos und Bethmann Hollwegs politische Konzeption in der Julikrise 1914*, in *Histor. Zeitschr.* 202 (1966), S. 333-351; auch in W. Schieder: *Der Erste Weltkrieg*, NWB 32, S. 240-255

Richard N. Hunt: *Friedrich Ebert und die deutsche Revolution von 1918,* in: E. Kolb (Hg.): *Vom Kaiserreich zur Weimarer Republik,* S. 120-137

Horst Jablonowski: *Die deutsch-polnischen Beziehungen im 19. und 20. Jahrhundert. Bemerkungen zu einer kürzlich veröffentlichten Arbeit,* in: *GWU* 7/1961, S. 448-453

ders.: *Kein Präzedenzfall für die Vertreibung. Kritische Stellungnahme zu einem Buch von I. Geiss,* in: *Bulletin der Bundesregierung,* 3. 4. 1962, S. 535f.

ders.: *Replik,* in: *GWU,* 1/1962, S. 39-41

Karl-Heinz Janßen: *Gladiatoren, Claque und Galerie. Deutsche Historiker in Berlin,* in: *Die Zeit,* 16. 10. 1964

Konrad Jarausch: *The Illusion of Limited War: Chancellor Bethmann Hollweg's Calculated Risk, July 1914,* in: *Central European History,* 2/1969

Siegfried Kaehler: *Zur Beurteilung Ludendorffs im Sommer 1918,* in: *Nachrichten der Akademie der Wissenschaften in Göttingen, phil.-hist. Klasse,* Jg. 1953, Nr. 1, S. 26ff.

Manfred Messerschnitt: *Die Armee in Staat und Gesellschaft,* in: M. Stürmer (Hg.): *Das kaiserliche Deutschland,* S. 89-118

John C. G. Röhl: *Admiral von Müller and the Approach of War, 1911-1914,* in: *Historical Journal,* XII, 4 (1969), S. 651-673

Fritz Stern: *Das Rätsel Bethmann Hollweg: Die Kunst das Böse zu tun. Ein Kriegskanzler, gesehen von seinem Intimus,* in: *Die Zeit* vom 29. 12. 1967

Egmont Zechlin: *Deutschland zwischen Kabinettskrieg und Wirtschaftskrieg. Politik und Kriegsführung in den ersten Monaten des Weltkriegs 1914,* in: *Histor. Zeitschr.* 199 (1964) S. 347-458

ders.: *Motive und Taktik der Reichsleitung 1914. Ein Nachtrag.* in: *Der Monat,* Nr. 209, Febr. 1966. S. 91-95; auch in NWB 32, S. 191-198

Datengerüst zur Geschichte des Ersten Weltkriegs

Vorbemerkung:

Verschiedene Handbücher, Chronologien und andere Vorlagen weisen in der genauen Datierung von politischen und militärischen Ereignissen oft so überraschende Abweichungen und Fehler auf, daß die folgende Zusammenstellung nicht einfach einer einzigen Vorlage folgen konnte. Bei Abweichungen wurden nach Möglichkeit aus der Spezialliteratur die dort angegebenen Daten gewählt, hier ohne weitere Nachweise.

1914

4. 8.: Deutscher Einmarsch in das neutrale Belgien zur raschen Eroberung Lüttichs.
Deutscher Reichstag bewilligt mit Stimmen der SPD Kriegskredite: II. Sozialistische Internationale zerbrochen. Linke Opposition sammelt sich in Berlin.
England erklärt Deutschland den Krieg, verhängt Fernblockade (Schottland-Norwegen) gegen Deutschland.

6. 8.: Deutsche Truppen besetzen und zerstören Kalisch.

7. 8.: Deutsche Truppen unter Ludendorff besetzen geräumte Stadt Lüttich; Lütticher Außenforts halten sich noch.

10. 8.: Kreuzer »Goeben« und »Breslau« in Dardanellen, fortan unter türkischer Flagge.

12. 8.: 1. österreichische Offensive gegen Serbien.

17. 8.: Letzte Forts von Lüttich nach Einsatz schwerer Artillerie (42 cm Mörser = »Dicke Bertha«) gefallen: Weg frei für deutsche Offensive, gemäß Schlieffenplan, vor allem durch Belgien und Nordostfrankreich.
Beginn der russischen Offensive gegen Ostpreußen mit zwei Armeen von Osten (Njemen) und Süden (Narew): Gefecht bei Stallupönen.

19. 8.: Erste überlieferte Diskussion im deutschen Hauptquartier über Kriegsziele: Annexionen, Vasallenstaaten, Mitteleuropa.
Öffentliche Erörterung von konkreten Kriegszielen in Deutschland verboten (bis 15. 11. 1916).

20. 8.: Schlacht bei Gumbinnen: 8. deutsche Armee gegen russische Njemen-Armee (unter General Rennenkampf): unentschieden. Deutsche brechen Schlacht ab. Prittwitz und Waldersee abberufen.

- 21. 8.: 1. österreichische Offensive in Serbien gescheitert.
- 22. 8.: Hindenburg und Ludendorff als Nachfolger von Prittwitz und Waldersee an die Spitze der 8. Armee berufen: Aufmarsch zur Schlacht von Tannenberg gegen Narew-Armee (unter Samsonow).
- 23. 8.: Grenzschlachten im Westen und in Galizien zwischen russischen und österreich-ungarischen Armeen.
Japan erklärt Deutschland den Krieg.
- 26. 8.: Beginn der Schlacht bei Tannenberg gegen russische Narew-Armee (Samsonow).
- 28. 8.: Erstes Kriegszielprogramm der Alldeutschen.
Seegefecht bei Helgoland: Niederlage der Deutschen.
- 30. 8.: Sieg der 8. deutschen Armee über russische Narew-Armee bei Tannenberg: Beginn des Hindenburg-Ludendorff-Mythos.
- 31. 8.: Schwere Niederlage der Österreicher in Galizien bei Lemberg: Beginn der inneren Krise Österreich-Ungarns.
- 3. 9.: Französische Regierung siedelt nach Bordeaux um.
- 5. 9.: Londoner Vertrag: Triple Entente formales Kriegsbündnis, u. a. mit Verbot des Separatfriedens.
Beginn der Marneschlacht: Französischer Gegenstoß gegen deutsche Flanke aus Paris an der Marne: Lücke zwischen deutscher 1. und 2. Armee entsteht.
- 8./9. 9.: Schlacht an den masurischen Seen: Russische Njemen-Armee (Rennenkampf) geschlagen, räumt östliches Ostpreußen.
- 9. 9.: Höhepunkt der Marneschlacht: Britisches Expeditionskorps stößt in Lücke zwischen 1. und 2. deutscher Armee.
September-Programm Bethmann Hollwegs: Annexionen, Vasallenstaaten im Westen; Zurückdrängung Rußlands im Osten; Mitteleuropa; Kriegsentschädigungen für Deutschland.
Erster Friedensvermittlungsvorschlag des US-Präsidenten Wilson.
- 12. 9.: Ende der Marneschlacht: deutscher Rückzug, Schlieffenplan gescheitert.
- 14. 9.: Moltke als Generalstabschef abgelöst: Falkenhayn neuer Chef der 2. OHL (bis 29. 8. 1916).
- 22. 9.: U-9 versenkt drei alte britische Kreuzer: Überbewertung der U-Bootwaffe in Deutschland.
- 9. 10.: Antwerpen von deutschen Truppen erobert.
- 13. 10.: Rebellion von Buren gegen England und Kriegseintritt Südafrikas.
- 20. 10.: Beginn der Ypernschlacht, vor allem mit kaum ausgebilde-

ten deutschen Reservekorps aus Kriegsfreiwilligen (meist Schülern und Studenten), u. a. bei Langemarck eingesetzt.
- 1.11.: 2. österreichische Offensive gegen Serbien.
- 2.11.: Nach Beschießung russischer Schwarzmeerhäfen durch »Goeben« und »Breslau« erklärt Rußland der Türkei den Krieg: (9.) russisch-türkischer Krieg.
- 18.11.: Ende der Ypernschlacht: Endgültiger Übergang zum Stellungskrieg im Westen (bis 1918).
Erste Diskussionen im deutschen Hauptquartier über Sonderfrieden mit Rußland.
- 2.12.: Erneute Sitzung des Reichstags zur Neubewilligung der Kriegskredite: Karl Liebknecht lehnt erstmals Kriegskredite ab: Beginnende Spaltung der SPD.
- 6.12.: Besprechung Bethmann Hollwegs in Posen mit Ludendorff und Hindenburg über Kriegsziele gegenüber Polen im Fall eines Separatfriedens mit Rußland.
2. Offensive der Österreicher in Serbien gescheitert.
- 8.12.: Seeschlacht bei den Falklandinseln: Deutsches Ostasiengeschwader unter Admiral von Spee vernichtet.

1915
- 19.1.: Erster deutscher Zeppelinangriff auf London.
- 24.1.: Seegefecht an der Doggerbank zwischen deutschen und britischen Schlachtkreuzern: Deutsche verlieren einen Schlachtkreuzer.
- 4.2.: Deutschland erklärt Seegebiet um Britische Inseln zum Sperrgebiet: 1. Periode des uneingeschränkten U-Bootkriegs, zunächst nur mit 20-22 U-Booten.
Beginn der Winterschlacht in Masuren (bis 24.2.).
- 18.2.: Britische Blockade gegen neutrale Schiffahrt nach Deutschland verschärft.
- 19.2.: Englisch-französische Flotte beschießt Dardanellen.
- 10.3.: Erste Petition der fünf Wirtschaftsverbände an Reichskanzler mit Forderungen nach weitreichenden deutschen Kriegszielen.
- 18.3.: Durchbruchversuch britisch-französischer Seestreitkräfte durch Dardanellen scheitert unter erheblichen Verlusten durch Minen.
- 20.3.: Karl Liebknecht und Otto Rühle stimmen im Reichstag gegen Kriegskredite.
- 25.3.: Denkschrift Schwerins über polnischen Grenzstreifen und Annexionen in Litauen und baltischen Provinzen.
- 22.4.: 2. Ypernschlacht: Deutsche verwenden erstmals Giftgas.
- 25.4.: Britische Truppen landen auf der Halbinsel Gallipoli, um

	der alliierten Flotte den Weg nach Konstantinopel zu öffnen.
26. 4.:	Geheimvertrag der Entente mit Italien: Italien sagt Kriegseintritt gegen Mittelmächte gegen Aussicht auf Territorialgewinne zu.
	Deutsche Offensive in Kurland und Litauen (27. 4.).
1. 5.:	Beginn der deutschen Durchbruchsoffensive bei Gorlice-Tarnow, erstmals mit schwerem Trommelfeuer.
7. 5.:	Das amerikanische Schiff »Lusitania« durch deutsches U-Boot versenkt: Proteste der USA gegen deutschen uneingeschränkten U-Bootkrieg.
9. 5.:	Französisch-britische Offensive in Flandern und im Artois.
23. 5.:	Italien erklärt Österreich-Ungarn den Krieg.
25. 5.:	China unterwirft sich japanischem Ultimatum.(»21 Forderungen«).
26. 5.:	Allparteienregierung in England, erstmals mit Labour.
1. 6.:	Deutsche Zeppelinangriffe auf London verschärft.
22. 6.:	Österreicher erobern Lemberg zurück.
23. 6.:	Eingabe von 18 Denkschriften führender Industrieller und Wissenschaftler an den Reichskanzler, unter Führung von Hugenberg, vermittelt durch den Kommandierenden General in Münster von Gayl, über deutsche Kriegsziele.
1. 7.:	Beginn der großen Ostoffensive der Mittelmächte in Polen.
8. 7.:	»Intellektuelleneingabe« an Reichskanzler mit weitreichenden Kriegszielforderungen.
13. 7.:	Konferenz in der Reichskanzlei über polnischen Grenzstreifen.
5. 8.:	Warschau von Truppen der Mittelmächte besetzt: Hutten-Czapski warnt vor Wiederholung von Kalisch.
19. 8.:	Große Kriegszielrede Bethmann Hollwegs im Reichstag: »Sicherungen und Garantien« für Deutschland.
25. 8.:	Generalgouvernement Warschau unter Generalgouverneur v. Beseler.
	Militärverwaltung Oberost unter Hindenburg-Ludendorff.
5./8. 9.:	Zimmerwald-Konferenz der linken Opposition unter Führung Lenins.
6. 9.:	Bündnis Deutschland-Bulgarien.
18. 9.:	Uneingeschränkter U-Bootkrieg um Britische Inseln unter amerikanischem Druck eingeschränkt, im Mittelmeer fortgesetzt.
25. 9.:	Britisch-französische Offensive in der Champagne.
2. 10.:	Ende des russischen Rückzugs an der Ostfront.
5. 10.:	Alliierte Armee landet in Saloniki zur Unterstützung Serbiens gegen drohende Offensive der Mittelmächte.

- 7.10.: Offensive deutscher und österreich-ungarischer Truppen gegen Serbien.
- 9.10.: Belgrad erobert.
- 15.10.: Bulgarien erklärt Serbien den Krieg und beteiligt sich an Offensive gegen Serbien, vor allem in Mazedonien.
- 24.11.: Eroberung Serbiens abgeschlossen: Rückzug der serbischen Armee nach Albanien, von dort über Korfu nach Saloniki.
- 9.12.: Sitzung des Reichstags zur erneuten Bewilligung von Kriegskrediten. Erklärung bürgerlicher Parteien zu deutschen Kriegszielen.
- 21.12.: 20 von 44 oppositionellen Abgeordneten der SPD stimmen im Reichstag gegen die Kriegskredite: SPD-Fraktion gespalten.

1916
- 1.1.: Illegale Gründungskonferenz der »Gruppe Internationale« in Berlin unter Karl Liebknecht: Anfänge des Spartakusbundes.
- 6.1.: Wehrpflicht für ledige Männer in England.
- 8.1.: Letzte britische Truppen räumen Gallipoli-Halbinsel.
- 27.1.: Spartakusgruppe in Berlin gegründet.
- 21.2.: Beginn der Verdun-Schlacht, zur Ausblutung der französischen Armee gedacht (bis 24.10.).
- 29.2.: Erneute Verschärfung des deutschen U-Bootkriegs gegen bewaffnete Handelsschiffe (bis 4.5.).
- 9.3.: Deutsche Kriegserklärung an Portugal.
- 15.3.: Tirpitz als Staatssekretär des Reichsmarineamts abgelöst durch Admiral v. Capelle.
- 24.3.: Haase spricht im Reichstag gegen Not-Etat: 18 oppositionelle Abgeordnete stimmen in Reichstag gegen Etat; werden aus SPD-Fraktion ausgeschlossen.
- 26.3.: Haase legt Vorsitz der SPD-Reichstagsfraktion nieder: SPD-Fraktion endgültig gespalten: Sozialdemokratische Arbeitsgemeinschaft der oppositionellen Abgeordneten als Kern der künftigen USPD.
- 24.4.: Osteraufstand in Dublin: Militärisch besiegt, politisch erfolgreich.
- 24.-30.4.: Kienthaler Konferenz der sozialistischen Linken als Fortsetzung der Zimmerwald-Konferenz (1915).
- 4.5.: Rückkehr zum eingeschränkten U-Bootkrieg nach Prisenordnung.
- Mai: Allgemeine Wehrpflicht in Großbritannien.

- 16. 5.: Sykes-Picot-Abkommen England-Frankreich über Aufteilung des Vorderen Orients in Interessenzonen.
- 31. 5.: Skagerrakschlacht: Nach deutschen Anfangserfolgen Schlacht von deutscher Hochseeflotte zweimal abgebrochen, um drohender Vernichtung zu entgehen: Chef der Hochseeflotte Admiral v. Scheer seitdem für Wiederaufnahme des uneingeschränkten U-Bootkriegs.
- 1. 6.: 1. Brussilow-Offensive in Galizien gegen Österreicher: Nach großen Anfangserfolgen erst von deutschen Truppen gestoppt: Massendesertion vor allem von tschechischen Regimentern.
- 5. 6.: Britischer Kriegsminister Lord Kitchener auf hoher See bei Untergang des Kreuzers »Hampshire« durch Mineneinwirkung vor den Orkney-Inseln ertrunken.
- 6. 6.: Arabischer Aufstand gegen Türken beginnt.
- 24. 6.: Sommeschlacht: Entlastungsoffensive der Briten für Franzosen bei Verdun (bis 26. 11.).
- 27. 8.: Rumänien erklärt Mittelmächten den Krieg: Rumänische Offensive in Siebenbürgen: Schwere Führungskrise in Deutschland.
- 28. 8.: Italien erklärt Deutschland den Krieg.
- 29. 8.: Falkenhayn als Generalstabschef abgelöst: Hindenburg-Ludendorff bilden 3. OHL (bis 26. 10. 1918).
- 2. 9.: Deutsche Angriffe bei Verdun eingestellt.
- 15. 9.: Erster Einsatz von Tanks an der Westfront.
- 21. 9.: Reichskonferenz der SPD: Letzter Versuch zur Verhinderung der Parteispaltung gescheitert.
- 21. 10.: Österreichischer Ministerpräsident Graf Stürgkh von Friedrich Adler ermordet.
- 24. 10.: Gegenoffensive der Franzosen bei Verdun, Fort Douaumont zurückerobert.
- 5. 11.: Proklamation des Königreichs Polen durch Deutschland und Österreich-Ungarn.
- 7. 11.: Wiederwahl Wilsons als US-Präsident.
- 11. 11.: Beginn der deutsch-österreich-ungarisch-bulgarisch-türkischen Offensive unter Falkenhayn gegen Rumänien.
- 15. 11.: Freigabe der öffentlichen Kriegszieldiskussion in Deutschland.
- 21. 11.: Kaiser Franz Joseph (seit 1848) gestorben: Kaiser Karl (bis 1918).
- 5. 12.: Vaterländisches Hilfsdienstgesetz in Deutschland: Totale Erfassung der Arbeitskräfte für Rüstungsindustrie; erste staatliche Anerkennung der Gewerkschaften in Deutschland.

Regierungskrise in England: Asquith (Premierminister seit 1908) gestürzt.
6. 12.: Truppen der Mittelmächte erobern Bukarest: Weg frei für deutsches Friedensangebot (12. 12.).
Lloyd George britischer Premierminister: Zerfall der Liberalen Partei beginnt.
12. 12.: Friedensangebot der Mittelmächte.
18. 12.: Friedensvermittlungsangebot Wilsons: Verlangt Auskunft über Kriegsziele der Kriegführenden.
22. 12.: Jagow durch Zimmermann als Staatssekretär im deutschen Auswärtigen Amt abgelöst.
23. 12.: Kriegszielprogramm der OHL.
26. 12.: Deutsche Antwort an Wilson verweigert Auskunft über deutsche Kriegsziele.
30. 12.: Alliierte lehnen Friedensangebot der Mittelmächte ab.

1917
7. 1.: Reichskonferenz der linken Opposition im Berliner Reichstagsgebäude: Letzte Etappe vor Gründung der USPD.
9. 1.: Deutscher Entschluß zur Wiederaufnahme des uneingeschränkten U-Bootkriegs, gegen Bethmann Hollwegs Widerstand.
19. 1.: Zimmermann-Telegramm: Mexiko soll USA Krieg erklären: Telegramm entziffert, den USA zugeleitet.
1. 2.: Beginn des deutschen uneingeschränkten U-Bootkriegs.
3. 2.: USA brechen diplomatische Beziehungen zu Deutschland ab.
27. 2.: Letzte Reichstagsrede Bethmann Hollwegs: fordert innenpolitische Neuorientierung, d. h. Revision des preußischen Dreiklassenwahlrechts.
12. 3.: Beginn der russischen Februarrevolution in Petrograd.
14. 3.: Deutscher Rückzug an der Westfront auf vorbereitete Siegfriedlinie.
15. 3.: Provisorische russische Regierung Lwow (liberal-sozialdemokratisch): Zar Nikolaus II.(seit 1894) dankt ab.
16. 3.: Deutsch-österreichische Kriegszielkonferenz in Wien.
21. 3.: Administrative Trennung von Flandern und Wallonien zur Vorbereitung deutscher Kriegsziele in Belgien.
27. 3.: Petersburger Sowjet proklamiert »Frieden ohne Kontributionen und Annexionen«.
31. 3.: Alldeutsch inspirierte Massenpetition an Reichskanzler fordert Annexion und Germanisierung der baltischen Provinzen.

- 6.4.: USA erklären Deutschland den Krieg.
Gründungsparteitag der USPD in Gotha: Polarisierung nach links.
- 7.4.: Kaiserliche Osterbotschaft verspricht Aufhebung des preußischen Dreiklassenwahlrechts nach dem Krieg.
- 12.4.: Czernin-Memorandum an Kaiser Karl über Notwendigkeit eines baldigen Friedensschlusses für Österreich-Ungarn.
- 16.4.: Französische Offensive am Chemin des Dames steckengeblieben: Schwere Krise in französischer Armee.
Lenin und russische Sozialisten beider Richtungen kommen aus Schweizer Exil über Deutschland, Schweden und Finnland in Petrograd an: neue Phase der russischen Revolution.
Streiks in Berlin, Leipzig und anderen deutschen Großstädten gegen Kürzung der Brotrationen.
- 19.4.: MSPD übernimmt russische Formel vom »Frieden ohne Kontributionen und Annexionen«: Scheidemannfrieden gegen Hindenburgfrieden.
- 23.4.: Kreuznacher Kriegszielkonferenz: OHL legt Reichskanzler auf ihre Kriegsziele fest.
- 15.5.: Philippe Pétain Oberbefehlshaber der französischen Armeen.
- 20.5.: Meutereien in der französischen Armee.
- 2.6.: Sozialistenkongreß in Stockholm (bis 19.6.) sucht Friedensmöglichkeiten.
- 26.6.: Erste US-Division trifft in Frankreich ein.
- 1.7.: 2. Brussilow-Offensive, wiederum zunächst erfolgreich.
- 3.7.: Reden Eberts und Scheidemanns im Hauptausschuß des Reichstags gegen Bethmann Hollweg.
- 6.7.: 2. Rede Erzbergers im Hauptausschuß gegen Bethmann Hollweg: Eröffnung der Julikrise 1917. Beginn des Interfraktionellen Ausschusses, zunächst zur Erarbeitung der von Erzberger vorgeschlagenen Friedensresolution, später zu Diskussionen über Parlamentarisierung des Reichs.
- 11.7.: Preußisches Staatsministerium beschließt Einführung des gleichen Wahlrechts in Preußen: Rücktrittsdrohungen Hindenburgs und Ludendorffs.
- 13.7.: Sturz Bethmann Hollwegs.
- 14.7.: Michaelis neuer Reichskanzler.
- 15.7.: Unruhen in der deutschen Hochseeflotte.
- 19.7.: Friedensresolution des Reichstags, von Michaelis eingeschränkt (»wie ich sie auffasse«).
- 22.7.: Kerenski Ministerpräsident der Provisorischen russischen Regierung (bis 6.11.1917).

- 7.8.: Rücktritt Zimmermanns: v. Kühlmann Staatssekretär im Auswärtigen Amt (bis 9.7.1918).
- 15.8.: Papstnote zur Friedensvermittlung.
- 16.8.: Erster Aufstand der Bolschewiki scheitert in Petrograd.
- 2.9.: Gründung der Deutschen Vaterlandspartei unter Tirpitz und Kapp: Polarisierung nach rechts.
- 5.9.: Matrosen Reichpietsch und Köbis erschossen.
- 8.9.: Kornilow-Putsch in Rußland gescheitert: Radikalisierung der Revolution.
- 11.9.: Kronrat von Bellevue: Michaelis für Mäßigung der deutschen Kriegsziele, vor allem im Westen, u. a. als Reaktion auf päpstliche Friedensvermittlung; OHL verstimmt.
- 9.10.: Konflikt im Reichstag mit USPD um Marineunruhen des Juli/August 1917.
- 23.10.: Mehrheitsparteien entziehen Reichskanzler Michaelis das Vertrauen.
- 1.11.: Michaelis entlassen: Graf Hertling deutscher Reichskanzler (bis 30.9.1918).
- 27.10.: Polnischer Regentschaftsrat von Mittelmächten eingesetzt.
- 2.11.: Balfour-Declaration: »National home« für Juden in Palästina.
- 5.11.: Deutsch-österreichische Kriegszielkonferenz in Berlin: Österreich-Ungarn noch einmal auf deutsche Kriegsziele festgelegt.
- 6.11.: Oktoberrevolution in Petrograd.
- 17.11.: Georges Clemenceau Ministerpräsident in Frankreich.
- 20.11.: Erster erfolgreicher Masseneinsatz von Tanks durch Briten bei Cambrai.
  Ukrainische Republik ausgerufen.
- 26.11.: Russische Räteregierung schlägt Deutschland und Österreich-Ungarn Waffenstillstand vor.
- 5.12.: Deutsch-russischer Waffenstillstandsvertrag von Brest-Litowsk.
- 6.12.: Unabhängigkeit Finnlands ausgerufen.
  Kriegszielkonferenz OHL/Reichsleitung über Baltikum.
- 7.12.: USA erklären Österreich-Ungarn den Krieg.
- 9.12.: Deutsch-rumänischer Waffenstillstandsvertrag. Britische Truppen besetzen von Türken geräumtes Jerusalem.
- 15.12.: Waffenstillstand mit Rußland tritt in Kraft.
- 22.12.: Beginn der Friedensverhandlungen zwischen Rußland und den Mittelmächten in Brest-Litowsk.
  Rat von Flandern proklamiert Autonomie Flanderns, im Sinne der deutschen Politik zur Schwächung Belgiens.

1918

- **2.1.:** Kronrat in Bellevue, u. a. über Festlegung des polnischen Grenzstreifens.
- **8.1.:** Wilsons 14 Punkte als Grundlage eines künftigen Friedens: u. a. Anerkennung des Selbstbestimmungsrechts der Völker.
- **16.1.:** Januarstreik in Österreich-Ungarn, vor allem in Wien.
- **24.1.:** Deutschland und Österreich-Ungarn lehnen Wilsons 14 Punkte ab.
- **28.1.:** Januarstreik in Deutschland, mit Schwerpunkt Berlin, u. a. gegen deutsche Verhandlungsführung in Brest-Litowsk.
- **9.2.:** Separatfriede Mittelmächte-Ukraine von Brest-Litowsk.
- **10.2.:** Trotzki bricht Verhandlungen in Brest-Litowsk mit Erklärung ab: »Kein Krieg, kein Friede.«
- **13.2.:** Kronrat von Bad Homburg: »Hilferufe« aus baltischen Provinzen bestellen, um militärisches Vorgehen gegen Russen zu rechtfertigen.
- **18.2.:** Deutscher »Eisenbahnvormarsch« im Osten, ohne auf Widerstand zu treffen.
- **26.2.:** Russische Friedensunterhändler kehren nach Brest-Litowsk zurück.
- **1.3.:** Deutsche Truppen besetzen Kiew.
- **3.3.:** Friede von Brest-Litowsk unterzeichnet: Realisierung massiver deutscher Kriegsziele im Osten.
- **7.3.:** Friede von Berlin zwischen Deutschland und Finnland.
- **21.3.:** Deutsche Frühjahrsoffensive im Westen gegen Nahtstelle zwischen französischer und englischer Front, zunächst erfolgreich.
- **23.3.:** Deutsche Eisenbahngeschütze beschießen Paris aus ca. 120 km Entfernung.
  Unabhängigkeitserklärung Litauens.
  Friedensvertrag von Brest-Litowsk im Reichstag ratifiziert, nur USPD dagegen; Stimmenthaltung der MSPD.
- **26.3.:** Marschall Foch Generalissimus der Alliierten Truppen an der Westfront.
- **14.4.:** Deutsche Truppen besetzen Helsinki und greifen in finnischen Bürgerkrieg ein.
- **7.5.:** Friede von Bukarest zwischen Mittelmächten und Rumänien.
- **23.5.:** Unabhängigkeitserklärung Georgiens.
- **27.5.:** Erneute deutsche Westoffensive.
- **29.5.:** Deutsche Truppen erobern Reims und Soissons.
- **9.6.:** Deutsche Offensive bei Compiègne.
- **2./3.7.:** Kriegszielkonferenz im deutschen Hauptquartier in Spa.

9. 7.: Sturz Kühlmanns: v. Hintze Staatssekretär im Auswärtigen Amt.
15. 7.: Letzte deutsche Offensive im Westen: Deutsche wieder an der Marne, rasch gescheitert.
18. 7.: Beginn der entscheidenden Gegenoffensive der Alliierten im Westen: Deutsche seitdem in Defensive.
2. 8.: Japanische Truppen landen in Sibirien: Beginn der Interventionskriege in russischen Bürgerkrieg.
3. 8.: Britische Truppen landen in Wladiwostok.
8. 8.: Schlacht bei Amiens: Tiefe Einbrüche der Engländer in deutsche Front: »Schwarzer Tag« der deutschen Armee, seitdem in ständigem Rückzug.
14. 8.: Erneute Staatskonferenz in Spa über Kriegsziele.
4. 9.: Erneuter Rückzug der Deutschen im Westen auf Siegfriedlinie.
12. 9.: US-Offensive im St. Mihiel-Bogen.
15. 9.: Entscheidender Durchbruch der alliierten Saloniki-Armee in Makedonien gegen Bulgarien.
22. 9.: Zusammenbruch der türkisch-deutschen Front im nördlichen Palästina bei Meggido.
28. 9.: Bulgarien bittet um Waffenstillstand.
29. 9.: Waffenstillstand Bulgarien-Alliierte: Ludendorff fordert sofortigen Waffenstillstand und Parlamentarisierung des Reichs.
30. 9.: Graf Hertling tritt als Reichskanzler zurück.
1. 10.: Britische und arabische Truppen erobern Damaskus.
3. 10.: Prinz Max von Baden letzter kaiserlicher Reichskanzler, mit Kabinett auf parlamentarischer Grundlage.
Waffenstillstandsersuchen der deutschen Regierung an US-Präsident Wilson.
12. 10.: Deutschland und Österreich-Ungarn stimmen Rückzug ihrer Truppen auf eigenes Territorium zu.
16. 10.: Kaiserliches Manifest in Österreich-Ungarn verspricht Föderalisierung und Gleichberechtigung der Nationalitäten, um Zerfall der Donaumonarchie zu verhindern. Versuch scheitert: Österreich-Ungarn zerfällt.
20. 10.: Deutschland stellt U-Bootkrieg ein.
Allgemeine politische Amnestie in Deutschland: Rosa Luxemburg und Karl Liebknecht aus Gefängnis entlassen.
23. 10.: 3. Wilson-Note: Wilson fordert direkt Waffenstillstandsbedingungen, die Deutschland Wiederaufnahme der Kämpfe unmöglich machen, indirekt Abdankung Wilhelms II.
24. 10.: Ludendorff fordert Widerstand bis zum letzten; wird entlassen und flieht nach Schweden. Nachfolger in der OHL Wilhelm Groener.

26.10.: Verfassungsänderungen in Deutschland: Das Deutsche Reich wird parlamentarisch-konstitutionelle Monarchie.
27.10.: Kaiser Karl bietet Waffenstillstand an.
28.10.: Meuterei auf der deutschen Hochseeflotte vor Wilhelmshaven gegen Auslaufen zur letzten Seeschlacht: Beginn der Revolution in Deutschland.
30.10.: Waffenstillstand zwischen Alliierten und der Türkei.
1.11.: Britisch-französische Streitkräfte besetzen Konstantinopel.
3.11.: Revolution in Kiel.
Waffenstillstand zwischen Alliierten und Österreich-Ungarn: Weg frei für alliierte Armeen durch Tirol und Böhmen.
6.11.: Polnische Republik in Krakau ausgerufen.
MSPD fordert Abdankung Wilhelms II. bis 9.11.
7.11.: Revolution in München unter Kurt Eisner.
9.11.: Revolution in Berlin, Wilhelm II. seit (1888) dankt ab, Ebert wird Reichskanzler, Bündnis Ebert-Groener.
11.11.: Waffenstillstand von Compiègne zwischen Deutschland und den Alliierten: Ende des Ersten Weltkriegs, durch ihn ausgelöste regionale Konflikte gehen weiter (Irland, Griechenland/Türkei, Polen/Sowjetrußland, russischer Bürgerkrieg, u.a.).

Nachweis der ersten Druckorte

Kapitel 1: Einleitung zum Frankfurter Ausstellungskatalog *Ein Krieg wird ausgestellt. Die Weltkriegssammlung des Historischen Museums (1914-1918),* Frankfurt/Main 1976, S. 9-23
Kapitel 2: *14-18: De Eerste Wereldoorlog,* Nr. 5 (Amsterdam 1975), S. 102-106
Kapitel 3: Ebenda, Nr. 10, S. 234-38
Kapitel 4: Ebenda, Nr. 11, S. 246-51
Kapitel 5: Erstveröffentlichung
Kapitel 6: *History of the First World War,* Nr. 15 (London 1970), S. 410-14
Kapitel 7: Ebenda, Nr. 30, S. 839-44
Kapitel 8: *Der Monat,* Heft 171 (Berlin 1962), S. 58-62
Kapitel 9: *Deutschland in der Weltpolitik des 19. und 20. Jahrhunderts.* Festschrift für Fritz Fischer, hrsg. v. I. Geiss/B. J. Wendt, Düsseldorf 1973, 2. Aufl. 1974, S. 398-418
Kapitel 10: *14-18: De Eerste Wereldoorlog,* Nr. 33, S. 784-87
Kapitel 11: Ebenda, Nr. 43, S. 1014-1018
Kapitel 12: *History of the 20th Century,* Nr. 31 (London 1968), S. 862-65
Kapitel 13: *14-18: De Eerste Wereldoorlog,* Nr. 56, S. 1326-30
Kapitel 14: *History of the 20th Century,* Nr. 31, S. 865-68
Kapitel 15: Ebenda, Nr. 33, S. 899-904
Kapitel 16: *Stuttgarter Zeitung,* 7. August 1971 (zum 100. Geburtstag von Karl Liebknecht)
Kapitel 17: Nachwort zur Neuausgabe von Emil Ludwig: *Wilhelm der Zweite,* München 1964, S. 331-39 (Taschenbuchausgabe Frankfurt/Main 1968, S. 307-315)